首都经济贸易大学出版资助

国家自然科学基金项目（71904131）、教育部人文社会科学研究项目（19YJC790026）和2019年中宣部宣传思想文化青年英才项目的阶段性成果

中国经济高质量发展阶段税制结构优化与财政资源配置研究

范庆泉　著

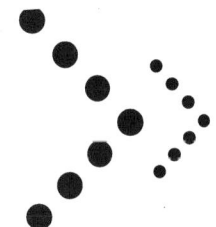

首都经济贸易大学出版社

Capital University of Economics and Business Press

·北京·

图书在版编目（CIP）数据

中国经济高质量发展阶段税制结构优化与财政资源配置研究/范庆泉著．--北京：首都经济贸易大学出版社，2020.10

ISBN 978-7-5638-3145-6

Ⅰ.①中… Ⅱ.①范… Ⅲ.①中国经济-经济发展-研究②财政管理-资源配置-研究-中国 Ⅳ.①F124②F812.2

中国版本图书馆CIP数据核字（2020）第209181号

中国经济高质量发展阶段税制结构优化与财政资源配置研究
范庆泉　著
ZHONGGUO JINGJI GAOZHILIANG FAZHAN JIEDUAN SHUIZHI
JIEGOU YOUHUA YU CAIZHENG ZIYUAN PEIZHI YANJIU

责任编辑	陈雪莲
封面设计	风得信·阿东 FondesyDesign
出版发行	首都经济贸易大学出版社
地　　址	北京市朝阳区红庙（邮编100026）
电　　话	（010）65976483　65065761　65071505（传真）
网　　址	http://www.sjmcb.com
E-mail	publish@cueb.edu.cn
经　　销	全国新华书店
照　　排	北京砚祥志远激光照排技术有限公司
印　　刷	北京建宏印刷有限公司
成品尺寸	170毫米×240毫米　1/16
字　　数	295千字
印　　张	17.25
版　　次	2020年10月第1版　2020年10月第1次印刷
书　　号	ISBN 978-7-5638-3145-6
定　　价	65.00元

图书印装若有质量问题，本社负责调换
版权所有　侵权必究

前　言

2013年党的十八届三中全会全新论述了财税体制改革的基础理论价值，将财税改革定位于国家治理的基础和重要支柱，以及国家治理现代化的制度保障。这标志着财税理论建设的重大突破，使财税体制改革成为践行全面深化改革的突破口，从理论高度和宏观视角理清了财税体制改革与全面深化改革的关系。

中国经济进入新常态，经济结构转型处于关键期，社会结构和利益格局正在发生着深刻变化，传统的国家治理方式已经无法满足现阶段国家治理的新需求。当前我国财税体制中存着历史性问题、结构性问题和功能性问题，无法承担起国家治理体系重要组成部分的全部任务。有鉴于此，本书将从税制结构优化和财政资源配置"两大主题"，从宏观、中观和微观视角"三个方向"透视和提炼现阶段财税体制的主要问题，为全面深化财税改革提供理论支持和实践支撑，为实现经济高质量发展提供全新的财税制度保障。

本书共 11 章，除了第 1 章和第 11 章，可分为两部分。其中，第一部分为税制结构的优化方向，包括第 2 章至第 5 章。该部分结合现阶段税制结构中的间接税占比高、增值税比重大和税制非绿化三大问题，研究市场化进程中的税制结构变迁、劳动力流动下的税收体系调整和经济增长路径上的绿色税制优化。第二部分为财政资源的配置效率，包括第 6 章至第 10 章，结合现阶段财政支出规模是否过大、挤出效应是否过高以及体现国家治理的新财政支出规范尚未出台等问题，研究现阶段我国财政支出经济外部性及政策影响程度、税制结构优化以及企业污染治理的动态补贴政策。此外，第 1 章是我国财税体制特征及问题分析，明确了本书的研究思路、研究目标和技术路线；最后一章为全书总结及政策启示部分。

接下来，笔者主要从宏观、中观和微观视角介绍两大研究主题：

第一部分，税制结构的优化方向。通过梳理我国税制结构的历史变迁过程，总结和提炼现阶段我国税制结构存在的问题，明确该主题的三个研究视角。

(1) 宏观层面，研究我国以间接税为主税制结构的历史作用及现实问题。通过将市场化进程内生化，并与税制结构动态变迁，以及公共资本外部性、经济结构变动等因素置于统一的理论框架中，明确鞍点路径上市场化进程与税制结构变迁之间的动态影响机制，检验经济发展不同时期、市场化程度不同地区的税制结构对经济增长和福利改善的实际影响及变化趋势，不仅可以分析商品税在促进经济增长和提高市场化进程的作用、资本税对于公共资本外部性的影响，同时将此前税制结构特征对经济增长的促进作用给予客观的评价，而且能够揭示在不同市场化阶段税制结构产生的经济效应和福利效应差异，为我国以间接税为主税制结构的改革路径指明方向。

(2) 中观层面，研究我国间接税内部结构中增值税占比过大问题。该部分关注两个方面的问题：第一，分析消费税和增值税的税收扭曲效应的差异机制，并以此为基础，比较两种征税方式在税负归属方面产生的不同影响，以及由增值税向消费税的征税方式转变对区域经济均衡发展的影响。第二，由于劳动力的流动程度是构成当前以人均变量衡量区域均衡发展的重要因素，因此，在征税方式转变对区域均衡发展的研究中，加入了不完全劳动力流动因素，以考察不同劳动力流动程度下，征税方式转变对生产效率水平和地区公平状况可能带来的不同影响，分析劳动力流动程度与地区间税负转移机制。随着我国户籍制度改革，还需从理论和实证角度分析原有间接税结构体系对我国经济效率提升和社会福利分配公平改进的影响状况，为全面深化改革间接税体系探索道路。

(3) 微观层面，研究我国经济增长路径上的税制绿化问题。在新古典鞍点路径上构建包括环境污染和经济增长相互影响的理论框架，刻画资本投入推动经济增长和环境污染不断累积的一般特征，采用射击（Shooting）方法求解鞍点路径上经济增长阶段的均衡解，既可以解决经济增长外生性的问题，又可以刻画出中国经济增长的现实特征，同时将环境污染的出现及累积过程内生于经济增长当中；分析鞍点路径上环境税作用下的污染累积状况、社会福利变动与经济增长特征，对比在不同时点开征环境税的增长效应与福利效应，不仅能够准确揭示环境污染与经济增长的内在关联，也有助于理解环境污染的动态累积与长期经济增长之间相互作用的影响机制，还有助于分析环境规制政策对环境污染和经济增长短期和长期的持续影响，为环境税政策的合理制定提供切实可行的建议。

第二部分，财政资源的配置效率。通过梳理我国财政支出的变迁过程,总结和提炼现阶段财政支出规模和结构存在的问题,明确该主题的三个研究视角。

(1)宏观层面,研究现阶段我国财政支出对宏观经济的影响程度。随着我国经济结构发生深刻变化,科学评估我国财政支出政策的经济效果十分必要。如果政府照搬以往的成功经验,不能清楚地认识到自身在新的经济结构中的角色,一味地按照传统模式刺激经济发展,很有可能不会达到预期效果。所以,需要建立一个包含政府双重角色的动态随机一般均衡(DSGE)模型,分析新经济结构下财政支出行为对经济发展的影响差异,为现阶段财政资源的优化配置提供科学参考。

(2)中观层面,研究我国生产性和消费性财政支出结构的优化问题。构建包括政府生产性支出和消费性支出的内生增长模型,推导经济增长最大化目标下政府最优的生产性和消费性支出占比,推导社会福利最大化目标下政府最优的生产性支出占比,用以考察相同的生产性财政支出是否能同时促进经济增长与社会福利的最大化;进一步考察当两类最大化目标下政府的最优生产性支出结构不同时,它们之间有着一个怎样的"位置"关系,并参考中国地市级的经济数据,运用计量模型实证检验政府生产性支出与经济增长、社会福利两者之间是否确实存在倒U形关系,检验政府消费性支出与经济增长之间是否存在上述类似关系;进一步实证分析中国生产性和消费性财政支出规模的适度性,为评估和制定财政支出结构调整政策提供理论和经验证据。

(3)微观层面,研究在污染治理过程中建立科学的政府财政补贴机制问题。在新古典鞍点路径上构建加入企业污染治理机制,采用Shooting方法求解新古典模型鞍点路径上的均衡解,分析企业污染治理的动机和时机,设计动态环境税和减排补贴率的环境规制政策组合,解释不同经济发展阶段环境规制政策对企业污染治理投入的影响差异,既可以提高企业的污染减排动机,又可以有效控制环境污染累积水平,还可以实现鞍点路径上的福利最大化目标,对于发展中国家建立完善的环境规制政策体系,丰富财税政策体现"国家治理"的规制功能具有重要参考价值。

本书可能存在的三个学术贡献:第一,在新古典理论鞍点路径上构建包括资本累积推动经济增长的理论框架,研究中国以间接税为主税制结构与市场化进程之间的相互影响关系,为实证研究间接税体系对经济增长和福利增进的非线性影响提供理论支撑,有助于客观评价我国税制结构的历

史贡献,也有利于科学分析我国税制结构未来的改革路径。此外,基于Shooting方法求解新古典理论模型鞍点路径上的均衡解,与大部分理论文献基于稳态经济进行优化求解的思路并不相同,这也是本书需突破的研究难点。第二,基于财税体制改革实践,梳理我国财政制度改革的历史脉络,分析财税体制现状与国家治理需求存在的差距,解释现阶段我国经济增长与社会福利不同步的财政基础因素,结合中国财政支出结构向"现代财政制度"改革的背景,分析生产性财政支出如何最大化地促进经济增长与提升社会福利的理论问题。本书对政府生产性财政支出与经济增长及社会福利之间的关系进行理论梳理与实证研究,以便为现代财政制度设计提供理论依据与经验分析。第三,基于发达国家经验以及宏观理论模型,通过优化求解得到的"最优"环保税,并没有被发展中国家政策制定者所直接采用,这是因为新古典模型的稳态水平、稳态附近或是内生增长模型的平衡增长路径难以客观刻画仍处于鞍点路径上发展中国家的经济发展特征。本书拟设计与经济发展阶段相一致的动态环保税和治污补贴的政策组合,试图保持环境规制政策的适度性,既不能"矫枉过正"造成经济大幅下滑,又不能"隔靴挠痒"任由环境污染与经济增长之间的矛盾日益激化,还可能解决以往研究结论存在着的理论与实践的脱节问题。

在本书的写作过程中,笔者得到了清华大学潘文卿教授的悉心指导,东北财经大学张同斌教授、中央财经大学周县华教授、生态环境部环境规划院储成君助理研究员都给予笔者很多的帮助,为全书的研究工作做出了重要贡献;首都经济贸易大学刘净然博士、苏子涵同学协助完成全书校对工作,特此感谢。本书是国家自然科学基金项目(71904131)、教育部人文社会科学研究项目(19YJC790026)和2019年中宣部宣传思想文化青年英才项目的阶段性成果,也得到了首都经济贸易大学的出版资助,特此致谢。此外,我们还要特别感谢首都经济贸易大学出版社的赵杰老师和陈雪莲老师,正是他们的辛勤劳动和细致工作,才使得本书得以顺利出版。

笔者本着严谨求实的科学态度,查阅大量中外文经典文献资料,争取为现阶段我国全面深化的财税改革贡献一点绵薄之力。但由于学识水平和知识结构存在局限性,错误之处在所难免,恳请各位专家学者、读者提出宝贵意见和建议。

范庆泉

2020年9月

目 录

1 我国财税体制特征及问题分析 ·································· 1
  1.1 现阶段我国财税体制特征及问题分析 ·················· 3
  1.2 财税体制改革与经济高质量发展 ························ 8
  1.3 本书的研究框架 ·· 12

2 税制结构的历史变迁与现状研究 ································ 21
  2.1 税制结构的变迁历程及影响因素 ························ 23
  2.2 我国税制结构的形成过程及现状特征 ·················· 32
  2.3 税制结构的研究动态及文献评述 ························ 37

3 市场化进程中的税制结构变迁 ···································· 55
  3.1 税制结构与市场化进程的理论框架构建 ··············· 59
  3.2 动态税制结构变化外部效应的理论分析 ··············· 66
  3.3 税制结构变动对经济增长和福利改善影响的实证分析 ··· 71
  3.4 本章小结 ·· 79

4 劳动力流动下的税收体系调整 ···································· 81
  4.1 征税方式和税收返还机制的理论框架构建 ············ 85
  4.2 劳动力流动下税收体系调整双重红利的理论分析 ··· 91
  4.3 税收体系调整对福利增进影响的实证分析 ············ 99
  4.4 本章小结 ·· 108

5 经济增长路径上的绿色税制优化 ································ 111
  5.1 环境污染路径与经济增长的理论框架构建 ············ 116
  5.2 动态环保税的外部效应分析 ····························· 124
  5.3 动态环保税作用下的污染路径与经济增长 ············ 135
  5.4 政府新征环保税的综合效应研究 ························ 139
  5.5 本章小结 ·· 142

6 财政资源配置的历史变迁及现状研究 ……………………… 145
6.1 财政资源配置内容及方式 ………………………………… 147
6.2 我国财政资源配置的历史变迁及现状研究 ……………… 149
6.3 财政支出结构的研究动态及文献评述 …………………… 154

7 财政支出经济外部性及政策影响研究 …………………… 163
7.1 财政支出双重角色的理论模型构建 ……………………… 165
7.2 样本说明与参数估计 ……………………………………… 168
7.3 财政支出政策对宏观经济的影响分析 …………………… 170
7.4 本章小结 …………………………………………………… 177

8 消费性财政支出与最优规模 ……………………………… 179
8.1 政府消费性财政支出影响的理论分析 …………………… 182
8.2 最优消费性财政支出规模的实证研究 …………………… 186
8.3 本章小结 …………………………………………………… 192

9 生产性财政支出与最优规模 ……………………………… 195
9.1 政府生产性支出影响的理论分析 ………………………… 198
9.2 最优生产性财政支出规模的实证研究 …………………… 205
9.3 本章小结 …………………………………………………… 218

10 污染治理的动态补贴政策研究 …………………………… 221
10.1 企业污染减排动机的理论框架构建 ……………………… 225
10.2 环保税对企业治污投入及时点选择的影响分析 ………… 229
10.3 政府治污补贴政策设计及作用机制研究 ………………… 234
10.4 本章小结 …………………………………………………… 239

11 总结及政策启示 …………………………………………… 241
11.1 研究结论 …………………………………………………… 243
11.2 政策启示及建议 …………………………………………… 247

参考文献 ……………………………………………………… 250

我国财税体制特征及问题分析

1 我国财税体制特征及问题分析

1.1 现阶段我国财税体制特征及问题分析

2013年党的十八届三中全会对我国财税体制功能进行了全新定位,即"科学的财税体制要有利于优化资源配置、维护市场统一、促进社会公平、实现国家长治久安",全新论述了财税体制改革的基础理论价值,将财税改革定位为国家治理的基础和重要支柱,以及国家治理现代化的制度保障。这标志着财税理论建设的重大突破,使财税体制改革成为践行全面深化改革的突破口,从理论高度和宏观视角理清了财税体制改革与全面深化改革的关系(高培勇,2014)。与此同时,中国经济进入新常态,社会结构和利益格局发生了深刻变化。不同于以往经济主体单一化、利益关系简单化的基本形态,社会经济主体的多元化,利益格局复杂化,不同利益群体之间的矛盾和冲突的风险逐渐累积,传统的国家治理方式已经无法满足现阶段国家治理的新需求。

现阶段国家治理更需要借助全新的财税制度及运行机制,协调和解决群体利益间越来越多的矛盾,包容和化解群体利益间越来越复杂的关系,规范和约束群体间越来越难以处理的责任和权利,从而形成一种共谋、共建、共担、共享的利益共同体,使社会全体成员共享改革发展成果,以保障我国产业结构转型升级和经济高质量持续发展。正是在这一背景下,财税管理进入国家治理范畴,财税体制成为国家治理体系的一个组成部分。财税改革始终跟随着我国改革步伐,并根据社会主义市场经济发展需求而不断调整。随着国家治理现代化目标的确立,全面深化改革再出发的号角已经吹响,财税体制深化改革也必将进入崭新的阶段。然而,当前我国财税体制中存着历史性问题、结构性问题和功能性问题(高培勇,2015,2018),无法承担起国家治理体系重要组成部分的全部角色。在我国处于经济结构转型的关键时期,我们将从税制结构优化和财政资源配置"两大主题",从宏观、中观和微观三个研究视角透视和提炼现阶段财税体制的主要问题,为全面深化财税改革提供理论支持和实践支撑,为实现经济高质量发展提供全新制度保障。

1.1.1 税制结构特征及问题分析

高培勇(2015)指出,现代税收制度包括在财税体制之中,"四个有利于"也是对现代税收制度功能和作用的全新界定。在我国经济发展进入新常态阶段,如何实现"四个有利于"下税收的全新功能?税制结构的优化调整是解决这一问题的关键。税收问题的研究总体表现在三个方面:一是税收规模;二是税制结构;三是税收制度。其中,税制结构是税收理论和实践研究的永恒主题(马国强,2015)。这是因为,即使在相同的经济活动中,不同的税制结构会产生不同的税收规模;即使在相同的税收规模下,不同的税制结构也会产生不同的经济效应;税收制度决定着税种的主要税收来源和税率大小,由税制结构中税种的组合方式和相对地位表现出来。在市场经济体制下,税制结构直接影响着政府与市场的关系、经济与环境的协调发展。税制结构问题一直是税制改革的一个焦点。在各个经济发展阶段,税制结构的优化调整是解决相应阶段经济社会问题的一项重要治理手段。现阶段,我国税制结构面临的主要问题集中表现在以下三个方面。

第一,税制结构中间接税占比过高。2013年我国税收结构中商品税占到了70%左右,这与西方主要发达国家主征所得税的现代税制结构存在很大差异。一般而言,在经济发展水平较低的阶段,以间接税为主的税制结构可以适应税源不多和征管水平不高的阶段,从而保证国家的财政收入稳定。更为重要的是,间接税具有经济效率性,对我国经济的高速发展起到了重要的推动作用。间接税的经济效率性主要体现在国家财政支出的经济外部性上。因此,该阶段选择以间接税为主的税制结构。而在经济发展水平较高的阶段,由于税源丰富,征管技术水平更为成熟,且能够发挥所得税在调节收入分配中的作用,体现公平性,故选择以所得税为主的税制结构。显然,这就形成了发展中国家的税制结构以间接税为主、发达国家的税制结构以直接税为主的一种国际共识。随着一个国家经济发展水平的不断提高,推进由间接税向直接税转变的税制改革,也就成为一种必然。随着我国经济体制的不断完善和基础设施建设的不断推进,"大政府"主导下的经济活动的效率性也在逐步下降。当前,我国以间接税为主的税制结构对经济活动的效率性有待重新评估,这是现代税收制度"优化资源配置"功能的体现。

第二,间接税体系下增值税比重过大。2013年增值税占我国间接税的比重高达35%,消费税占比仅为10%左右。随着我国"营改增"的逐步推进,营业税逐渐转为增值税,增值税占间接税比重超过55%,使得增值与消费税在间接税结构中的失衡问题更加突出。增值税属于间接税,具有易转嫁性,其税负往往通过价格渠道最终由产品消费者负担,因此,严重失衡的税制格局扭曲了生产要素价格的形成机制,造成了税收负担分配不公平等一系列经济社会问题。譬如,过高的增值税税负使得企业对于税收优惠政策过分依赖。尽管企业可以通过价格渠道将大部分增值税税负转嫁到消费者身上,但是这并没有影响企业经营状况与税收之间密切的直接关系,因而企业对政府给予的税收优惠格外计较,甚至某种程度上会出现企业将发展希望完全寄托在税收优惠政策上的不正常现象。现代税收制度评估标准之一是"维护市场的统一"。企业税收依赖的税制结构特征,使得地方政府之间非正常的税收竞争高潮迭起,收税优化泛滥成灾,成为阻碍市场统一的因素。在此背景下,2014年国务院62号文件开始清理和规范地方政府的税收优惠政策,这对于维护公平的市场竞争环境、发挥市场在资源配置中的作用、深化财税体制改革都具有重要的意义。但是,这也并没有触及问题的本质,并没有改变地方政府实施税收优惠的动机和手段。为此,国家甚至要耗费大量的资源实施监管,很有可能既耗费了人力、物力推行政策,但实施效果又不好。因此,应当适当降低增值税税率,适度提高消费税征税范围,开征一般商品消费税,并逐渐实现由生产地征税转变为消费地征税,在保持宏观税负不变的情况下,减轻税收收入与税负归属不一致的程度,减少企业在生产环节对税收优惠政策的依赖性,这也是实践我国"供给侧改革"战略部署的一个重要途径。

第三,经济发展中缺乏庇古税,即税制非绿化。庇古税是解决经济外部性问题的主要经济学理论之一,该理论认为当经济体中个体参与者的私人成本与社会成本不相等时,个体追求自身效用最大化的同时会造成社会福利非最优,表现为市场失灵。通常政府要利用税收(或补贴)的手段解决外部性问题,实现外部成本内在化。国内外相关研究及发达国家的实践经验均表明,环保税本质上体现了庇古税的内涵。一般而言,经济活动中排放的污染物在环境中逐年累积,对生态环境的破坏越来越大,并反过来对经济活动造成负向影响,进而产生跨期经济的负外部性效应。尤其是以大气污染、水污染等为主的环境问题日益突出,经济持续增长和生态环境得不到改善的矛盾逐渐激化,仅依靠国家行政干预的方式已无法解决环境污染的严重问题。因此,政府必须充分发挥市场机制的作用,及时出台更为有效的政策措施,进行绿色税制改革,通过开征环保税,实现经济发展

方式转变的同时，减少环境污染。2018 年，我国基于"税费平移"原则开征的环保税，并未真正发挥"庇古税"的作用，环保税税率不高。其主要原因是政府担心征收太高的环保税，会使企业负担过重，在短期内对宏观经济有负面影响。政府应该科学设计环保税政策，逐渐提高企业污染排放的成本，缓解环境污染日趋严重的问题。

1.1.2 财政资源配置特征及问题分析

我国财政制度改革与改革开放事业发展密切相关。改革开放之初"放权让利"的财政政策，极大激发了广大市场经济主体的生产积极性，让国民经济焕发了新的生机。随着社会主义市场经济体制的建立，构建公共财政体制框架日渐清晰，在公共产品供给、市场失灵等方面，财政资源配置发挥了重要的补充作用，为我国经济可持续发展提供了重要支撑。在全面深化改革的今天，一方面，各个群体间利益矛盾和冲突问题日益严重，经济发展结构性、区域性、规制性问题凸显；另一方面，我国经济发展进入新常态，经济下行压力不断加大，国际经济贸易不确定因素急剧增加。我国的经济结构转型升级以及高质量发展需求，均需要财政体制提供大力保障。结合当前财政领域出现的主要问题，研究财政资源的配置优化，对于充分发挥现代财政制度的基础性和支撑性作用，具有重要的现实意义。本书针对我国财政资源配置现阶段存在的三种问题展开研究。

1.1.2.1 财政收支不均衡问题日益凸显

我国经济发展进入新常态，伴随着经济增速下滑，财政增收也在放缓；为促进经济转型升级和保持经济平稳增长，我国政府实施了新一轮的"减税降费"优惠政策，激发企业市场经济的主体活力，从供给侧方面推动经济发展；随着我国社会主要矛盾的转换，人们对美好生活需求不断提高，包括教育、医疗卫生、国家安全等领域的公共产品支出规模不断扩大。据统计，2015 年我国财政收入增速仅为 5.8%，而财政支出增速为 13.2%，同比提高 5 个百分点，财政赤字规模为 2.36 万亿元，赤字率高达 3.5%。近年来，随着国际经济不确定性因素加大，国内经济平稳运行压力进一步增加，财政收支的不均衡问题还会进一步加剧。正如高培勇（2019）所指出的，现阶段我国财政资源配置格局正在发生着深刻变化，财政收支矛盾不断凸显。

从财政资源配置的角度来看，我们要进一步提高财政支出的有效性，加大重点领域和关键环节的财政投入力度，提高财政支出效率，缓解财政收支矛盾。改革开放以来，政府财政支出在中国经济30多年的高速增长过程中起到了重要作用（付文林、沈坤荣，2012），并且政府财政的公共性对社会福利的提高也产生了重要影响（高培勇，2008）。现阶段，随着我国市场经济体制的不断完善，规模庞大的财政支出公共性功能在一些经济领域中已经逐渐减弱，财政的竞争性支出甚至抑制了经济增长。在当前我国加快转变政府职能和深化财税体制改革的背景下，经济增长面临着下行压力，如何优化财政支出结构，如何在经济增长目标下评估最优的财政支出规模，既可以保持经济平稳发展，也可以进一步明确财税体制的优化目标和改革路径？面对这一新的问题和挑战，我们试图分析现阶段我国财政支出的外部性特征，分析财政支出对我国宏观经济的影响状况，厘清财政政策与经济增长的关系。

1.1.2.2　"重生产，轻消费"财政支出结构性问题仍然存在

自改革开放以来，中国实现了长期的经济高速增长，人民生活水平也有了大幅度的提升。其间，中国的财政制度建设也由早期的计划财政制度建设转向更具"公共性"的现代财政制度建设，财政属性向其原本的"公共"属性的转变成为过去30多年来中国财政领域改革的基本轨迹，而这种还原"公共"属性的改革在财政支出一侧尤为明显：从生产建设财政走向公共服务财政（高培勇，2008）。然而，在过去的10多年里，人们却逐渐发现，中国的改革在向纵深发展的过程中，尽管经济增长率仍然较高，但居民的收入增长却变慢了，尤其是自20世纪90年代中期以来，中国劳动者的收入份额呈持续下降趋势。白重恩和钱震杰（2009）利用收入核算法，计算了1978年以来中国国民收入中的劳动收入份额，发现其在1978—1995年的10多年间基本保持不变，但1995—2009年下降了约10个百分点。李稻葵等（2009）利用省际收入法同样发现中国劳动所得比重在20世纪90年代后逐步下降。与此同时，居民的消费支出也出现增长乏力的趋势，居民最终消费率也从1995年的45%左右下降到2013年的约35%。其间，随着各项改革的深化，人们越来越感受到来自社会保障、医疗、教育等方面的压力，"幸福感"出现下降势头。吕冰洋和毛捷（2014）指出，"高投资、低消费"是我国经济运行的典型特征，并从理论和实证两个角度证实了中国生产性财政支出结构对这一现象的重要影响。

现阶段，中国社会遇到了一个重要的理论与实践问题：经济增长是否

与社会福利的增加具有同步性？结合中国财政支出结构向"公共财政"方向改革，问题就是：中国能否制定这样的生产性财政支出政策，它在促进经济增长的同时，也同步地促进社会福利的增加？这既是一个优化生产性财政支出的社会实践问题，也是一个考察生产性财政支出如何最大化地促进经济增长与提升社会福利的理论问题。本书的目的就是要对国家生产性财政支出与经济增长及社会福利之间的关系进行理论梳理与实证研究，以便为实践中公共财政支出政策的制定提供理论依据与分析经验。

1.1.2.3 环保税已开征但政府财政补贴规范还未出台

限制污染型企业生产是提高环境质量的直接手段。在重大国事活动中，中国政府多次采取限制性生产的方式，促使一定时期内环境空气质量达标。譬如，2014年的"APEC（亚洲太平洋经济合作组织）蓝"是政府采取超常规的环境管制措施得以实现的，受到北京市民的广泛赞誉。然而，为保证APEC会议期间的空气质量达标，仅河北地区就有5 000余家企业临时停产或限产。显然，限制生产并非提高环境质量的长效机制。面对越来越严格的环境规制措施及政策预期，实践中越来越多的企业开始进行治污投入和技术研发，以减少环境规制对其生产规模的影响。如何鼓励企业加大治污投入力度，激发企业的污染治理动机，减少环保税在短期内的扭曲效应，建立环境治理的长效机制，是政府治理环境污染的重要工作。

政府污染防治补贴可以降低企业治污投入的边际成本，从理论角度看，当单位治污资本的补贴比率很高时，企业治污投入的边际成本趋近于零，当出现环境污染并实施环保税时，无论税额大小，企业都将有动力进行污染减排投入。同时，环保税收入可以专项应用于新能源开发、资源可持续利用或环境清洁技术的研发等领域，使跨期（代际）的外部性内在化，可以提高资源配置的效率，矫正资源配置的跨期不公平，改善环境污染生产者和承担者不同所带来的社会不公平性等问题。如何实现政府污染防治补贴资金和环保税收入之间的优化组合，以及发挥政策组合在控制污染累积水平、促进经济增长与福利增进中的作用，是本书关注的重点。

1.2 财税体制改革与经济高质量发展

根据发达国家财税结构的运行状况，横向比较来看，无论是财政规模占国内生产总值（GDP）的比重，还是宏观税负水平，抑或是财政和税收增长速度，我国都远高于发达国家水平。当前我国财政支出存在竞争性领域高投资低消费特征没有根本性改变、宏观税负过高、企业税负过重、区域发展不均衡、资源与能源承载能力逐渐下降、环境污染等诸多问题，环境与经济发展不协调。这些问题与我国现行的财税体制是否存在着某种联系？随着各种结构性问题的日益凸显，现阶段财税体制对我国的经济结构和生态环境到底产生了怎样的影响，只有从历史角度客观评估，才能够清楚认识当前我国财税体制在经济和环境中的角色和作用；只有清楚我国财税体制在经济和环境中的角色定位，才能够"对症下药"，明确我国现代财政制度的改革路线，推动税制结构优化和财政资源配置朝着正确的方向前进，使得现代财政制度成为国家治理体系的基础和重要支柱（高培勇，2014）。

2010 年，我国经济总量规模超过日本，成为全球第二大经济大国。2018 年，我国再次成为世界第一贸易大国。应该说，我国财税体制改革为社会主义市场经济建设提供了基础支撑和有力保障，对我国经济高速发展发挥了重要影响。现阶段，我国经济已进入新常态，财税体制也必须及时变革以适应新时期国家治理的战略需求，为中国经济高质量增长提供新动力。根据现阶段税制结构和财政资源配置的主要问题，结合中国经济高质量发展要求，我们将从宏观、中观、微观三个角度针对两者关系展开研究。

1.2.1 从宏观层面看财税体制改革与经济高质量发展

所谓财税结构优化是指在特定的经济社会制度基础上，为充分发挥财政收支、税收功能，发挥公共产品经济外部性等要素的功能，实现国家长治久安，依据经济社会发展和社会体制的客观现实，对于经济结构中的财政支出规模、财政资源配置方向、间接税比重、直接税转变和绿色税系建立等在量上的比例关系和质上的结合方式进行合理调整与科学布局的动态过程，旨在为当前我国经济高质量发展提供新动力，注入新动能。

有关我国财税结构优化的相关研究文献非常多。一方面，很多学者从定性角度分析我国财税结构功能作用及局限性，并结合国际实践经验加以比较分析，进而提出我国财税结构改革的路径和方向。显然，有关财税结构功能特点的分析是具有普遍性的，并不是我国特有的。在此基础上的研究往往忽视了财税结构与我国市场经济状况、特征的内在联系，缺乏实践意义。例如，很多学者很早就提出要从人均GDP发展水平的视角向西方发达国家的税制结构看齐，并进行表面化分析。实际上，财税结构的优化调整要结合各国不同的经济状况和体制特征而定，要结合财税结构在经济活动中的效率收益和扭曲损失而定。另一方面，一些学者在理论分析的基础上，又从实证角度估计我国不同税种、不同财政支出结构对经济效应的影响大小，并在此基础上提出财税体制改革的相关建议。但是其中有些实证研究文献直接采用各种税收收入变量、财政支出规模变量对经济增长进行估计。显然，这是有失偏颇的。本质上，税制结构与经济效益两者之间显然存在着某些传导机制（或称调节变量、中介变量、时空滞后特征），譬如，市场化进程、劳动力流动、环境污染状况等因素的传导作用。大部分实证研究并没有加以分析和控制这些调节变量。有关财政支出政策经济效益的研究文献，并未涉及有关财政支出挤出效应问题，使得相关研究结论不具有客观性。更为重要的是，很少有文献考虑到财政支出政策的社会效应影响。我国政府财政资源配置对于社会福利水平的提高发挥了重要作用。在这种情况下，有关财税结构对宏观经济效应的影响估计是有偏的。尤其是现阶段我国经济正处于产业结构升级的转型关键期，发挥财税体制对于国家战略性新兴产业的扶持和推动作用，对于保持经济平稳和促进结构转型都具有重要意义。

1.2.2 从中观层面看财税体制改革与经济高质量发展

现代财政制度的建立不可能是一蹴而就的。一方面，财政资源配置方向具有一定刚性特征，尤其是民生支出领域更是如此，现阶段协调好投资与消费的关系，既能够保持经济高质量增长，又可以让民众享受到改革开放的丰富成果，而财政资源在生产和消费领域配置结构的科学优化至关重要；另一方面，中国税制结构的优化调整难点不在于税制设计，而在于征管实现，而现代税收征管制度的完善、技术的提高和纳税人意识的增强都是需要循序渐进的（高培勇，2015）。

在此过程中，深入分析影响税制结构功能发挥的调节机制，有助于理解税制结构对宏观经济产生的作用机制和扭曲效应。本书将在我国市场化进程不断推进的背景下，分析我国生产性和消费性财政支出结构的作用及优化规模，解释税制结构变迁在我国经济发展过程中的历史作用及现实局限性；在我国劳动力流动程度不断改善的背景下，研究税收体系调整对效率和公平的非线性影响。这些对于我国税制结构优化调整和明确改革路径方向都具有十分重要的指导作用。

1.2.3 从微观层面看财税体制改革与经济高质量发展

从绿色庇古税等税收外部性的角度研究税制结构的文献很少,一方面主要是因为庇古税规模占总税收的比重非常低,对于总体税制结构的影响非常有限;另一方面,绿色庇古税所表现出来的经济外部性需要较长的时间体现出来,如果征税较早,甚至该税在短期内的扭曲性占据主要作用,会降低经济增长效率,这与我国长期以 GDP 为主要考核目标的粗放式经济增长模式是不相吻合的。即使有少量文献进行过相关研究,也往往是从庇古税的外部性机制方面进行定性研究,从定量角度研究的文献更为少见,即使有,也主要是从比较静态的角度进行分析的。而在现实中,绿色庇古税所表现的外部性往往具有时间不一致性。如果较早期实施环保税,则该税种在较长的时间内表现为扭曲性,同时环境污染累计量较少,也就使得该税种的生态外部性较小,因此过早过严地实施环保税并不是最优的;如果较晚期实施环保税,尽管环保税的生态外部性效应很大,但是由于前期环境污染所带来的效率损失更大,因此从总体社会福利来看,也不是最优的。

具体而言,在短期内,绿色税种主要表现出要素相对价格发生变动,造成生产率下降的效应,即短期的扭曲性;在长期内,绿色税种才能体现出环境治理所带来的生态外部性。由于这种外部性的时间不一致性,因此不同环境治理时点的选择对于污染动态路径的变迁也具有不同的影响。显然,基于一般均衡的比较静态分析无法解决庇古税外部性的时间不一致问题。因此,政府应该以更为长远的目光考虑税制绿化,即在税制结构中增加具有"庇古税"性质的绿色税种。由于绿色税种的外部性具有时间的非一致性,因此,从理论上看,环境治理时点的选择对于污染动态路径的变迁影响是不同的,对于总体福利的影响也是不同的。从动态一般均衡模型入手研究环保税的外部性的时间不一致性,研究经济与环境的协调发展,为国家开征环保税和具体时点及税率的选择提供一定的科学支持。尤其是现代税收制度已经作为国家治理体系建设的一个重要组成部分(高培勇,2015),不仅对经济、社会、文化发展产生影响,还对生态发展产生积极作用。以环保税为代表的庇古税开征时点的选择及税率优化设计,对于完

善现代税收制度的全新功能具有重要的意义。

进一步，在设计绿色税制的基础上，我们还需要深入研究与之相对的财政支出规范，以体现现代财政制度中有关权属清晰的功能特征。在经济增长路径上，一方面，政府征收环保税的扭曲效应在短期内会占据主导地位，使得建立在税收筹资基础上的污染防治补贴支出也是有成本的；另一方面，环境污染是逐步积累的，环境污染所造成的负外部性影响程度也是逐渐变大的，可以理解为环保税和污染防治补贴支出的边际收益是动态变化的。设计政府污染防治补贴资金和环保税收入之间的优化组合，有效激发企业的污染治理动机，寻找短期经济增长和长期福利改善的平衡点，进行有关环保税和污染防治补贴支出边际成本和边际收益曲线的刻画和模拟，是解决这一问题的关键。值得注意的是，在经济增长路径上，污染防治补贴率的下降并不意味着污染防治补贴投入额的减少，因为随着经济规模的扩张，环保税收入规模不断扩大，税收规模增长的速度应大于动态污染防治补贴资金下降的幅度，相应地，环境治理的补贴额也是在逐渐增加的。有关环境治理投入额占产出规模的比重，将是本书研究的一项重要内容。

总之，随着现阶段我国财税结构不合理造成的地方政府职能扭曲、社会分配不公平、经济增长方式固化、生态环境恶化等问题日益突出，以及在经济新常态下我国政府在经济中的职能作用、政绩考核目标、区域空间均衡发展模式等各个方面都在发生着深刻的转变，现阶段解决财税结构所造成的一系列经济、社会、环境问题就显得尤为急迫。因此，从理论和实证角度系统地分析和评估我国财税结构对经济增长、福利增进、生态环境的影响，对于设计我国财税结构的优化目标、明确我国财税结构的改革方向、推动我国经济高质量发展，都具有十分重要的意义。

1.3 本书的研究框架

1.3.1 本书的研究内容

为明确国家治理现代化框架下我国财税体制的改革路径，本书分别从两大主题、三个视角展开研究。针对税制结构的优化方向（研究主题一），结合现阶段税制结构中的间接税占比高、增值税比重大和税制非绿化三大

1 我国财税体制特征及问题分析

问题，研究市场化进程中的税制结构变迁、劳动力流动下的税收体系调整和经济增长路径上的绿色税制优化，从宏观、中观和微观三个视角为寻找税制结构优化路径提供政策建议；针对财政资源的配置效率（研究主题二），结合现阶段财政支出规模是否过大、挤出效应是否过高以及体现国家治理的新财政支出规范尚未出台等问题，研究现阶段我国财政支出的外部性及政策影响程度、财政支出结构优化以及企业污染治理的动态补贴政策，也分别从宏观、中观和微观三个视角为财政资源的优化配置提供政策建议。本书研究逻辑结构如图 1.1 所示。

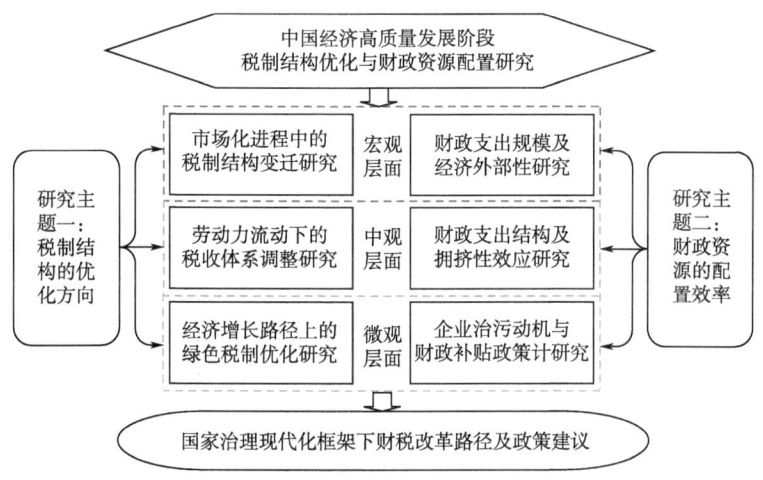

图 1.1　本书研究逻辑结构

在此基础上，我们进一步给出了两大研究主题的技术路线，如图 1.2 和图 1.3 所示。

研究主题一分别从三个视角研究税制结构的优化方向：宏观层面，研究我国以间接税为主的税制结构历史作用及现实问题，分别从理论和实证角度解释我国以间接税为主的税制结构在经济发展初期的资本累积贡献，分析随着市场化进程的推进原有税制结构对经济增长和社会福利的动态影响趋势，为我国以间接税为主的税制结构的改革路径指明方向；中观层面，研究我国间接税内部结构中增值税占比过高的问题，分析劳动力流动程度与地区间税负转移机制，从理论和实证角度分析随着我国户籍制度改革原有间接税结构体系对我国经济效率提升和社会福利分配公平改进的影响状

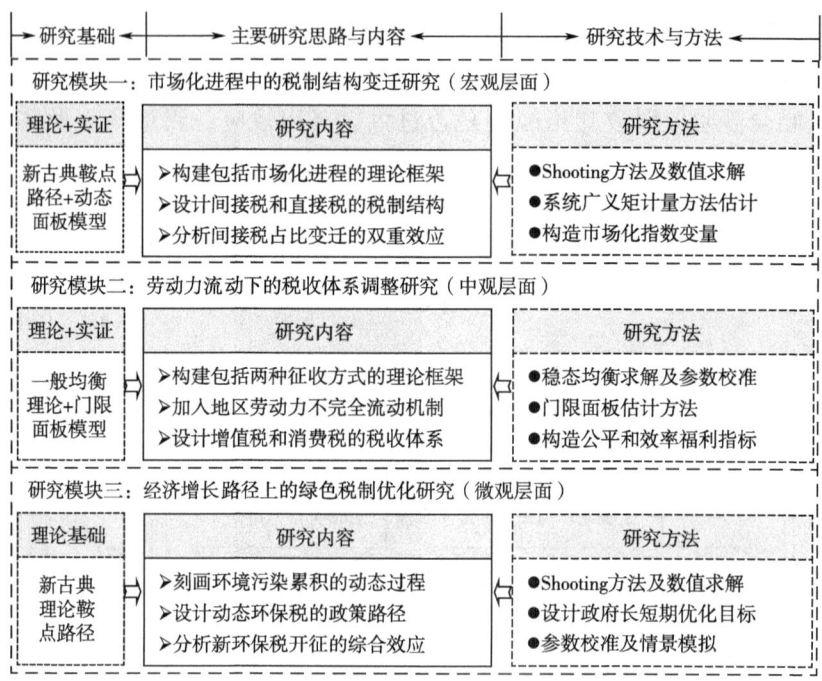

图 1.2 研究主题一的技术路线

况,为全面深化改革间接税税收体系探索道路;微观层面,研究我国税制绿化问题,以匹配国家治理的新角色,在新古典理论鞍点路径上构建符合中国经济增长模式的理论框架,刻画资本投入推动经济增长和环境污染不断累积的一般特征,将污染成本内生化,通过设计鞍点路径上的优化目标,求解经济发展阶段各个时期的最优环保税,为新环保税的动态优化提供理论支持。

研究主题二分别从三个视角研究财政资源的优化配置:宏观层面,研究现阶段我国财政支出对宏观经济的影响程度问题,科学评估我国财政支出政策的经济效果,建立一个包含政府双重角色的动态随机一般均衡(DSGE)模型,分析新经济结构下财政支出行为对经济发展的影响差异,为现阶段财政资源配置优化调整提供科学参考;中观层面,研究我国生产性和消费性财政支出结构的优化问题,解释现有的财政支出结构产生的"重投资、轻消费"的经济现象,通过构建包含政府财政消费性支出和生产性支出的内生增长模型,分析生产性和消费性财政的最优支出规模,为

1 我国财税体制特征及问题分析

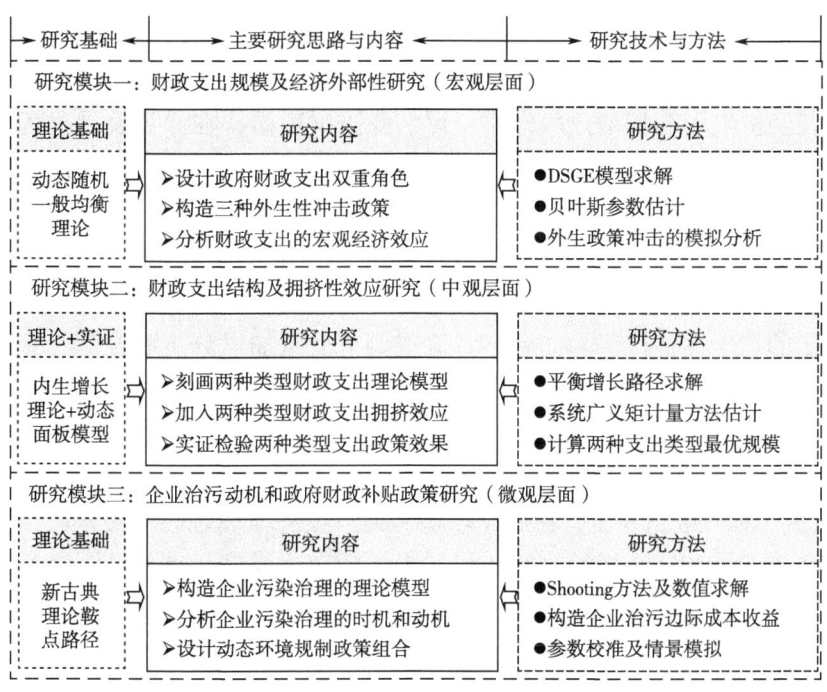

图1.3 研究主题二的技术路线

优化现代财政资源配置提供科学参考依据；微观层面，研究建立污染治理过程中科学的政府财政补贴机制问题，在新古典理论鞍点路径上构建加入企业污染治理的机制，采用Shooting方法求解新古典模型鞍点路径上的均衡解，分析企业污染治理的动机和时机，设计动态环境税和减排补贴率的环境规制政策组合，解释不同经济发展阶段环境规制政策对企业污染治理投入的影响差异，这既可以提高企业的污染减排动机，又可以有效控制环境污染累积水平，还可以实现鞍点路径上的福利最大化目标，对于发展中国家建立完善的环境规制政策体系，丰富财税政策体现"国家治理"的规制功能具有重要的参考价值。

1.3.1.1 研究特色

本书基于当前主流的宏观理论的分析方法，在模型中加入符合我国实际经济特征的运行机制，研究税制结构、财政支出结构对经济增长和福利增进的影响和传导机制。本研究与以往研究的不同点在于以下几个方面。

（1）定性分析方面。以往大多的研究文献在分析、总结国际实践经验的基础上，通过对比研究，指出我国税制结构和财政支出的功能作用及局限性，这是一种较为普遍的做法，但并没有考虑到我国具体的经济状况，缺乏实践意义。本书构建包括经济增长内生性的理论模型，解释我国财税体制在经济发展初期的效率作用，评估我国财税结构在经济发展过程中的效率变化，并指出我国财税结构在当前经济发展阶段中逐渐凸显出来的主要问题。

（2）定量分析方面。以往多数文献研究财税结构与经济效益之间的关系，未考虑两者之间存在的传导机制，譬如市场化程度、劳动力流动、财政支出的竞争性特征等。如果不对这些调节变量加以分析和控制，有关财税结构对宏观经济效应的影响估计可能存在偏误。本书将深入分析影响财税结构功能发挥的调节机制，对于客观认识、科学评价财税结构对宏观经济的影响程度具有重要价值。

（3）动态路径方面。在研究环境污染与经济增长之间的关系时，本书构建环境污染和经济增长之间的相互影响的理论模型，克服经济增长的外生性假设问题，将环境污染动态特征的微观行为加入宏观模型中，考虑到环境污染从无到有、由小及大的累积过程，优化鞍点路径上的环境规制政策组合，分析环境污染与治理和经济增长之间的相互影响与反馈机制，有助于丰富和拓宽环境污染与治理领域的理论研究方向。此外，由于新古典理论鞍点路径的均衡求解过程十分复杂，因此大部分文献都是针对稳态经济状态进行均衡求解的。当经济初始状态与稳态相差较远时，线性近似方法将导致经济变量的运动轨迹出现很大偏差，使得初始资本状态的选择受到限制。本书采用 Shooting 方法求解新古典模型鞍点路径均衡解，将摆脱线性近似方法的技术限制，尝试采用新的理论研究方法，有助于拓展财税经济学领域的研究范围。

此外，本书拟采用人均消费量作为区域均衡发展指标的重要衡量标准，这体现了经济新常态下对各地区享受均等公共服务的关注，而不仅局限于比较区域经济发展水平的差异。这是一个有别于以往在研究区域经济问题时采用人均 GDP 水平作为区域经济发展衡量指标的一个新视角。类似地，基于数据的可得性，本书在采用人均消费差异构造福利均等化作为公平指标、采用常住人口和户籍人口的差异构造劳动力流动程度指标等方面都进行了新的尝试。

1 我国财税体制特征及问题分析

1.3.1.2 研究方法

本书拟采用当前主流的宏观经济学模型进行理论分析,采用成熟的计量学方法进行实证研究。

（1）Shooting 方法。该方法使得一般均衡模型不再局限于仅在稳态阶段进行比较静态分析,而是可以计算得出从任何初始资本水平到稳态的鞍点路径上各个变量的均衡解。在此基础上,将经济增长外生性化,刻画出中国经济增长的现实特征,考虑中国市场化进程随着经济增长而不断改善的内生化过程,同时将环境污染的出现及累积过程内生于经济增长当中,分析鞍点路径上市场化进程与税制结构变迁之间的动态影响机制,分析最优绿色税制结构,解释经济与环境的库兹涅茨曲线现象等。将新古典理论模型与 Shooting 方法相结合构建的理论分析框架,符合中国经济要素推动模式的发展特征,满足了本书的研究需求。

（2）文献研究方法。收集有关环境问题的国内外经典文献,并对文献进行梳理和重点精读,从环境污染与经济发展、环境规制政策优化、环境规制作用机制研究等角度进行整理和归类,通过对文献进行严谨的分析、评价及发展趋势判断,为本书研究提供有力的论证和支持。

（3）理论分析研究法。以经典理论文献为指导,在理论模型鞍点路径上刻画环境污染的动态累积过程,加入清洁产业技能培训机制,优化与经济发展阶段相适应的环保税政策,构建体现区域经济关联度的多区域一般均衡模型,调整区域环保税的结构布局,以体现出本书研究的特色。

（4）优化及数值仿真法。一是 Shooting 方法的求解需要借助计算机进行大量迭代计算,根据鞍点路径上的优化目标及求解过程,进行相关程序编写,采用 Matlab 软件进行仿真计算;二是多区域一般均衡模型需要对大量方程式进行数值求解,对不同政策情景进行数值模拟。

（5）实证分析研究法。构建动态面板模型,估计财政支出结构对经济增长、社会福利的动态影响状况;构建门限面板模型,估计税收体系调整对经济高质量发展的非线性影响程度,评价当前财税政策的有效性和适度性。

1.3.2 本书的章节安排

本书将给出有关税制结构和财政资源配置的定义及表述方式,分析财税结构变迁的影响因素,梳理当前我国财税结构的现状特征及主要问题。

本书的重点内容是围绕市场化进程中、劳动力流动性下税制结构对经济增长和福利增进的影响机制展开理论分析和实证研究；围绕财政支出的经济外部性作用以及生产性和消费性财政支出效率和规模研究展开理论分析和实证研究，并试图梳理和检验财税结构影响经济发展和福利改善的传导机制和影响因素。新时期财税改革的目标是成为参与国家治理的一项重要手段。税制绿化和治污补贴都是实现经济与环境协调发展的重要途径，是现代财税体制改革参与国家治理的重要体现，是我国下一阶段财税体制改革的目标和方向。

本书章节安排如下。

第1章是我国财税结构特征及问题分析。在经济高质量发展背景下指出我国税制结构和财政资源配置出现的主要问题，分析我国财税体制改革的现实意义，并明确本书的研究思路、研究目标和技术路线。

第2章是税制结构的历史变迁及现状的研究。本章给出我国税制结构的历史变迁及国际比较，分析税制结构变迁的影响因素；指出我国税制结构在当前经济阶段存在的三个主要问题，并从文献综述的角度梳理有关税制结构的研究现状以及提炼下一步的研究重点。

第3章是有关市场化进程中税制结构变迁的研究。从经济增长和福利改善的视角，介绍市场化进程中税制结构变迁的历史作用及变动机理，通过将市场化进程内生化，并与税制结构动态变迁以及公共资本外部性、经济结构变动等因素置于统一的理论框架中，明确鞍点路径上市场化进程与税制结构变迁之间的动态影响机制，揭示在不同市场化阶段税制结构产生的经济效应和福利效应差异。

第4章是有关劳动力流动下税收体系调整的研究。从劳动力流动的角度，分析税收体系调整对福利效率水平和公平程度的非线性影响，构建一个包括存在区域禀赋差异的两个生产函数、开征增值税和消费税两种征税方式以及存在劳动力跨区域不完全流动的一般均衡模型，刻画了福利总平均水平（效率）和福利均等化水平（公平）两种福利增进指标，模拟分析由增值税转为消费税税收体系的调整过程中税收扭曲的差异机制和税负归属的不同影响，并进一步研究劳动力流动程度对这一机制和影响的调节作用。

第5章是有关经济增长路径上绿色税制优化的研究。构建了包含动态环境税、污染累积与经济增长的理论模型，分析了动态环境税的外部效应,通过将污染累积与经济增长内生于理论模型中,分析鞍点路径上环保税影响作用下的污染累积状况、社会福利变动与经济增长特征,在环保税的成本收益视角下研究动态环保税对鞍点路径上污染累积与经济增长的影响趋势,并提出有关环境的库兹涅茨曲线理论的新解释。同时,该部分还解释了现实经济中政府开征环保税的时点选择困境,以及评估中国可能在未来三个时点开征环保税的政策效果。

第6章是我国财政资源配置的历史变迁及现状研究。分析我国财政支出规模的历史变迁及现实问题,并从文献综述的角度梳理有关财政支出结构的研究现状并提炼下一步的研究重点。

第7章是有关我国财政支出外部性分析及政策影响研究。建立政府消费性支出和私人消费、政府资本和私人资本之间的非线性替代关系函数,然后将政府的双重角色加入动态随机一般均衡(DSGE)模型中,模拟分析不同经济结构下政府的双重角色对我国宏观经济的影响差异,为进一步研究财政支出结构提供理论支撑。

第8章是有关消费性财政支出与最优规模的研究。构建一个包括政府两种财政支出类型的宏观模型,并探讨在引入两类拥挤效应时消费性财政支出占比与经济增长之间的内在运行机理;结合中国的经验数据估计消费性财政支出与经济增长的内在关系,并从2008年全球金融危机前后两个阶段对中国政府消费性财政支出规模的适度性进行评判,为下一步政府消费性财政支出结构调整与规模优化提供科学依据。

第9章是有关生产性财政支出与最优规模的研究。构建包括消费性和生产性两种类型拥挤因子的理论模型,分别推导经济增长最大化和社会福利最大化两类目标下政府最优的生产性支出结构,并进一步考察两类最大化目标下政府的最优生产性支出结构是否一致;参考中国地市级的经济数据,运用计量模型实证检验政府生产性支出与经济增长、社会福利两者之间是否确实存在倒U形关系,以便从经济实践中检验是否存在着最优的财政支出规模,分析中国生产性财政支出规模的适度性,为评估和修正财政支出政策提供理论和经验的支持。

第10章是污染治理的动态补贴政策研究。将环境污染的累积过程和减排机制刻画到同一理论框架中,构建了包括企业治污资本投入、政府实施环境规制政策组合的理论模型,采用Shooting方法计算鞍点路径上的均衡解,研究政府如何综合运用污染排放惩罚和污染防治补贴的手段,激发

企业的污染治理动机，使得环境污染出现时点与企业治污投入时点相一致，减少环境污染的负外部影响，为建立与环保税收入相配套的政府财政支出制度规范提供理论支撑。

第 11 章是本书的总结部分，指出现阶段我国财税体制改革的路径方向及政策启示。

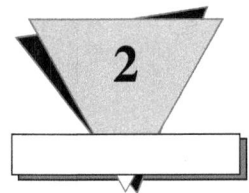

税制结构的历史变迁与现状研究

2 税制结构的历史变迁与现状研究

2.1 税制结构的变迁历程及影响因素

在全面阐释税制结构变迁历程及影响因素之前,本章系统梳理并阐明税制结构的定义,这有利于理解税制结构优化的内在形成机理,有助于分析税制结构优化对于实现税收全新功能的基础性作用。

2.1.1 税制结构的定义及表述方式

一般而言,税制结构主要包括两方面内容:一是各税种的组合方式,二是各税种的结构比例。随着税收实践经验的不断累积,有关税制结构的定义也在不断变化。胡怡建(1996)在上述定义的基础之上,又将征税主体、纳税对象、纳税环节、税率等各个要素的相互关系包括在内,统称为税制结构。王诚尧(1995)甚至将中央税与地方税之间的关系也纳入税收结构的内涵中。随着税收研究的深入,有关税制结构与税收制度之间的界限反而变得不清晰了。本质上,税制结构是各税种之间的关系,而税收制度是同一税种下各要素之间的内部构造。马国强(2015)认为,明确区分税制结构与税收制度的研究范式,有利于提高税制结构和税收制度的研究水平。他将税制结构定义为各税种之间的组合方式和相对地位,本章即采用这种定义方式。

税种的组合方式指的是,各税种在取得税收来源以及对经济活动影响等方面的分工和协作关系,即为各税种在经济活动各领域的分布情况,以及对经济活动的调节作用,相应地,这种调节作用背后也伴随着各税种对经济活动的扭曲效应。税种的相对地位包括两层含义:一是各税种收入规模的比重,表现为各税种占 GDP 或者总税收规模的比重;二是各税种对经济活动影响的相对重要性,即各税种调节功能、扭曲效应的不同影响程度。总之,税制结构是各税种之间相互协调、相互影响、相互补充形成的统一整体。税制结构的问题也表现为主要税种的选择及各税种之间的协调问题(陈共,2006)。

王诚尧(1995)将税制结构分为三个层次。一是宏观层面,即税制结构表述为主体税种的选择,分为间接税和直接税,两者的区分依据是征税主体与税负归属主体是否一致。间接税具有转嫁性,直接纳税人可以通过价格渠道将税负进行转嫁，课税对象主要是商品和劳务，税种主要是流转税和行为税；直接税的税负不能转嫁，纳税主体与税负承担者相同，课税对象主要是个人、企业的收入和财产所得。二是中观层面，主要将直接税和间接税根据课税对象进一步细分为所得税、流转税、财产税和绿色环保税。所得税针对个人、企业的收入进行课税，主要包括企业所得税、个人所得税、社会保障税；流转税主要针对商品和劳务进行课税，主要包括增值税、消费税、营业税、车辆购置税、关税、契税、土地增值税和使用税等；财产税是以纳税主体具有所有性质的或属其支配具有使用性质的财产为课税对象，包括不动产税、遗产税、继承税、房产税、金融和资本交易税等；绿色环保税主要针对在生产、生活等活动中造成环境污染的排放物或行为进行课税，主要包括二氧化硫税、水污染税、噪声税、固体废物税和垃圾税等。三是微观层面，指的是上述所列的各种具体税种，税种是税制结构中最小的单元。在这三种层面中，在宏观层面表述税制结构的做法最为常见。

总之，税制结构是税收制度中各种税收关系的总和，包括税种的组合方式和税种的相对地位两项内容。西方国家的研究文献一般采用间接税和直接税的关系表述税制结构。我国1994年分税制改革以来，针对税制结构也主要采用了这一表述方式。各个国家和地区经济发展状况、司法制度、文化习俗、生态环境等众多因素存在差异，制定的税收制度不同，设置的税种不同，因此，税制结构也就有所差异。尤其是随着影响因素的变化和税收职能的演变，税制结构也在不断地调整。接下来，本章将通过梳理世界主要国家税制结构的变迁历程，进一步总结归纳影响税制结构变迁的主要因素。

2.1.2 世界主要国家税制结构的变迁历程

从税制结构的时间变化历程来看，税制结构的演变主要经历了从直接税为主到间接税为主，再到直接税为主的税制结构变迁，一般可总结为三个阶段。

第一个阶段，以传统直接税为主的税制结构。在资本主义市场经济还处于萌芽阶段及更早时期，以自然经济或者二元经济为基础，农业经济依然是主要经济形式，很少有专业化的商品生产、流通，主要有人头税、土地税、谷物税或牲畜税，形成了以传统直接税为主的税制结构。政府通过

2 税制结构的历史变迁与现状研究

取得税收收入维系自身"守夜人"的角色，通过设定一些法令、规则规范市场秩序。政府本身参与经济活动的动机不足，税收来源有限，也没有参与公共物品生产的行为意识，更不具有提供公共服务品的物质基础和基本能力。

第二个阶段，以间接税为主的税制结构。随着工业化革命的推进，资本主义发展的早期阶段，西方国家通过殖民形式开拓市场，逐渐出现了规模化经济，商品贸易登上了历史舞台，逐渐成为经济发展的主流模式，以商品流通为课税对象的商品税、关税逐渐取代了传统的直接税，成为国家税收的主要来源。在这一时期，市场经济倍受推崇，西方国家奉行自由放任的经济政策，商品税可以在商品流通过程中进行转嫁，具有税收中性原则，可以保持经济效率，对于国内商品主要征收消费税。同时，政府在经济中的角色也开始出现变化，不仅具有"守夜人"的职能，也逐渐参与到经济行为当中。譬如，对进出口商品征收关税，以保护本国工商业的发展；通过殖民开拓国际市场，进一步扩大规模化生产，使得农业人口不断转为工业人口，实现国家的工业化进程，商品经济得到了极大的发展，税基来源稳定，税收规模迅速扩大。

第三个阶段，以现代直接税为主的税制结构。随着资本主义市场经济的日益繁荣，贸易全球化已经成为资本主义组织规模化生产的一个重要前提条件，在这一背景下，关税逐渐成为阻碍贸易全球化的桎梏。同时，间接税具有累退性，对低收入者征收的税负较重，进一步拉大了社会的贫富差距，抗议活动经常发生，造成了社会不稳定，也动摇了资产阶级的统治地位。更为重要的是，对于国家之间频繁爆发战争而产生的巨大财政开支需求，当时以间接税征收为主的税收规模已经无法满足。同时，经历了两三百年的工业化进程，资产阶级财富迅速得以积累，使得开征所得税的税源丰富而稳定，也为开征直接税创造了条件。在第一次世界大战以后，西方国家相继开征所得税，并逐步替代商品税占据主导地位，形成以现代直接税为主的税制结构。

尽管从形式上来看，税制结构的变迁是一个从传统直接税转为商品税又转为现代直接税的过程。从直观上似乎可以认为，税制结构变迁出现了周期性循环，直接税为主转为间接税为主，最后又转为直接税（现代）为主，仍然采取的是直接税和间接税构成的税种组合方式，只是在税种的相对地位上发生了变化。其实不然，尽管税种结构中的各个税种依然采用直接税和间接税的形式进行区分,但是从微观层面来看,现代税制结构中各个税种及其功能与传统税制结构相比已发生了根本性的变化。

现代税制结构中的间接税以流转税为主,其中,增值税、营业税、消费税等货物劳务税是主要税种。间接税在税收筹集功能上具有明显优势,主要在商品的生产、流通环节中征收,具有充分的税源,保证国家税收收入有稳定来源。更为重要的是,由于间接税具有税负转嫁性的特点,不会改变企业所使用的生产要素的相对价格,因此,不会造成要素配置效率的扭曲,体现了间接税的经济效率性。同时,间接税主要针对的是企业,相对易于征收,征管成本相对偏低。

现代税制结构中的直接税以所得税为主,其中,企业所得税和个人所得税占据税制结构的主导地位。直接税在调节收入分配方面具有明显优势,一般情况下直接税具有累进性,同时税负难以转嫁,对于高收入者课税的平均税率较高,对于低收入者课税的平均税率较低,通过财税手段进行收入再分配,有利于平衡收入结构,降低收入差距带来的社会不公平。同时,直接税对于宏观经济可以发挥稳定器作用:当经济增长存在过热情形时,直接税的累进性会自动提高实际税率,从经济活动中抽取更多的税收,进而降低经济活力,减少经济交易和投资活动,对经济过热现象起到缓解作用;当经济衰退现象发生时,直接税税率又会自动降低,使得经济活动中流转更多的资金,有利于提高经济活力,增加经济交易和投资活动,阻止经济的进一步衰退。

税制结构变迁的进程并没有到此结束。20世纪70年代以来,石油价格引发的全球经济危机,使得大部分西方国家陷入"滞胀"的经济困境,以所得税为主的直接税尽管可以通过调节收入分配,促进社会公平,但却造成了生产要素价格的扭曲,不利于资源的优化配置,使经济效率低下;另外,具有累进性的所得税抑制了纳税人储蓄、投资和经营风险的积极性,进而也抑制了经济增长。为了提高经济活力,促进经济发展,各个国家又开始大规模地进行税制改革,大部分国家开始征收增值税并扩大增值税的征收范围,税制结构又重现返回间接税的变化趋势,形成直接税和间接税并重的税制结构。

以上是世界主要国家税制结构变迁的共性特征,具体到各国,由于社会、政治、文化制度方面存在差异,情况各所不同。接下来,本章通过梳理美国、日本、法国等主要国家税制结构变迁的历程,总结提炼影响税制结构变迁的各种因素。

2.1.2.1 美国税制结构的变迁历程

美国税制结构变迁主要经历了三个阶段。

第一阶段，从建国时期到1913年，尽管税种类型由关税逐渐转为消费税，但美国一直采用以间接税为主的税制结构。在南北战争前的时期，关税是美国税收收入的主要来源。在此期间，美国联邦政府的税收征管能力一直比较弱，强制力不足，主要征收的是关税。随着国际贸易日益繁荣，以进出口商品为征税对象，税源丰富，这一税制结构是与当时的社会经济发展状况相适应的。此后，由于国际贸易自由化的需要，各个国家通过协商谈判逐渐降低关税税率，以促进商品流通。为了保持税收规模，1861年以后美国逐渐提高消费税税率，并扩大了征收范围，消费税成为美国的第一大税种。1865年，美国消费税已经占总税收的55%以上，之后消费税占比甚至一度高达92%，同时断续出现过所得税和财产税，但规模一直不大，并由地方政府和州级政府征收。

第二阶段，从1913年到20世纪70年代，税制结构逐渐转变为以直接税为主。随着社会贫富差距日益扩大，由于间接税具有累退性，征税并没有改善这一状况，反而使富人承担的税负比穷人还要低，因此，联邦政府开始征收个人所得税。随着两次世界大战军费开支的日益庞大，所得税税率不断提升。战后，随着所得税税基的不断丰富，所得税成为美国第一大税种。1970年，美国个人所得税占总税收的比重高达35.4%，企业所得税占总税收的比重高达12.8%，分别成为美国第一、第四大税种。

第三阶段，从20世纪80年代至今，美国进行了一次大规模的税制改革，税制改革的原则是"低税率、宽税基、简税制、严征管"，由此拉开了全球税制改革的新序幕（施本植和梁柯，2004），并重新将视角关注到税收的经济效率方面，适度提高了间接税比重，权衡了税收的效率水平与公平原则。具体方法主要是大幅度降低中低收入者个人所得税税率，简化所得税税率结构，同时又专门针对最富有阶层增加所得税税率并加大征管力度，扩大工薪税税基，提高燃油税，等等。虽然主体税种仍然是个人所得税，但税制结构更为合理，减少了税收对经济效率的影响。至此，美国较为彻底的三级征税制度已经基本建立，主要税种包括个人所得税（47%）、企业所得税（33%）、社会保险税（11%）、消费税（3%）、遗产及赠与税（0.6%）、关税（1%）等。其中，所得税、社会保险税、消费税、关税等为美国联邦税，销售税为州政府根据自身经济特色和经营状况设定的小税种。

现阶段，美国税制结构主要具有三大特征。一是中央和州政府具有明确的事权和征税的立法权，各级政府之间不存在领导与被领导的关系，地方政府可以根据自身经济特征决定开征的税种，具有高度的自治性。二是基于各级政府的高度自治性，美国各地税收制度差异很大，税制分散复杂，譬如同一税种在不同地区税率存在很大差异。三是税源多级共享，税收的社会功能显著，对于一些中央和地方的共享税种，美国政府主要通过税收减免、扣除，以及税款补征等方式补贴各级政府。美国各项税收的社会功能明确，譬如社会保险税主要是为了解决失业和社会保障问题，征收废物处置税主要是为了解决环境污染等问题，专款专用，减少税收的扭曲性，发挥税收的调节功能和经济外部性。

2.1.2.2 法国税制结构的变迁历程

法国的税制结构主要形成于第一次世界大战以后，进行了几次重大调整。根据税制结构变迁的情况，法国税制结构的变迁历程可划分为三个主要时期。一是两次世界大战期间。在这期间，法国主征间接税，营业税是其主要税种，为了筹集战争经费，营业税规模不断扩大，税收收入占总税收比重一度高达30%以上，与此同时，所得税规模不及其一半。二是20世纪50年代到70年代。法国于1954年首次开征增值税，已解决营业税存在重复征税的问题，但是社会保障税却成为法国第一大税种，主要是为了满足全社会医疗、失业、生育、养老等的资金需要。此时，所得税规模也仅为社会保障税的一半左右。由于社会保障税属于直接税的范畴，因此法国税种结构逐渐由间接税转为直接税占主导地位。三是20世纪80年代以来。由于70年代末爆发石油危机，法国经济陷入了"滞胀"的困境，财税缺口很大，无法满足社会保障支出的需求。法国政府不得不进一步提高社会保障税税率，并扩大税基，为了减缓税负上升压力，适度降低和压缩了其他税收的规模，使得社会保障税的地位得到进一步提升。值得一提的是，法国在20世纪60年代就陆续开征各种形式的环保税，譬如1979年的油料附加税、1985年的大气污染附加税，以及90年代以来的飞机噪声附加税、垃圾清除特别税等。环保税类税收规模并不大，据统计，1996年环保税类合计规模占税收规模的5%左右，但几乎所有的环保税税收收入都是专款专用，环保税在环境污染治理和预防过程中起到了积极作用。

法国的税收权力主要集中于中央政府，这一点与美国不同，地方政府具有课税权的税种并不多。同时，法国也是一个高宏观税负的国家，税负占GDP比重高达50%以上。在法国税种结构中，直接税占总税收规模的70%以上，其中，所得税占64%左右，财产税仅占6%左右。而间接税占总税收规模的比重为30%，其中以增值税为主的流转税占22%左右。法国的主要税种都是中央税，占总税收规模的85%以上；地方政府税源小，税收规模小。中央政府对地方政府财政要进行转移支付，主要采用两种形式：一种是一般性资金补贴，根据人口和征税情况进行补贴；另一种是专项资金补贴，主要针对基建项目、专项工程进行补贴。

2.1.2.3 日本税制结构的变迁历程

20世纪80年代末，随着美国税制结构改革的推动以及日本经济开始走向衰退，日本使用了近30年的"夏普税制"终于进入新一轮的改革调整。从第二次世界大战到20世纪80年代，日本的税制结构主要沿袭了夏普税制，总体宏观税负不高，直接税占税收规模的比重又很高。据统计，1986年日本宏观税负占GDP比重在20%以下，普遍低于西方发达国家，而直接税占税收规模的比重高达70%以上，又普遍高于西方发达国家。过高的所得税税负，给石油危机下日本经济的持续繁荣带来了挑战。

1987年，日本开始了新一轮的税制结构改革，主要实施的是降低直接税税率、简化税率结构等措施，总体来看，只是减税而不增税，这为日本20世纪90年代出现的财政风险埋下了伏笔。尤其是20世纪90年代，日本经济严重衰退，经济增长速度由正转负，政府通过大量财政支出刺激经济，使得财税结构严重失衡。此时，尽管以降低直接税税率为主的税制结构改革使得直接税占总税收规模的比重有所下降，但该比重仍然高达66%以上，依然是西方发达国家中最高的。因此，20世纪90年代，日本又开始了新一轮的税制结构改革，进一步降低所得税税率，同时提高了消费税税率。这次税制改革一般被认为是1987年改革的延续，日本的税制改革尽管使得日本经济产生了暂时的复苏，但并没有产生持续性影响。21世纪初，日本的国债余额不断攀升，财政支出状况持续恶化，日本又进行了数轮税制结构改革，主要基调不再是减税而是增税，同时调整税制结构，取消了很多所得税的税收优惠政策并降低了消费税的起征点，这些对于缓解财政压力起到了一定作用。近几年来，日本随着财政赤字的不断扩大及人口老龄化现象的日益严重，首次实施大规模的增税改革，主要是实施提高税率、增加税率档次、降低起征点等措施。

经过数轮税制结构调整,日本税制结构相对于20世纪80年代有了明显改善,直接税占总税收比重不断下降,但是总体税负一直偏低,处于较低水平。税收规模偏低,将会影响政府财政支出职能的发挥,降低政府干预宏观经济的能力。尤其是随着日本老龄化所需要的社会保障支出的持续增加,政府为全民提供医疗、养老等公共服务品,是政府作为社会"保育人"职责的体现(毛捷等,2015)。在这种背景下,日本宏观税负水平不高将难以发挥政府提供社会保障公共服务品的经济外部性功能。

2.1.3 税制结构变迁的影响因素

通过分析世界主要国家税制结构改革及变迁过程,我们发现,在市场经济发展的初期阶段都是以间接税为主,随着经济发展水平逐步提高,由以间接税为主逐渐转变为以直接税为主,再到20世纪80年代,在由美国引起的全球新一轮的税制结构改革进程中,又出现了直接税比重下调、间接税比重上调的逆向演变过程,税制结构的变迁与具体的经济发展水平、政府目标和税收职能、税收征管能力等因素密切相关。接下来,本章将系统地阐述税制结构变迁的影响因素,为明确我国税制结构改革方向提供科学的参考依据。

2.1.3.1 经济发展水平

社会经济发展水平是税制结构变迁最为重要的影响因素,据统计,人均GDP水平低于5 000美元的国家,间接税占总税收的比重平均高达66%,随着人均收入的提高,直接税比重逐渐提高,直到人均GDP水平高于30 000美元时,直接税占总税收的比重超过间接税,并且随着人均GDP水平的持续升高,这一差距将会进一步拉大(崔军和朱晓璐,2014)。这是因为,经济发展水平决定着市场的发育程度,也决定着社会经济的生产方式及生产结构,成为一个国家主征税种选择的重要影响因素(吕炜,2004)。

在以自然经济为主要经济运行方式的农业社会,生产条件落后,没有规模化生产,比较稳定的税源来自人口和土地,显然这些纳税人的税负是无法转嫁的,也就形成了传统的直接税税制。随着工业革命的到来,机器的使用为大规模生产提供了技术,国际贸易的深入发展为商品的交易提供了市场,劳动力人口逐渐从农村迁移到工厂,人口流动加大。政府在建立、规范市场秩序方面发挥了重要作用，同时也需要更多的财政支出，以人口、土地为课税对象的税收来源已经无法满足财政开支需求。随后课税对象由人口、土地逐渐转移到日益丰富的商品上，政府开征的税种以商品流转税为主，而商品流转税是间接税，使得税制结构以间接税为主。随着资本主义经济的不断发展，收入差距问题越来越严重，甚至已经开始影响到社会稳定，而以间接税为主的税制结构，对于低收入者征税过重，为了调节收入分配及扩大税源，直接税的税种逐渐增加，取代了间接税的主体地位，税制结构以直接税为主。20世纪80年代以来，一方面，石油危机造成了西方发达国家严重的经济衰退；另一方面，西方发达国家高福利的财政支出压力不断增大，间接税在总税收中的比重又有所提高，逐渐形成以间接税和直接税为主的"双主体"税制结构。显然，税制结构的变迁是随着经济发展过程而不断调整的。

2.1.3.2 政府目标和税收职能的演进

效率和公平是贯穿税制结构改革的一项重要目标，世界各国的税制结构调整和改革始终是在这两个目标之间进行权衡选择的。从工业革命开始到第二次世界大战前，在市场经济形成和逐步发展过程中，更具经济效率的税种不断替代原主体税种而成为新的主体税种，传统的直接税被关税替代，关税又被流转税替代，无不体现着税制结构调整要服从经济效率的原则。随着经济发展水平的不断提高，社会收入差距也就不断被拉大，收入公平逐渐成为社会的主要问题。20世纪五六十年代，税收又以追求社会公平作为其重要目标，直接税由于其具有累进性、课税对象的确定性及税负不具有转嫁性等特点，逐渐成为政府调节收入分配的重要手段。

为了缓和社会矛盾，西方国家又陆续开征了社会保障税，以政府作为"保育人"的角色，为社会提供更为丰富的医疗、失业、养老、救助等形式的公共服务品，社会保障税与直接税的特点类似，往往被归为直接税范畴。尽管从形式上，以直接税为主的税制结构在宏观层面没有发生变化，但是在微观层面一直处在不断的调整过程中。经济转型国家的主要任务仍然是发展本国经济、丰富物质产品、提高人民的物质生活条件，在效率和公平的选择方面更加注重效率因素。同时政府在经济转型时期作为市场参与者，也具有非常重要的作用。基建工程、教育卫生等公共设施条件的完善有助于推进市场化进程，政府需要大量的财政支出进行基础设施投资，在汲取税收的同时，要尽量减少税收对经济产生的扭曲效应。在商品流通

环节征收流转税是一个比较合适的选择。流转税具有转嫁性，相对而言，对纳税人生产积极性的负面影响较小，对实际税负的承担人又具有隐蔽性，使得流转税具有经济效率性。因此，在发展中国家以经济发展为主要目标的前提下，以间接税为主的税制结构是其税制改革的主要方向。

2.1.3.3 税收征管能力因素

政府税收征管能力是影响税制结构的直接因素，税收往往是强制性征收的，会降低纳税人的收入水平，影响纳税人的消费能力，而且政府根据纳税人缴纳的税收收入提供的服务又具有公共品的特征，具有非排他性，因而纳税人的纳税动机并不积极。因此，税收征管能力强的国家在税制设计上受到税收征管能力因素的影响较小；而税收征管能力差的国家，要充分考虑税收职能发挥与税收征管成本之间的差异程度，要充分发挥税收职能，实现政府治理的目标，这往往需要支付很高的税收征管成本，有时甚至得不偿失，因此对于税种的选择将会受到限制。为了保证税收收入充足，需要设定很高的税率，这反而进一步增加了税收的征管难度，更容易产生偷税漏税的现象，这在发展中国家较为常见。相对而言，发达国家一般税收征管的能力和技术监控手段都比较成熟，健全的税收监督机制使得税收的违约成本极高，使得纳税人偷税漏税的动机不强，根据税收的职能作用选择合适税种的空间更大。从征管技术需求的角度看，在商品流通环节征收间接税所需的征管技术条件不高，对政府征管能力的要求不多，能力偏弱的发展中国家往往首先选择间接税。

2.2 我国税制结构的形成过程及现状特征

中华人民共和国成立以来，我国税收功能不断调整，一直到20世纪80年代末，我国的税收收入主要作为"建设财政"的组成部分服务于国家的经济建设，提高经济发展水平；1994年我国进行了分税制改革，形成了符合世界一般特征的税制结构，税收收入也开始成为"公共财政"的重要组成部分，满足社会发展对公共产品的需求，改善人们的生活条件；2013年党的十八届三中全会要求全面深化税制结构改革。作为国家治理的重要支柱，税制结构将作为维护"社会维序"的一项重要手段。本章将通过梳理我国税制结构的形成过程，全面分析我国税制结构的现状及存在的主要问题。

2.2.1 我国税制结构的形成过程

我国财政收入的主要形式是税收收入和国企上缴的利润（邹传教，1983）。1951年至1983年期间，我国税收收入占财政收入的比重长期不足50%。改革开放以来，随着国企自负盈亏、财务自理等各项改革措施的实施，1983年的"利改税"迈出了我国构建现代税制结构的第一步，逐步将国有企业原本以利润形式返还上缴国家的资金以产品税、所得税、营业税、增值税等11种税收的形式上缴中央。由于国企上缴的资金大部分来源于企业利润，因此，所得税成为我国的第一大税种，我国也初步建立了以直接税为主的税制结构。

随着"利改税"改革步伐逐步深入，我国税制结构也在急速变化，到1985年我国共设置了29个税种，其中间接税包括16个税种，直接税包括13个税种，间接税收入占总税收收入的比重高达65%以上。此后，间接税所占比重仍然持续上升，到1992年已经高达83%。在此期间，我国刚刚建立的税制的功能还没有完全得到发挥，就被随之而来的承包制所替代。类似于家庭联产承包责任制，我国对于国有企业也实行承包经营责任制，企业按照约定数额进行上缴，剩余全部归于企业支配，多收多留，使得强制性税制变成协商税制。财政包干的直接后果是中央财政收入占GDP比重持续下滑，中央财权和事权不匹配，财政资金拮据，财政赤字不断增加。此外，税种设置的种类繁多，重复征税问题严重，税率档次过多，使得实际税收征管力度与法定税率差距较大。

针对上述出现的主要问题，1994年我国实施了分税制改革，这次改革被公认为是我国最为全面和深刻的一次税制结构改革。根据"公平税负、简化税制、合理分权"的改革原则，理顺分配关系，保障财政收入稳定，基本建立了现代税收体系。这次分税制改革的主要内容是确立了以增值税为主、消费税和营业税作为补充的间接税体系，明确了消费税作为经济结构的调节性税种，统一规范了内外资企业所得税的税收制度，改革个人所得税，强调该税种在收入分配方面的调节作用，同时新设立或全面调整了土地增值税、资源税等一系列税种。更重要的是，还根据税源稳定、税收规模、税负转嫁等特点将税种划分为中央税和地方税，并设立国税、地税部门。自此，我国与市场经济相适应的现代税制结构框架初步建立。此次的分税制改革使得间接税占比过高的问题得以控制，并实现了逐年下降，强调了市场对资源的配置效率，减少了税收对经济活动的扭曲效应，并强化了政府作为社会管理和市场经济参与者进行宏观调控的职能，在我国由计划经济向市场经济转型的过程中发挥了重要作用。

自 1994 年分税制改革以来，我国税制结构的格局基本确定。根据经济发展状况、世界贸易组织（WTO）国际贸易规制、生态环境变化和减少重复性征税等因素，又多次对其进行修补和边际调整。譬如，2006 年废止农业税，农业经济已经成为制约我国经济社会发展的瓶颈，取消农业税有利于提高农民的生产积极性，促进农业经济发展，发挥税收在调整经济格局中的作用。2008 年统一企业税，消除了内外资企业的税收差异，取消了外商企业的税收优惠政策，有利于发挥税收促进"市场统一"的功能。2009 年生产型增值税向消费型增值税改革，允许固定资产进项税额抵扣，减轻了企业负担，降低了重复征税，促进了增值税的中性转变，有利于提高企业的国际竞争力。2012 年在上海开始营业税改征增值税的试点工作，由此拉开了我国"营改增"改革的序幕，随后我国"营改增"试点不断扩大，2013 年已经推广到全国试行，使得服务行业的企业获得结构性减税政策红利，重复征税的问题得到根本性改善，有利于促进经济结构调整、产业转型升级。随着我国环境污染问题的日益突出，自 2007 年开始，我国政府相关部门就实施环保税的问题展开研究，并在 2013 年将环保税实施方案上报国务院审核。当前我国环境保护制度和污染排放限制惩罚制度无法从根本上解决日益严重的环境污染问题。设立环保税，一方面，可以发挥环保税对生产污染行为的限制和惩罚作用；另一方面，可以通过征税筹集环境治理的专项资金，进行环境污染的公共治理，实现生态环境与国民经济的协同发展。

尽管 20 多年时间中我国经济社会和生态环境发生了深刻变化，税制结构也在不断调整，但我国税制结构的格局基本上没有发生太大变化。同时，税制结构中的一些弊端也逐渐显现出来，为了明确我国新一轮税制结构改革的方向，本章将系统分析我国税制结构存在的主要特征问题。

2.2.2 我国税制结构的现状特征

1994 年以来，我国逐渐形成了以增值税、营业税、消费税、企业所得税、个人所得税为主要税种的税制结构格局，五项税收合计占到总税收规模的 75% 以上，最高时期占总税收规模的 85% 左右。图 2.1 是 1995—2014年我国主要税种的变化趋势图。以增值税、营业税、消费税为主要税种的间接税系在税制结构中的比重不断下降，以企业所得税、个人所得税为主要税种的直接税系在税制结构中的比重则逐步提高。尽管如此，20 多年间，我国间接税所占比重也仅下降了 13% 左右，间接税比重依然过高，在收入调节方面的功能较差。尤其是我国近年来贫富差距问题愈加严重，而具有调节收入水平作用的个人所得税和财产税在税制结构中的比重太低，无法发挥税收调节作用。此外，随着我国市场化进程和基础设施的完善，中央政府财政支出的效率越来越低，顺势下调间接税比重，进一步提高直接税规模，发挥税收调节收入分配功能成为当务之急。

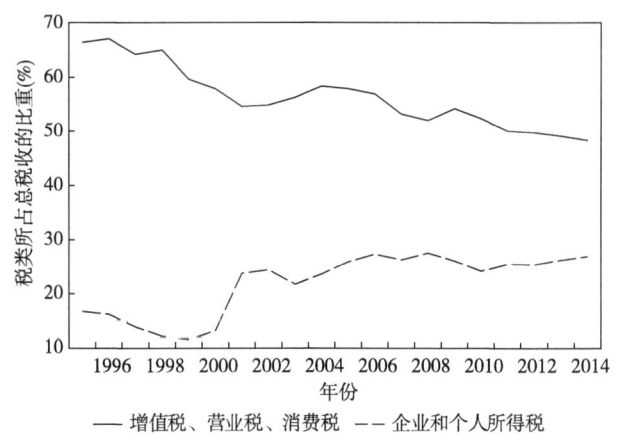

图 2.1 我国税制结构中主要税种的变化趋势

在间接税系中，我国增值税比重是最高的。2014 年我国增值税税收规模占到间接税税收规模的 35%，几乎是近 20 年的最低值。随着"营改增"工作的逐步推进，新的增值税规模将会更大，据推算，我国增值税税收规模占间接税税收规模的比重将会高于 55%。而间接税系中，消费税税收占间接税税收规模的比重一直偏低，从 1995 年到 2014 年年均水平在 10% 左右，且波动不大。增值税主要在企业的生产环节征收，纳税人为企业，尽管增值税可以通过税负转嫁方式转移到消费者身上，但是地方政府的一些

税收优惠的政策将使得企业在市场竞争中处于明显优势，也增加了企业对税收优惠的依赖性。地方政府为了保持地方经济增速，通过税收优惠维持当地落后产业的持续经营，必然会干扰到市场秩序的统一，不利于产业结构转型。同时，增值税税负跨区域转嫁，税收来源由当地与中央分享，进一步促使地方政府做大地方企业，扩大增值税规模，不利于税制结构改善。

在我国的税制结构中缺乏绿色税制。目前，我国政府主要通过环境保护费政策进行环境污染治理。贾康（2015）指出，我国现在尚未设立专门的环保税种，现行的环保排污收费政策征收标准偏低，范围过窄，制度安排不合理，监管力度不强，费用资金的使用途径缺乏规范性和约束性等，使得排污收费政策缺乏系统性，也缺少针对性、灵活性和有效性。由此看来，现行的排污费更像是一种税率偏低且征管不稳定的"临时性"环保税。在环境污染出现的早期阶段，排污费的征收的确起到了限制污染排放、保持经济增长的作用。但是随着我国经济规模的不断扩大，环境污染没有得到有效控制，并且由污染所引发的社会问题愈加严重。

总之，从我国税制结构中各税种的相对地位来看，多年以来间接税所占比重在70%以上，而且随着"营改增"的逐步推进，增值税将占间接税比重的55%以上，在税制结构中的比重也将超过40%。从我国税制结构中各税种的组合方式来看，缺乏绿色环保税。尽管我国当前以各种排污费的形式针对企业生产造成环境污染的行为进行治理，但是效果并不显著，环境污染问题日益突出。税制格局失衡带来一系列市场扭曲行为、税负归属不公平、环境污染日益严重等经济社会环境问题。

从宏观层面来看，间接税在税制结构中占据主导地位；从中观层面来看，税制结构中缺乏绿色税制；从微观层面来看，增值税又构成了我国"一税独大"的税制格局。基于我国社会经济状况的变化、税收征管能力的提高以及产业结构调整的需求，下节将从税制结构的宏观、中观和微观三个层面分别展开研究，为我国新一轮的税制结构改革提供理论支撑与实证支持。

2.3 税制结构的研究动态及文献评述

2.3.1 最优税制理论的文献评述

自20世纪80年代以来，有关最优税收理论研究经历过一场激动人心的发展（金戈，2013）。最优税收理论蕴含着税制结构对经济增长和福利增进影响的作用本质和传导机制。因此，在本章系统地梳理有关税制结构对经济增长和福利增进影响的国内外研究动态之前，我们有必要回顾和评述有关最优税收理论与经济发展的研究进展。

从理论发展来看，主要分为三个阶段：第一阶段以切米利（Chamley，1986）模型为核心，在政府公共支出外生性的情况下研究最优的线性税率与经济发展之间的关系；第二阶段以巴罗（Barro，1990）的内生增长模型为核心，在考虑公共支出的经济外部性和公共效用性的基础上，研究最优公共支出和最优线性税率的问题；第三阶段在莫里斯（Mirrlees，1971）、戴蒙德和莫里斯（Diamond & Mirrlees，1978）研究非线性收税模型，以及古隆索夫（Golosov et al，2003）将莫里斯的方法引入动态经济模型的基础上，研究在动态经济学中最优非线性税收的理论问题。本章将针对这三个阶段的主要研究文献进行梳理和评述，从理论角度分析税制结构对经济发展的影响和传导机制。

2.3.1.1 政府公共支出外生情况下最优的线性税制结构

所谓线性的税制结构，指的是税制结构中各税种的税率是固定不变的。最优的线性税制结构理论最早应该追溯到拉姆齐（Ramsey，1927）对最优商品税理论的创造性贡献。拉姆齐在静态的经济学模型中分析得出最优商品税税率应该使得各种商品生产量以相同的百分比下降，这样消费结构就不会改变（尽管水平值上有所下降），即税收的扭曲性最小化。这一理论研究的政策启示在于，对商品课征商品税时，应该与该商品的价格弹性成反比，使得由于课税收入的变动造成对各商品量需求的影响差异最小。在这一法则下，要对生活必需品课以高税，而对奢侈品课以低税。最优商品税的最大问题在于它在收入分配上具有内在的不公平性。20世纪80年代，切米利（1986）在拉姆齐静态模型的基础上，将研究领域扩展到动态研究，考察在动态经济环境中最优的资本所得税税率问题，在该模型中加入了政府预算约束，但是并没有将政府财政支出加入模型中，显然就不存在公共支出的经济外部性或者说在市场完备的情况下资本税的最优税率值为零。

卢卡斯（Lucas，1990）在切米利模型的基础上加入人力资本，引入内生增长模型，在平衡增长路径上，卢卡斯得出最优的资本税率为零，在考虑人力资本部门的情况下验证了切米利的经典结论。贾德（Judd，1985）在考虑异质性资本持有者的模型中，指出将资本税作为调节收入分配是非有效的，最优的资本税率应该为零。同样，阿特克森等（Atkeson et al，1999）放松了切米利模型的一些假设，分别考虑具有异质性消费者拓展的切米利模型、内生增长模型和有限生命的 OLG 模型，都得出了最优资本税率为零的结论。后续很多研究者进一步拓展了切米利模型。例如，朱（Zhu，1992）在该模型中加入了随机性因素，斯托克曼（Stockman，2001）考虑了具有政府预算平衡约束的经济增长模型，科雷亚（Correia，1996）将封闭性模型发展到一个小型的开放模型，同样，安格里迪斯（Angyridis，2007）也研究了一个开放经济体的一般均衡模型，这些研究者都得出最优的资本税率为零的结论。

埃罗莎和杰尔维（Erosa & Gervais，2001，2002）指出阿特克森（1999）的 OLG 模型得出资本最优税率为零的结论在现实经济中是不常见的，更一般的情况下，在 OLG 模型中，最优资本税率为零的结论将不再成立，这取决于两代人之间的效用权重与贴现因子之间的关系，甚至取决于效用函数的某些特定性质。他们在研究中假设消费者在不同年龄段选择消费和工作的关系是不同的，政府可以选择征税或者以补贴的形式实现效用最大化，这样就有可能出现非零的最优资本税率。更一般地，马修·博尔（Mathieu-Bolh，2006）在他们构建的 OLG 模型中，假定在消费者的生命周期内，随着年龄的增加，劳动力人数逐渐下降，相应地，资本税率的最优值逐渐增加，劳动税率的最优值则逐渐减少。艾亚格里（Aiyagari，1995）考虑保险市场的不完全性和借贷约束两种因素构建理论模型，研究指出由于风险的不确定性，出于谨慎考虑，消费者会选择更高比例的收入进行储蓄，导致资本积累过度，其边际生产率下降。为了抑制过度的资本积累，政府会选择征收资本税，以提高资本的生产率。切米利（2001）在艾亚格里（1995）模型的基础上，进行了更为普遍的假设，研究指出借贷约束的存在导致消费者通过借贷进行跨期消费平滑时，资本税率的最优值不再为零。郭和兰辛（Guo & Lansing，1999）也从不完全市场竞争的视角研究了税率优化的问题。当投资不足时，政府应当对资本进行补贴以鼓励企业最大化资本使用率；当存在垄断利润时，政府应该征收资本税。佩纳罗萨和托诺维斯基（Penalosa & Turnovsky，2005）将市场分为正式部门和非正式部门，并假设正式部门是资本密集型产业，出于征管成本等的考虑，政府只能对正式部门征税，而将公共支出作为公共基础设施的监管支出或者调解收入分配。值得注意的是，此时公共支出也并没有内生化。他们的研究结论指出，当公共支出作为公共基础设施的监管支出时，最优资本税率和最优劳动税率相同，且等于公共基础支出与正式部门支出的比值；假设公众支出是通过转移支付进行收入再分配的，那么资本税率的最优值应该高于劳动税率，该论文对于研究发展中国家的税制结构具有重要的参考价值。基于上述各种角度的分析，我们发现最优资本税率是否等于零取决于是否存在市场扭曲使得消费者不能实现跨期的消费平滑，或者存在外生性因素会造成消费者跨期的消费波动，或者市场不完全情况下存在着资本边际报酬与资本边际成本不相等的情况。

2.3.1.2 政府公共支出内生情况下最优的线性税制结构

在上述文献研究中，都将公共支出作为外生变量，政府征收的税收往往以债券付息的形式或者一次性转移支付的形式转移给消费者，当然还有可能剩余一部分政府公共支出，既没有进入效用函数，也没有进入生产函数。然而，在现实经济中，显然征税收入与政府的财政支出是无法分割的，财政收入与支出相互影响，公众之所以情愿向政府纳税，从本质上来看，是因为政府可以提供一系列公共服务品，譬如私人财产及人身安全保护、公共基础设施等。因此，政府使用公众缴纳的税款，提供公共服务品，这是一种具有外部性的资源交换过程。最早将政府公共支出内生化的文献中，最具有代表性的是巴罗（1990）的里程碑式的论文，他构建了一个将政府公共财政支出加入生产函数的内生增长模型，为了简化起见，没有考虑劳动供给。巴罗指出，不同的税制结构所能实现的最优均衡不同，如果政府采用总额筹资（即人头税）形式，则分离均衡可以实现最优（first best）均衡；如果政府采用收入税形式，则分离均衡可以实现次优（second best）均衡。但无论哪种形式，在劳动无弹性的假设下，巴罗证实，最优的税收规模占 GDP 的比重都等于政府公共支出在生产函数中的弹性系数。

在巴罗（1990）论文发表之后，大量的研究文献开始关注政府公共支出的内生性和在经济中的存在形式。巴罗只是将政府作为生产性投资流加入即期的生产函数中，富因等（Futagami et al，1993）、格林和宏斯（Greiner & Haunch，1998）在巴罗模型的基础上，加入了政府公共资本，并采用收入税作为征税方式，最优的税率要低于公共资本的产出弹性，这与巴罗的结论是不一样的。但是，在政府存在总额税和资本税两种征税模式的情况下，财政公共支出的外部性并没有改变最优资本税率为零的结论。自巴罗将政府公共支出内生化后，大量的研究文献和诸多新颖的研究视角应运而生。刘（Lau，1995）、托诺维斯基（Turnovsky，1996，2000）、帕克和普利普波普洛斯（Park & Philippopoulos，2002）、陈（Chen，2006）、葛（Ge，2012）等都在巴罗模型的基础上，考虑各种形式的政府公共支出，从而推导和解释各种最优的政府公共支出结构。托诺维斯基（1996，2000）、葛（Ge，2012）推导最优的政府公共支出结构和税率的一般思路是：将政府税率和不同类型的公共支出比率作为外生参数，在分离均衡中求解含有上述类型参数的最优的反应函数和间接效用函数，再以经济或者福利作为优化目标，求解政府的最优公共支出结构和最优税率。当然，上述求解结论都属于次优均衡，除非政府征收的是人头税，否则分离均衡最多也就是次优均衡。托诺维斯基（2000）将政府财政支出分为生产性支出和消费性支出，从中央计划者的角度推导了最优的财政支出规模和支出结构，并与分离经济次优均衡中的最优财政支出进行比较得出，要使分离均衡可以实现最优的效果，那么最优资本税率应该为零，最优消费税率为正，同时要对劳动要素进行补贴，劳动报酬的补贴率应该等于最优的消费税率。这一结论表明，在分离均衡中要想得到社会最优配置，则政府要征收总额税，不要征收资本税或商品税。从而我们可以得出总额税更具有效率性的结论。当然，很多研究模型往往假设劳动无弹性，在这种情况下商品税等同于总额税，因此我们可以得出商品税的效率性大于资本税的结论。即使存在劳动弹性，从生产角度来看，商品税不会改变投入要素的相对价格，而资本税则会改变要素的相对价格，显然商品税也应该更具有效率性。

巴罗和撒拉马丁（Barro & Salaimartin，1992）考虑了政府公共支出的拥挤程度，其经济含义是随着私人资本存量的增加，政府支出在经济中的作用在下降。这与一个经济体从初级阶段发展到高级阶段的一般规律是相吻合的。在经济发展的初期，政府在公共基础设施的支出中具有很高的效率性和外部性，随着建设基础的不断夯实和经济制度的逐渐完善，政府在经济中的地位则相对下降。即使在征收总量税的情况下，由于存在政府公共支出拥挤性，社会资本的边际效率仍小于私人资本的边际效率。显然，在分离经济中存在着资本的负外部性。因此，针对资本要素征收资本税，可以扭转资本的过度积累，纠正资本的负外部性。托诺维斯基（1996，2000）、费雪和托诺维斯基（Fisher & Turnovsky，1998）、戈麦斯（Gomez，2004）等又采用了更为一般的形式描述政府公共支出的拥挤性，他们基本都得出最优资本税率与拥挤程度成正比的结论，当不存在拥挤程度时，政府最优的资本税率为零，政府应该征收总额税。这是因为，公共支出的外部性并没有改变社会资本和私人资本的边际效率，从税制结构角度来看，通过总额税筹资是最有效率的，这与巴罗（1990）的结论是一致的。

2.3.1.3　最优的非线性税制结构

莫里斯（Mirrlees，1971）在考虑异质性行为者的假设下，指出最优的收入税不是线性的，应对低收入者征收"重"税，而对高收入者征收"轻"税，这是因为高收入者由于具有较高的技能，会更有经济效率性。古隆索夫等（2003）在莫里斯模型的基础上，引入动态机制和行为人的异质性，政府在资源约束和激励相容约束下，推导出欧拉方程本期和下期消费的边际效用会存在一个锲子。最优锲子的存在，使得当前消费的边际效用小于下一期的边际效用，如果政府不施加政策，最终消费者可以通过减少当期消费、增加投资、积累资本的方式使得两期的效用相等。在这种情况下，则存在最优的资本税率，抑制消费者过度储蓄的动机。该文论证了资本税的必要性，但是并没有深入比较分析不同税制结构与社会最优配置差距的大小。科切拉科塔（Kocherlakota，2005）在 GKT 模型的基础上，假设政府的公共支出是由随机序列组成的，他们的研究结论表明最优的劳动所得税是非线性的，最优的资本税是线性的。法里和沃宁（Farhi & Werning，2007，2010）将上述研究问题扩展到 OLG 模型的理论框架中做进一步分析，讨论最优代际的税收体系问题。他们将经济分为两期，人们只能生活两期，第一期不参加工作，接受父母的利他性帮忙，第二期可以继承父母的遗产。他们证明最优的遗产税是累进的，但是边际税率为负，这就意味着政府需要对代际转移进行补贴，并且使高生产率的父母得到较少的转移补贴，这样有利于缩小下一代的禀赋差距。法里和叶特金

(Farhi & Yeltekin, 2012) 考察了时间不一致的问题。他们指出在可信用约束承诺缺失的情况下,最优资本税率具有累进性。由于本章主要针对公共财政支出内生化情况下的最优税制结构进行研究,因此对有关该方向的内容不再做深入论述。

2.3.2 市场化进程与税制结构变迁的文献评述

在经济发展中有关最优税制结构的研究一直是公共经济学领域的热点问题。阿罗和库尔茨(Arrow & Kurz,1970)最早将政府的税收与支出加入新古典框架内研究政府最优税制对经济增长的影响。自阿罗和库尔茨开创式的研究以来,后续出现大量的理论和实证研究文献。切米利(1986,2001)、朱(Zhu,1992)、艾亚格里(Aiyagari,1995)、阿克特森等(Atkeson et al,1999)、斯托克曼(Stockman,2001)在拉姆齐模型的基础上增加了更多的现实经济机制研究最优资本税对经济增长和社会福利的影响,他们普遍得出结论:只要不存在社会资本边际生产率和私人资本边际生产率不一致的情况,最优的资本税即为零。卢卡斯(Lucas,1990)、雷贝洛(Rebelo,1991)、琼斯等(Jones et al,1997)将人力资本加入拉姆齐模型中,再次得到了与切米利一致的结论。巴罗(1990)、格雷纳和宏斯(Greiner & Haunch,1998)、托诺维斯基(1996,2000)等进一步将政府的公共支出内生化,进一步研究最优税制结构对经济增长的影响,他们指出政府的总额税是具有经济效率性的,如果不存在资本的拥挤性、外生的跨期劳动供给的变化、行为者的异质性导致的资本过度积累等问题,最优的资本税率仍然为零。政府首先应该采用总额税或者商品税进行公共财政的融资,发挥公共资本外部性的作用,实现经济增长和福利增进。在实证研究方面,古伦和戈登(Cullen & Gordon,2002)基于1964—1993年美国个人收入税申报数据实证检验了税收对企业活动产生了显著性影响,而熊彼特(Schumpeter,1942)指出企业创新活动是影响经济增长的重要源泉。特罗斯特尔(Trostel,1993)指出在人力资本方面税收效应的影响更为复杂,一个固定的个人收入税对教育投资刺激的影响是不明确的。而赫克曼等(Heckman et al,1998)强调一个累进制的劳动所得税对个人的教育投资是负向影响的,不利于人力资本的积累,进而不利于经济增长。马尔姆(Widmalm,2001)基于23个经济合作与发展组织(OECD)国家1965—1990年的数据,实证研究得出税制结构对经济增长的确产生了影响。李和戈登（Lee & Gordon，2005）基于1970—1997年的跨国数据实证得出公司所得税与经济增长存在负向关系，并估计得出如果公司所得税下降10个百分点，则年度经济增长率提高1~2个百分点。迈尔斯（Myles，2009）在一个加入人力资本的内生增长模型的框架内研究了税制结构与经济增长之间的关系。约翰逊等（Johansson et al，2008）、经济合作与发展组织（OECD，2010）认为税收递增式的税制改革对经济增长起到了阻碍作用，提出了降低税率扩大税基的政策建议。阿诺德（Arnold，2008）对经济增长和税制结构进行回归分析，发现税制结构中的不同税种对经济增长产生了不同的影响。安哲罗普洛斯（Angelopoulos et al，2011）构建了一个包含财政支出结构的DSGE模型和包含人力资本的内生增长模型，他们的研究得出结论：从经济增长的角度来看，应该提高资本税并降低劳动税；但是从社会福利的角度来看，应该降低资本税，同时为了平衡总税收可以提高劳动税或消费税。比什努（Bishnu et al，2015）在内生增长模型中加入了投资技术的转变，解释了为什么不同国家征收同要素收入税率却有相似的经济增长率，从投资技术转变的视角提供了研究税制结构对经济增长影响机制的新思路。筱原（Shinohara，2014）对近些年来有关税种结构和经济增长的实证研究文献进行了综述，系统地总结了他们的研究方法和变量处理的过程。西蒙等（Simon et al，2014）构建了一个小型开放经济的内生增长模型，研究指出资本税的下降有利于经济增长和资本积累，从福利学的角度分析，资本税的下降反而对一些国家的福利产生了不利影响。这些文献为本章研究我国税制结构对经济增长的影响提供了指导和借鉴。

在国内的相关文献中，有关市场化进程、税制结构分别对经济增长影响的理论和实证研究有很多。鲁和姚（Lu & Yao，2009）认为通过加强法制建设有利于改善市场化不完善对经济增长的不利影响。吕冰洋和毛捷（2013）认为，在存在金融抑制的情况下，政府投资有利于推动经济增长。我国近几年来税收高速增长，高培勇（2006，2009）、安体富等（2002，2004）、郭庆旺和吕冰洋（2004）等开始讨论中国税负是否过高，对经济增长是否带来了不利影响，他们指出我国要调整税制结构，减轻税收负担。马拴友（2001）从实证角度研究了我国宏观税负对经济增长的影响，并估计了我国最优的税率。他指出我国最优的宏观税率应该为18%~19%，这与国际上最优的20%左右的税率范围是一致的。龚六堂、邹恒甫

(2002)在巴罗（1990）模型、龚和周（Gong & Zhou，1999）模型的基础上讨论了多级政府下政府花费、税收和政府间的转移支付对经济增长的影响。严成樑和龚六堂（2009）在一个内生化劳动选择的内生增长模型中考察了税制结构对经济增长的影响。他们研究发现商品税（消费税）对经济增长有促进作用，但是效率随着税负比重的不断提高而有所下降，所得税（资本税和劳动税）对经济增长的影响取决于参数的设置，具有不确定性。金戈（2010）综合了切米利模型和巴罗模型构建和求解的所有特征，采用中国的经济数据进行参数校准，考察了经济增长中最优税制结构的问题。他认为2008年我国实际的税负比重已经超过了35%（财政收入占GDP的比重），通过数值模拟得出我国当前的最优税负应该为32%左右。严成樑和龚六堂（2012）基于一个资本积累与创新相互作用的内生增长模型，通过中国数据参数校准和数值模拟估算了中国税收政策对经济增长与社会福利的损失影响。研究发现，如果中国税负由25%下降到15%，则经济增长率将上升2.5%，对应的社会福利将得到改善，相当于增加了52%的消费。吕冰洋（2014）指出在市场机制不健全的情况下，税制结构对经济增长的影响会更大。显然，从理论分析来看，不同文献的结论是不一致的，甚至在某种程度上是相左的。王维国和杨晓华（2006）在修正格雷纳模型的基础上，运用面板数据分析了我国宏观税负对经济增长的影响情况。实证分析得出，我国东部经济带税负偏重，对经济增长产生了抑制作用；我国中西部地区的税负相对较轻，对于经济增长的作用不明显。李涛等（2011）基于中国省际数据，采用空间计量方法，研究我国地区的宏观税负对经济增长的影响。他们指出地区的宏观税负对经济增长有抑制作用，地区间的税收竞争对经济增长有促进作用，尤其表现在企业的增值税和所得税方面。

　　上述的大部分研究一部分偏重于理论研究，甚至有些文献的理论研究做得非常深入。在国外理论模型的基础上，部分学者加入了我国税制结构和公共财政诸多的经济特征和调节机制，但是结合理论研究的实证检验却非常薄弱。如此，模型构建及其参数的设定对于结果的影响非常值得研究。另一部分文献侧重于实证研究，由于缺乏严格的理论论述，在实证模型设置中存在一些严重的问题。譬如，有些研究缺乏对不同类型税收的分类和汇总，不同类型的税制结构对经济增长的影响机制和传导途径是不相同的，如果不加以区分，很可能会将不同税制结构对经济增长的影响效果相互抵消；更多的研究文献缺乏对主要调节机制变量的控制，使得税制结构对经济增长的影响估计是有偏的。

吕冰洋（2014）研究指出，市场化不完备程度对于税制结构与经济增长之间的关系具有重要的调节效应。大部分文献都没有从市场化进程的角度分析税制结构对经济增长的影响情况，从市场化进程的角度进行税制结构与福利改善的研究文献就更为少见了。尤其是许多发展中国家和转型经济体普遍存在着市场扭曲现象（吕冰洋和毛捷，2013；吕炜，2004b）。有鉴于此，本章在考虑市场化进程调节因素的情况下，按照税种特征和用途对税制结构进行分类汇总，对经济增长和福利改善的关系进行实证研究，为我国税制结构调整制定合理的优化政策提供经验支持。

税制结构变迁过程的理论研究中，大部分研究都针对成熟市场的西方国家税制结构的变动进行归纳总结（吕炜，2004a；马国强，2015）。吕炜（2004a）从经济发展水平、税收征管水平和政府政策目标的差异方面梳理西方国家税制结构演变过程。但从市场化机制不完备或是市场化扭曲角度分析税制结构变动的研究并不多见。很多学者从定性角度分析我国税制结构功能作用及局限性，并结合国际实践经验加以比较分析，进而提出我国税制结构改革的路径方向。显然，有关税制结构功能特点的分析是具有普遍性的，并不是我国特有的。在此基础上的研究往往忽视了税制结构与我国市场经济状况、特征的内在联系，缺乏实践意义。税制结构的优化调整要结合各国不同的经济状况和体制特征而定，要结合税制结构在经济活动中的效率收益和效率损失而定。吕冰洋（2014）指出政府出于组织效率的考虑，对市场进行干预，造成了市场扭曲，并通过进一步研究证明提高商品税税率可以缓解市场扭曲对经济目标的不利影响。这些文献在研究市场化进程与税制结构的关系时，往往将市场化进程视为一种外生变量，对税制结构的单向影响进行比较静态分析，很少关注到税制结构的变迁对于经济增长，甚至福利改善的作用机制。伊索言（Easterly，1993）根据发展中国家价格管制的现实特征构建了市场化不完备情况下两种类型资本的内生增长模型，其中一种资本投资具有效率损失，在这一假设下政府通过税收融资的财政补贴可以促进经济增长，但并不一定能够提高福利水平。因此，通过市场化进程内生化，明确市场化进程与税制结构的相互影响机制，研究不同市场化阶段税制结构对经济增长和福利改善的影响，是本章研究税制结构变迁的一个主要视角。

值得注意的是，上述有关最优税制结构的理论研究往往都是基于稳态经济进行最优化求解的，很少考虑到鞍点路径上税制结构的优化问题。特别是，中国经济增长仍然处在走向稳态均衡的鞍点路径上，经济发展水平与最终稳态还相差甚远（李稻葵等，2012）。在市场不完备和政府投资拥挤的鞍点路径上，市场的不完备，造成了社会投资不足。资本积累是鞍点路径上经济增长最重要的因素，实施资本税尽管解决了政府投资资本的拥挤性问题，但是减缓了资本的累积速度，可能造成经济增长缓慢，出现鞍点路径上的福利损失。而实施商品税有助于抑制市场化不完备造成的过度消费问题，提高社会投资水平，同时将税收收入通过政府补贴的形式转移给企业或个人，可以解决政府投资资本的拥挤性问题，在这一过程中资本累积加速提高了经济增长率，使得鞍点路径上的福利水平也得以长期改善，体现出商品税在鞍点路径上的外部性特征，这与中国的现实经济特征是相符合的，也是本章研究的最优税制理论的另一个重要特征。

2.3.3 劳动力流动与税收体系调整的文献评述

税收体系调整一直是公共经济学领域研究的热点话题。萨莫斯（Summers，1981）研究指出资本税与消费税相比具有严重的扭曲性，如果将资本税替换为消费税，则美国国民生产总值将会提高10%，有关不同税种扭曲性的研究逐渐成为税制结构改革的重要依据。此后，大量的西方研究文献表明消费税是优于资本税的（Fullerton et al, 1983; Judd, 1985; Zhu, 1992; Jones et al, 1993; Stockman, 2001; Angyridis, 2007）。根据征税性质的相似性，资本税、所得税等后续又被统称为收入税（Bankman & Weisbach, 2006）。戈德堡（Goldberg，2004）基于"公平"的角度对消费税和收入税进行了比较，前者的税基是纳税人从社会中取走的消费量，而后者的税基是纳税人向社会贡献的产出量，相对而言消费税对理性人进行储蓄和投资活动的抑制程度较低，对产出规模的影响相对偏小。班克曼和魏斯巴赫（Bankman & Weisbach, 2006）认为，由收入税转为消费税可以实现帕累托改进。

随着增值税在世界各国的逐渐实施，有关增值税的研究文献也越来越多（Keen & Mintz, 2004; Carbonnier, 2007, 2014）。基恩和明兹（Keen & Mintz, 2004）基于税收收益和征管成本测算得出了最优的增值税率，认为过高或过低的增值税实施税率都将出现效率损失。卡尔波里卡

(Carbonnier，2007，2014）研究增值税的税负转嫁问题，先后基于实证和理论研究指出增值税税负在经济主体的承担份额与产品市场的竞争性有关。与收入税相比，增值税和消费税在许多功能特征方面是相似的（张劲，2010）。有关增值税与消费税的区别，大多数研究文献一般都是从征税对象、征收环节等实务角度加以分析（李晶，2014），很少有文献从理论角度加以研究。从企业角度来说，增值税满足中性税收要求，不改变要素的相对价格。但是增值税通过价格渠道进行转嫁的特征，将会影响企业的边际成本曲线，进而也就影响了企业的生产规模，抑制了投资活动，促使理性消费者过多地提高了当期消费，同样也造成了一定的福利损失。相比而言，消费税对理性经济人当期及未来各期的消费决策行为不会产生扭曲性影响（Goldberg，2004）。有关消费税和增值税的税收扭曲效应的差异机制，是本章研究的第三个主要内容。

区域发展不均衡是经济发展的一大难题（Wilson，1991）。区域发展的相关研究，在国外的研究文献中往往指的是国家间的经济发展收敛性问题（Romer，1990；Mankiw et al，1992）。他们认为如果地区或者国家之间只是在初始财富水平上存在差异，在给定相同技术参数和偏好后，那么人均收入则趋于同一水平。当然，杜劳夫（Durlauf，2000）研究发现在参数异质性的假设下，不同的经济体则表现出不同的特征，同时初始财富的不同会影响到参数的异质化。李（Lee，1994）、阿努拉达和侯塞因（Anuradha & Husain，2000）认为引入外部投资的不同状况造成了地区间发展的差距。扬（Young，2000）认为地区的保护政策，是造成地区发展差异加大的关键因素。大部分区域发展差异方面的文献很少有从税制结构政策角度展开研究的。

有关我国财税政策对经济发展与促进区域均等化方面的研究文献有很多（马拴友和于红霞，2003；张晏和龚六堂，2004；张巍和郭晓霏，2014）。随着经济状况的不断改善以及劳动力流动程度的不断提高，政府的财税政策也应该相应地调整。反过来，任何税率结构的优化调整都要与具体经济状况、发展特征相结合。在我国改革发展的过程中，更多的转移支付流向了经济发达的东部地区（马拴友和于红霞，2003），这与转移支付的公平性原则是不相符合的。马拴友和于红霞（2003）认为如果对东部地区限制更多的转移支付，可以有效限制东部发达地区的人口流入，缓解本地公共品的拥挤性，反而有利于本地区居民福利水平的提升。张晏和龚

六堂（2004）在我国人口不完全流动的前提下研究了政府的最优税收与转移支付政策，在中央和地方两级政府财政分权的框架下引入了人口流动不完全和内生的劳动供给选择假设，对两类经济发展水平不同的地区，研究政府最优税收、最优公共支出和最优转移支付的问题。他们研究的结论是，人口流动提高了低生产力地区的居民福利水平，高禀赋地区对低禀赋地区存在隐性的收入再分配，中央政府恰当地转移支付，可以协调区域经济发展。王小鲁和樊纲（2004）认为我国地区间市场化程度的不同是区域经济发展差距扩大的主要影响因素。周业安和张泉（2008）在采用分量回归方法研究我国城市间经济趋同的方式时指出，我国不同区域参数具有异质性，表明不同城市的经济发展方式存在差异。刘瑞明（2011）从所有制结构角度入手，研究认为初始国有比重经济较高地区的后续经济发展水平偏低，国有比重经济下降促进了地区的经济增长。近年来，有关区域发展的概念也有所转变。以往更多讨论的是地区经济发展水平的趋同性。在地区间资源禀赋差异巨大的情况下，通过国家的产业政策使得地区间经济收敛。显然，这与资源配置的有效性是不相吻合的。在经济新常态下，地区发展均衡更多指的是各地区居民享有公共服务品的均等化，以及人均消费水平的趋同性。从学术研究来看，有关这方面的研究还不多，尤其是从税制结构角度研究区域均衡的文献更为鲜见。

有关劳动力流动、税负归属对我国区域经济均衡发展的研究很多（钟笑寒，2006；潘越和杜小敏，2010；黄夏岚和刘怡，2012；彭国华，2015）。潘越和杜小敏（2010）认为劳动力在区域之间的流动扩大了我国区域间经济发展的不平衡程度。彭国华（2015）也认为中西部技能劳动力向东部地区流动进一步拉大了地区发展差距。我国区域发展战略在不断优化调整，当前实现公共服务均等化、人均消费无差异等已经成为区域协同发展的主要指标。随着我国户籍制度的逐步放松，流动人口越来越多地享受当地的公共服务，极大促进区域的协同发展。钟笑寒（2006）研究指出劳动力流动不仅提高了总体的经济效率，对于流入地和流出地都存在着人均收入的"帕累托改进"。黄夏岚和刘怡（2012）指出我国当前生产地原则下的增值税分配制度存在着由经济落后地区向经济发达地区转移税收的"财富逆流"现象，对区域均衡发展造成了严重的影响。

吕冰洋（2013）提出可以通过开征零售税来大幅度降低增值税税率，以减少税收来源与税负归属不一致、税收转移资金配置效率损失等问题。

从税制改革稳健推进的角度分析，开征零售税作为进一步改革的起点还存在着诸多问题，而开征一般产品的消费税替代增值税，从实务角度上来看更具有操作的可行性（张劲，2010）。有鉴于此，本章在分析消费税和增值税的税收扭曲效应的差异机制的基础上，进一步比较了两种征税方式在税负归属方面的不同影响，以及由增值税转向消费税的税收体系调整对区域均衡发展的影响。同时，劳动力流动程度是影响当前以人均变量衡量区域均衡发展指标的重要因素。在税收体系调整对区域均衡发展的研究中，我们还加入了不完全劳动力流动因素，这些是本章研究的第四个重要方面。

2.3.4 经济发展与绿色税制优化的文献评述

环境负外部性是导致环境污染问题的根本原因。自20世纪60年代以来，环境问题在西方国家日益严重，使得许多经济学家开始逐渐关注环境与经济的关系。尤其是随着新古典模型和内生增长模型的兴起，一些经济学家开始将自然资源、环境污染等纳入一般均衡模型中（Keeler et al, 1971；Becker, 1982；Nordhaus, 1992；Selden & Song, 1994；Stokey, 1998；Schou, 2000；Grimaud & Rouge, 2003），研究经济与环境的协同发展问题。基勒等（Keeler et al, 1971）、贝克尔（Becker, 1982）建立一个包含污染和非再生资源的优化增长模型，将环境要素加入到生产函数和效用函数中，研究环境与经济增长之间的关系。诺德豪斯（Nordhaus, 1992）在索罗模型的基础上，加入自然资源投入要素，分别建立了一个有资源约束和无资源约束的新古典模型，测算了美国土地等自然资源对于经济增长的阻力影响。塞尔登和宋（Selden & Song, 1994）在新古典增长模型中，不仅加入了环境要素，还加入污染消除控制机制，重新研究了环境污染控制能力下的环境与经济发展之间的关系。斯托基（Stokey, 1998）扩展了巴罗的内生增长模型，在模型中加入了污染要素，研究环境污染外部性与经济发展之间的关系。他们的研究指出通过采取一定的环境规制政策，则可以实现经济增长与环境改善的协调发展。丁达（Dinda, 2005）通过将环境因素加入到效用函数和生产函数中构建内生增长模型，从理论角度分析了EKC曲线存在的可能性，通过数值模拟得出后续针对环境污染的投入要远远高于预防和环境保护的成本投入。科尔斯塔德（Kolstad, 1996）认为政府的适当干预或者环境规制政策，可以实现环境质量的改善。马可尼

(Marconi, 2010) 认为环境保护政策可以增加技术改进的速度和缩短环境污染的时间。阿西莫格鲁 (Acemoglu, 2012) 构建了一个包含清洁型企业和污染型企业的两部门模型,在环境规制政策下两类部门的技术进步不同,进而可以刻画两类部门的技术进步的偏向性。上述大部分文献中所提及的环境规制政策可以认为是环保税的一种理论替代。环保税的不同开征阶段和征管力度对于环境和经济发展的影响、环境治理的成本都是存在很大差异的。

约翰和佩克尼诺 (John & Pecchenino, 1994) 构建了 OLG 模型,将环境质量加入到效用函数中,政府以征税形式进行环境投入以改善环境质量,求解得出存在多重均衡点,不同的均衡点环境质量与经济规模之间的关系甚至完全相反,他们的研究指出环境污染和经济增长之间存在着复杂的关系,不同的初始条件经济体将实现不同的均衡,但是这种建立在各种稳态基础上的分析依然不能解释环境污染和经济增长随着时间的动态变化关系。安德里奥尼和莱文森 (Andreoni & Levinson, 2001) 构建了一个静态模型,在减排边际报酬递增的情况下,环境污染与经济增长呈现出环境的库兹涅茨曲线关系,但是同样,他们认为经济规模增长是一种外生的收入禀赋。这两篇论文的一个共同点在于将环境污染治理的成本和收益内生到模型中,这与上述偏好、技术、经济结构变化所影响的环境污染状况不同,在这一类型的模型中,环境治理行为和治理力度是一种优化的选择行为。但是遗憾的是,有关收入增长的外生性假设问题仍然没有得到解决。

布鲁恩和海因茨 (Bruyn & Heintz, 2002) 将理论研究文献归纳为五个方面,主要包括消费者环境偏好变化、技术变化、环境政策规制、结构变化以及国际贸易的再分配等。麦康奈尔 (McConnell, 1997)、安德里奥尼和莱文森 (2001)、利布 (Lieb, 2004) 在效用函数中改变消费者偏好分析环境的库兹涅茨曲线关系,认为收入增加将会提高消费者对于清洁环境的偏好,并通过消费者行为最终提高市场的清洁技术和清洁产品的竞争力,最终实现环境质量改善。斯托基 (1998)、塔维诺恩和萨洛 (Tahvonen & Salo, 2001) 认为技术的升级是解释环境库兹涅茨曲线的主要因素,随着经济发展,全要素生产率和清洁技术的提高,将最终使得环境污染减少和经济持续增长。巴特利特 (Bartlett, 1994) 指出环境规制政策的存在,将会导致经济增长减速或下滑,最终使得环境质量改善。阿罗等 (1995) 认为环境库兹涅茨曲线主要是由经济发展以及结构的变迁造成的,一般而言,经济发展历程为从低污染的农业经济体发展到高污染的工业经济体，最终走向环境清洁的服务业经济体。苏蕊和查普曼（Suri & Chapman，1998）指出发达国家将污染密集型的产品转移到发展中国家，最终实现了环境的库兹涅茨现象。木岛等（Kijima et al，2010）在一篇相关的综述论文中指出，尽管环境污染与经济增长之间关系的理论研究文献非常之多，但是有关环境库兹涅茨现象不同视角的理论解释仍然非常有限，而且这些理论假设同样也受到了各种质疑。阿罗等（1995）认为收入增加的外生性假设，是大部分理论研究文献遭受质疑的关键。如果环境污染使得经济发展受阻，甚至出现经济下滑的情况，那么消费者清洁偏好、经济结构变迁、国际贸易转移等理论分析的角度将不复存在。环境规制政策本身也是一种外生性假设，正如提出理论的作者所描述的，严格的环境规制政策甚至将导致经济下滑，这与实施严格环境规制政策的国家往往是发达经济体的现实是不相吻合的。更何况，往往也只有高收入国家才有可能实施更为严格的环境规制政策，同样高收入国家也陷入了收入外生性假设的陷阱。如何将经济增长内生于模型之中，同时考虑环境污染与经济增长之间的内在反馈机制，将是本章研究的第五个重点内容。

在实证研究方面，格罗斯曼和克鲁格（Grossman & Krueger，1991）将库兹涅茨曲线引入环境污染与经济增长的关系中，首次研究发现环境污染水平与经济增长呈现倒 U 形关系。沙菲克和班迪帕耶（Shafik & Bandyopadhyay，1992）在世界银行发展报告中扩大了环境与经济之间关系研究的影响。帕纳约托（Panayotou，1993）首次将这一关系称为环境污染与经济增长之间的环境库兹涅茨曲线，后续涌现出大量的实证和理论文献对环境库兹涅茨曲线关系展开了各种视角的研究。沙菲克和班迪帕耶（1992）从 OECD 国家、新型发展中国家的经验发展数据中不断证实这一结论。格罗斯曼和克鲁克（Grossman & Krueger，1995）基于 GEMS 数据库，采用跨国面板数据验证了一些主要环境污染物与经济增长之间的倒 U 形关系，并且他们指出这一关系并不是自动形成的，这一关系背后的理论逻辑可能是由于更加清洁的技术进步或者政府制定了更为严格的环境标准等造成的，但是他们无法通过实证研究证实这些理论观点。同时，他们认为污染贸易倾销可能会改善发达国家的环境质量，但是从多国的数据来看，贸易品的污染排放占一国的比重有限，这并不会成为环境库兹涅茨关系的主要影响因素。安特维勒等（Antweiler et al，2001）通过 44 个国家的经验数据验证，初始时期宽松的环境规制政策可以实现经济的快速发展。

然而,从长远来看,政府需要花费更大力气弥补环境破坏所带来的损失。因此,适时和适度的环境规制政策对于经济和环境的协调发展至关重要。

戴维(David,2006)通过空间计量验证二氧化硫、氮氧化物排放量与经济增长之间存在着倒U形关系,随着发达国家的经济增长,环境质量的提高并不是自动形成的,而是将更多的污染品生产转移到低收入、低环境标准的国家。他指出,如果考虑空间因素,那么有关环境污染和经济增长之间关系的估计将会是有偏的。默多克等(Murdoch et al,1997)、斯德恩(Stern,2000)同样也采用空间计量方法做过类似的研究。当然,也有很多实证文献对环境库兹涅茨曲线关系提出了质疑,寒尔登和宋(Selden & Song,1994)、希尔和马格纳尼(Hill & Magnani,2002)等认为在实证分析中有关各国的经济发展阶段和时期的选择不同将会得出环境污染与经济发展不同关系的结论。更为严重的是,波格塞(Borghesi,2001)、科尔等(2001)、木岛等(2010)指出环境污染与经济发展之间的关系可能更为复杂,甚至会存在多个拐点,而所有的实证研究文献往往只能给出一种或者两种简化形式加以验证。以二次型简化形式为例,实证研究给出的环境污染与经济增长之间的倒U形关系是对称的,这显然与现实经济是不符合的。而且,他们还进一步指出在实证研究中得出的环境污染与经济增长之间的相关性关系,而不是因果关系,实证分析无法给出两者之间的影响机制。木岛等(2010)所指出的仅从实证角度检验环境污染与经济增长之间的相关性关系,不能完全反映这一关系下的内在机制。因此,正如皮尔森(Pearson,1994)所指出的,从理论角度分析环境污染和经济增长之间的复杂关系对于解决实证研究中的各种争议具有非常重要的意义。

国内有关环境污染与经济增长关系的研究非常之多(李永友和沈坤荣,2008;朱平辉等,2010;袁鹏和程施,2011;王敏和黄滢,2015),结论也各有差异。大部分的研究框架都是基于内生增长模型或是新古典模型的。许士春等(2010)将不可再生资源和环境污染问题纳入内生增长模型中,并运用最优化控制理论求解均衡增长路径,分析各种参数变化对经济可持续增长的影响。类似地,黄菁和陈霜华(2011)构建了一个包括人力资本的内生增长模型,将环境要素引入到内生增长模型中,重点分析在均衡增长路径上经济增长、环境污染与环境污染治理的关系。黄茂兴和林寿富(2013)构建了一个基于五部门的内生增长模型,并将污染投入治理内生化构建模型,通过中国经验数据证实了环境规制在促进环境与经济协调发展中具有重要作用。宋马林和王舒鸿（2013）通过实证分析指出加大对我国中西部地区的环境规制，可以促进该地区的经济和环境的协调发展，推动中国环境效率的总体提高和实现经济增长。上述大部分的研究都是在稳态或者均衡增长路径上进行的比较静态分析，缺乏环境治理的动态路径分析。同样，国内学者也将环保税作为一种环境规制政策。在现实中，环境规制对于生态环境的影响存在着一定程度的时间不一致性，在短期内环境规制政策更多地表现为经济效率的损失。因此，尽管政府清楚环保税本身的外部性，但是在实务上政府对于环保税的相关改革十分谨慎。林伯强等（2012）采用 CGE 模型研究煤炭资源税代与代之间的外部性，分析资源税对我国宏观经济的影响及最优的资源税税率。

结合中国经济增长的现实，我国经济的高速增长主要来自资本驱动（郑玉歆，2007），仍然处在走向稳态经济的鞍点路径上（李稻葵等，2012）。基于拉姆齐模型研究中国经济问题的文献非常之多，但由于拉姆齐模型的鞍点路径上的均衡求解十分复杂，大部分文献都只是针对稳态经济进行比较静态分析，或是在稳态附近利用泰勒展开进行外生冲击的分析。李稻葵等（2012）认为我国经济发展水平与最终稳态还相差很远，因此在稳态经济及其附近展开分析，不能反映和解决中国经济面临的现实问题，甚至存在重大偏差。他们采用布伦纳和斯特鲁利克（Brunner & Strulik，2002）提供的逆向积分数值模拟的方法，评估了我国偏高投资率的福利损失情况。除此之外，我们并没有发现有文献从鞍点路径上研究中国经济问题。木岛等（2010）在综述有关环境污染与经济关系研究文献后，在其论文最后的研究展望中指出，将环境污染动态累积过程作为微观行为加入环境和经济宏观问题的研究中应该是未来重点的研究方向。其实，阿罗等（1995）很早就指出研究环境污染与经济增长之间的关系，要充分考虑到环境污染动态累积对于经济短期、长期的持续影响，要充分考虑环境规制政策的反馈机制。环境污染是在经济发展中产生的，并在经济增长的过程中不断累积，逐渐对经济活动产生负的外部经济效应。因此，他们认为研究污染动态累积对经济活动的长期影响是非常重要的。目前，几乎没有文献涉及污染动态路径与经济增长在不同发展阶段的相关研究。因此，通过构建理论模型，求解鞍点路径，进行不同发展阶段环保税、污染累积与中国经济增长关系的研究，这也是有关税制结构优化部分中最后一个重要研究内容。

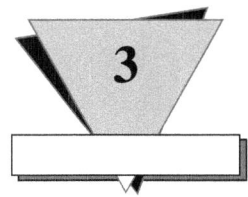

市场化进程中的税制结构变迁

3 市场化进程中的税制结构变迁

自1994年分税制改革以来，中国经济呈现宏观税负逐年上升且间接税占比居高不下的"双高"现象。据测算，1995—2014年，宏观税负由9.88%上升至18.73%，并且这一时期间接税收入在全部税收收入中占比平均超过了70%。税制结构中高占比的间接税及其易于转嫁的特征，在抑制过度消费的同时，实现了资本的快速积累，因而对于经济的高速增长具有重要贡献。1995—2014年中国经济实际总产出增加了4.60倍，年均增速为9.57%。值得注意的是，在中国经济进入"新常态"时期后，经济增长面临巨大的下行压力，2012—2014年我国经济年均增速为7.60%，处于20年来的最低水平，同时最终居民消费率下降趋势明显。如何有效调整现行的税制结构，发挥税收对经济内在的稳定器作用，并实现福利改善的目标，已经引起政府和学界的高度关注（高培勇，2015）。

税制结构对经济增长作用的发挥主要受到市场化进程和政府投资效率的影响（吕冰洋，2014）。许多发展中国家普遍存在着市场扭曲现象，尤其中国经济发展高度依赖于政府投资，市场机制因没有经历过西方发达国家数百年的发展过程而存在严重缺失，投资渠道不畅、社会资本投资不足现象突出。在经济发展初期，我国政府通过征收间接税，抑制过度消费，并通过财政支出大力发展基础设施建设，提高了全社会的投资报酬率。随着市场化机制不断完善，以间接税为主的税制结构使得政府投资的拥挤效应愈加明显，并且由于政府对市场的过多干预，减缓了市场化进程的速度，造成社会福利改善乏力。

有关税制结构、市场化进程分别对经济增长作用的理论研究已经较为常见（Easterly，1993；Restuccia，2004；Lu & Yao，2009；吕冰洋和毛捷，2013），但现有文献对市场化进程与税制结构变迁之间内在联系的关注不足。在仅有的研究中，也往往将市场化进程视为一种外生变量，针对不同市场化程度对税制结构的单向影响进行比较静态分析。实际上，市场化不足的问题只有在经济发展中才能逐渐解决（吕炜，2004a），并且市场化进程与税制结构变迁在经济发展与福利增进中具有双向作用机制。

在市场化存在扭曲现象的情况下，商品税可以缓解由于市场化扭曲造成的投资不足的问题（吕冰洋，2014）。以往的研究仅指出征管技术的提高是造成税收超速增长的主要原因，并没有深入分析征管效率提高的背后动机。显然，征管技术的提高应该是有效商品税率提高的必要条件，而不是充分条件。本章拟从我国改革时期 GDP 考核机制、市场化扭曲程度及商品税的经济效率性等角度分析征管效率提高的背后动机和调节机制，进而分析造成商品税比重居高不下的影响因素。

最优的税制结构理论告诉我们，当政府公共支出具有外部性时，政府往往通过征收总额税或商品税（尤其在闲暇效用弹性极低的发展中国家，商品税往往具有总额税的特点，不具有扭曲性）进行筹资，是具有效率性的。当公共支出具有拥挤性和低效率性时，征收资本税可以改善资本过度积累的现状，所得税也就具有了一定的效率性。根据经济发展的一般规律，我国公共支出的效率性在逐年下降，需提高资本税税率，并加大征收力度。为了不增加企业负担，政府需要降低商品税税率。企业实际承担的税负比重上升，税收的调控作用会更加明显，在一定程度上也可以缓解资本拥挤的负外部性，有利于改善社会福利。这显然可以为当前的经济现状和税制结构中商品税收规模下调要求的急迫性提供改善的窗口期。税制结构会伴随着经济发展的进程而不断调整，适当的税制结构也会促进经济增长。自 1994 年以来的 20 多年时间内，我国的税制结构依据经济发展状况而不断调整，成为我国经济高速增长的重要保障。在税制结构优化调整之前，我们必须要清楚税制结构对我国经济增长的历史贡献，只有如此，才能够找出适合、稳健的改革之路。

因此，通过将市场化进程内生化，并与税制结构动态变迁以及公共资本外部性、经济结构变动等因素置于统一的理论框架中，明确鞍点路径上市场化进程与税制结构变迁之间的动态影响机制，检验经济发展不同时期、市场化程度不同地区的税制结构对经济增长和福利改善的实际影响及变化趋势，不仅可以分析商品税在促进经济增长和提高市场化进程中的作用、资本税对公共资本外部性的影响，同时将此前税制结构特征对经济增长的促进作用给予客观的评价，而且能够揭示在不同市场化阶段税制结构产生的经济效应和福利效应差异，进而为经济增长与福利改善目标下税制结构调整政策的制定提供理论依据与现实支撑。

3.1 税制结构与市场化进程的理论框架构建

本章基于拉姆齐的经典模型,将公共产品①资本累积的外部性纳入产品部门的生产函数中,设置了以商品税(间接税)、资本税(直接税)为主要代表的税制体系,在对市场化进程内生化的基础上,构建了包括公共产品供给、政府生产性支出及税制结构变化的理论模型。

3.1.1 模型设定

3.1.1.1 公共产品生产部门

假设经济体中存在公共产品和最终产品两类生产部门,其中,公共产品的生产函数为:

$$G_t = B_t K_{g,t}^{\gamma} \tag{3.1}$$

式中,G_t 为第 t 期生产的公共产品数量,B_t 为第 t 期公共产品部门的全要素生产率水平,$K_{g,t}$ 表示第 t 期该部门的资本投入要素,γ 为该部门资本的生产弹性系数。

公共产品生产部门主要通过市场融资和政府补贴两种方式进行筹资生产,并通过市场机制向私人部门提供公共产品服务,以实现利润最大化。公共产品生产部门利润最大化函数形式为:

$$\Pi_{g,t} = P_t^g G_t - r_t (1-v_t) K_{g,t} \tag{3.2}$$

式中,$\Pi_{g,t}$ 为第 t 期公共产品部门的利润,P_t^g 为第 t 期政府公共产品的市场价格,r_t 为第 t 期租赁资本的利息率,v_t 为第 t 期政府对公共产品资本投入的补贴率。

可以求得公共产品部门实现利润最大化的一阶条件为:

$$r_t (1-v_t) = \gamma \frac{P_t^g G_t}{K_{g,t}} \tag{3.3}$$

3.1.1.2 产品部门与资本税

产品部门在生产过程中使用资本($K_{y,t}$)和公共产品(G_t)作为投入

---

① Shooting 方法是一种可以计算从任意初始状态到稳态的均衡转移路径的方法,其解的稳定性较高。有关 Shooting 方法的详细介绍参见:Ljungqvist L, Sargent T J. Recursive Macroeconomic Theory [M]. Cambridge: MIT Press, 2004: 310–312.

要素。产品部门的生产函数为：

$$Y_t = A_t g(K_{g,t}/K_t) K_{y,t}^{\alpha} G_t^{1-\alpha} \quad (3.4)$$

式中，α 为产品部门资本的产出弹性，A_t 表示第 t 期产品部门的技术水平，Y_t 为第 t 期产品部门的总产出。$K_t = K_{y,t} + K_{g,t}$ 是第 t 期社会总资本，其中，$K_{y,t}$ 表示第 t 期产品部门的资本投入要素。$g(K_{g,t}/K_t)$ 为政府公共资本累积正外部性的函数形式，一般而言，公共部门形成的公共资本对私人部门生产的作用与总资本存量成反比，国内外有关政府行为研究的文献中大多采用该函数形式（Barro，1990；Turnovsky，2000；吕冰洋，2014）。

政府对公共产品部门进行补贴的资金来源于税收收入。为简化起见，本章假设政府的税收形式包括资本税与商品税两类。资本税，即直接对资本征收的所得税，属于直接税；而商品税主要以增值税、营业税和消费税为主，属于间接税，企业可以通过提高商品价格等方式将税负转嫁给消费者，有关商品税的设置将在代表性家庭部分进行阐述。

政府对产品部门的企业征收资本税，产品部门企业利润最大化函数形式为：

$$\Pi_{y,t} = Y_t - r_t(1+\tau_{k,t}) K_{y,t} - P_t^g G_t \quad (3.5)$$

式中，$\Pi_{y,t}$ 为第 t 期产品部门企业的利润水平，$\tau_{k,t}$ 为第 t 期政府对产品部门资本要素征收的所得税率。

同样可以求得产品部门通过选择资本与公共品投入，获取利润最大化的一阶条件为：

$$r_t(1+\tau_{k,t}) = \alpha \frac{Y_t}{K_{y,t}} \quad (3.6)$$

$$P_t^g = (1-\alpha) \frac{Y_t}{G_t} \quad (3.7)$$

3.1.1.3 代表性家庭与商品税

假设存在一个代表性家庭，以追求终生效用最大化为目标，其效用最大化可表示为：$\max \sum_{t=0}^{\infty} \beta^t \ln C_t$。其中，$C_t$ 为第 t 期代表性家庭的消费，β 表示效用贴现因子。

代表性家庭的预算约束方程为：

$$(1+\tau_{c,t}) C_t + S_t = r_t K_t + \Pi_{y,t} + \Pi_{g,t} + T_t \quad (3.8)$$

式中，$\tau_{c,t}$ 为第 t 期政府征收的消费税率，S_t 为第 t 期代表性家庭的储蓄，T_t 为第 t 期政府对家庭的转移支付。

资本的动态累积方程为：

$$K_{t+1} = (1-\delta) K_t + I_t \quad (3.9)$$

式中，δ 表示资本折旧率，有关储蓄 S_t 与投资 I_t 之间的转换关系，将在市场化进程部分进行阐述。

进一步地，求解可得代表性家庭跨期消费选择的欧拉方程为：

$$C_{t+1} = C_t \left[(1+\tau_{c,t}) / (1+\tau_{c,t+1}) \right] \beta \mu_t \left[r_{t+1} + (1-\delta) / \mu_{t+1} \right] \quad (3.10)$$

3.1.1.4 市场化进程

随着中国经济社会体制变迁，在市场经济发展的不同阶段，市场化进程不足将会阻碍经济增长目标的实现，抑制公共资本累积外部性作用的发挥。政府往往通过税制结构调整以实现其经济增长的目标。本章将在模型中加入市场化进程因素，研究其与税制结构在动态变动中的相互影响。

在考虑市场化进程内生化时，分析市场化进程的影响因素至关重要。樊纲等（2011）将市场化程度分解为五类指标，分别是非国有经济的发展程度、要素市场的发育程度、产品市场的发育程度、政府与市场的关系以及市场中介组织发育和法律制度环境改善等。显然，市场化程度随着自身的经济发展水平的提高而提高。此外，国内外学者认为，一般情况下，政府参与的经济活动越多，对市场的干预程度往往越大，因而市场化程度也越低。

有关市场化进程对经济活动的影响方式，吕冰洋（2014）指出，在市场有效的情况下，家庭储蓄可以完全转化为投资，但在市场化程度不完善的情况下，例如存在着金融中介不发达、私人企业融资遇到瓶颈、地方保护主义和市场垄断等现象时，以资本为代表的各种生产资源不能充分地投入生产活动中，资源配置效率降低，家庭储蓄不能够完全转化为投资。本章将市场化进程内生化，并将其加入储蓄与投资的关系表达式中，如式（3.11）所示。

$$I_t = \mu_t (y_t, \phi_t) S_t \quad 0 \leq \mu_t \leq 1 \quad (3.11)$$

式中，$\mu_t (y_t, \phi_t)$ 代表市场化程度，y_t 表示人均产出水平，ϕ_t 表示政府干预经济活动的程度。μ_t 的值越大，则市场化程度越高。在计划经济向市场经济转变的过程中，市场化程度不足的现象必然会出现①。一般而言，经济不断发展导致市场化程度提高，即 $\mu'_{y,t}(y_t, \phi_t) > 0$；而政府对市场的干预程度大则会降低市场化程度，即 $\mu'_{\phi,t}(y_t, \phi_t) < 0$。

需要说明的是，随着经济发展，当旧的制度设计不能满足新的生产力发展要求时，微观经济主体就会要求政府"简政放权"，释放市场活力，降低对市场的不恰当干预，使得政府对经济活动的干预程度 ϕ_t 降低。此外，本章将 ϕ_t 设定为关于政府补贴规模的函数，$\phi'_{v,t} > 0$，政府补贴率越大，也就意味着政府对经济活动的干预程度越大，则不利于市场化程度的提高。

3.1.1.5 均衡条件与市场出清

政府的税收收入与财政支出应满足预算约束平衡关系，表达式为：

$$\tau_{c,t}C_t + \tau_{k,t}r_tK_{y,t} = v_t r_t K_{g,t} + T_t \qquad (3.12)$$

此外，产品市场的出清条件如式（3.13）所示。

$$C_t + S_t = Y_t \qquad (3.13)$$

3.1.2 参数校准

在上述理论模型的基础上，本章结合中国经济增长的典型事实进行参数校准，如无特别说明，本章中所采用的数据均来自各年份的《中国统计年鉴》。

在资本相关参数的校准中，本章采用张军和章元（2003）对中国资本存量的测算结果，选取 2003 年的资本存量作为初始资本，将资本的年折旧率选定为 $\delta = 9.6\%$，并依据其测算方法将资本存量数据更新至 2014 年。在此基础上，基于基础设施建设投资额占全社会固定资产投资额的比重，将总资本存量序列拆分为公共部门资本存量、最终产品部门资本存量两部分，分别对两个部门生产函数中的资本弹性系数进行估计，得到最终产品部门与公共部门的资本产出弹性系数值为 $\alpha = 0.53$、$\gamma = 0.29$。

根据托诺维斯基（2000）、吕冰洋（2014）有关政府公共资本外部性

---

① 从中华人民共和国成立开始，政府就组织和动员社会各种资源投放到优先发展的重化工业、国防工业等，为了实现组织效率，政府对工农业生产体制、价格体制、金融体制、外贸体制的一系列市场干预在所难免。即使我国已经开始了向市场经济转变，但由于制度惯性的作用及既得利益部门等因素，政府干预带来的市场化程度不完善对现行经济运行仍有重要影响。

的设定思路,本章设定公共产品正外部性的函数形式为 $g(K_{g,t}/K_t) = 1 + \rho_1(K_{g,t}/K_t)^{\rho_2}$;市场化进程内生化的函数形式为 $\mu_t(y_t, \phi_t) = [y_t/(\mu_0+\phi_t)]^{\rho_3}$,政府对市场的干预程度函数表示为 $\varphi_t = r_t v_t K_{g,t}$。本章以实际经济的投资消费比为尺度,以尽可能地提高理论模型的拟合优度为原则,通过多次对比投资消费比的理论模型拟合值与经济数据的实际值进行调试校准,给出上述两类函数的参数值为 $\rho_1 = 10$,$\rho_2 = 0.6$,$\rho_3 = 0.6$,$\mu_0 = 163$。此外,参照国内外文献中的一般处理方法,本章将最终产品部门和公共部门的全要素生产率水平分别设定为 $A_t = 1$,$B_t = 0.95$,效用贴现率为 $\beta = 0.96$,至此,理论模型的参数校准全部完成。

3.1.3 鞍点路径求解与检验

与以往大部分研究不同的是,本章在对理论模型进行稳态均衡求解的基础上,采用 Shooting 方法模拟鞍点路径上的均衡解,即进行模拟迭代计算出从初始状态到稳态过程中鞍点路径上每一点处的均衡解,进一步研究市场化进程中税制结构变动对经济增长、社会福利改善的动态作用机制。采用 Shooting 方法的具体计算过程如下。

首先给定初始资本水平 $K_1 = 63$,然后给出一个足够大的时期,例如 $T=1\,000$,使得经济在 T 期之前总是可以达到稳态,政府实施的商品税和资本所得税税率序列为 $\{\tau_{c,t}, \tau_{k,t}\}$。为了简便,将政府转移支付序列设定为 $T_t = 0$,通过设定一个较大范围的资本区间 $[\underline{K}, \overline{K}]$,使得 K_2 总会处于这一区间内。假设 $K_2 = (\underline{K} + \overline{K})/2$,根据 K_1、K_2 两部门的一阶条件式(3.3)、式(3.6)和式(3.7),可以计算出 $K_{y,1}$、$K_{y,2}$、$K_{g,1}$、$K_{g,2}$,并进一步结合两部门的生产函数式(3.1)、式(3.4),可以计算出 Y_1、Y_2、G_1、G_2,再次根据产品部门的一阶条件式(3.6)和式(3.7),可以计算出 r_1、r_2、P_1^g、P_2^g。

根据 K_1、K_2 和资本形成的动态累积方程(3.9),可以计算出 I_1,本章假设 $y_1 = Y_1$,可以计算市场化程度 μ_1,根据 μ_1 和投资储蓄关系式(3.11),可以计算出 S_1,结合产品市场出清方程(3.13),可以计算得到 C_1,根据政府预算约束方程(3.12),可以计算得出 v_1;根据欧拉方程(3.10)以及上述求解的 C_1、r_2,可以计算出 C_2,根据求得的 C_2、

Y_2,可以计算出 S_2,再根据投资储蓄关系式(3.11)求得 μ_2,可以计算出 I_2;根据资本形成的动态方程式(3.9),可以进一步计算出 K_3。类似地,在已知 K_{t+1}、C_t($t \geq 2$)的情况下,本章通过迭代计算得到 $\{Y_{t+1}, G_{t+1}, S_{t+1}, I_{t+1}, K_{y,t+1}, K_{g,t+1}, \mu_{t+1}, r_{t+1}, v_{t+1}, P_{t+1}^g, K_{y,t+2}, K_{g,t+2}\}$,以及 $\{K_{t+2}, C_{t+1}\}$,循环迭代计算最终得到从初始状态到 T 期的所有变量序列。

鞍点路径上的资本变量 K_2 与真实值 K_2^* 存在如下关系:如果 $K_2 > K_2^*$,则经济体将过多地进行资本积累,最终经济趋向于发散而无法达到稳态,即 $C_t < 0$,$t \geq T'$;类似地,如果 $K_2 < K_2^*$,则经济体将会因为消费过度、资本积累不足,同样无法实现稳态均衡,即 $K_t < 0$,$t \geq T''$。因此修正方法为,如果 $C_t < 0$,取 $\bar{K} = K_2$;如果 $K_t < 0$,则取 $\underline{K} = K_2$,重新计算鞍点路径,当 $|\bar{K} - \underline{K}| < 10^{-10}$ 时,停止迭代。至此,最终求解得出在鞍点路径每一点处各变量的均衡值 $\{K_t, Y_t, C_t, S_t, I_t, G_t, K_{y,t}, K_{g,t}, r_t, \mu_t, v_t, P_t^g\}$。

为了模型校准和后续分析的需要,本章计算了 2003 年以来中国投资消费比序列,该序列通过社会投资总额除以社会消费总额计算得出,并采用资本形成总额减去投资资金中的国家预算资金来代表社会投资总额,用居民消费代表社会消费总额①(吕冰洋和毛捷,2014)。其中,2003 年初始的资本产出比值为 2.50,投资消费比值为 0.88。为了进一步验证鞍点路径的求解结果,本章绘制了 2003—2014 年我国不同资本产出比水平下投资消费比的实际值与拟合值的图形,如图 3.1 所示,其中实线是我国近年来资本产出比与投资消费比实际关系的变化趋势,随着资本产出比的不断上升,我国投资消费比总体呈现出先上升后下降的趋势,这也是 2003 年以来中国经济增长鞍点路径的重要刻画形式。一方面,我国商品税的实际税负不断提高;另一方面,在高速增长的财政收入背景下政府参加经济活动的规模也不断扩大。我国税制结构中商品税比重大,有效税率又不断提高,使得居民税赋负担持续加重,消费约束加剧。为了保持中国经济的高速增长,且政府具有税收高增长带来的财力,政府优先使用财政扩张政策,加大投资规模,进而造成了供需失衡、投资消费比过高等问题。在我国改革开放的很长一段时间内,国际市场缓解了我国供需失衡的矛盾,我

---

① 由于全社会固定资产投资不包括存货状况,不能全面反映社会投资的变化情况,因此,本章没有采用该指标。

国的经济发展也更多地依赖产品出口。随着2008年以来国际金融危机的爆发，国际市场需求的不稳定因素增加，使得供需失衡问题的严重性逐渐显现出来。

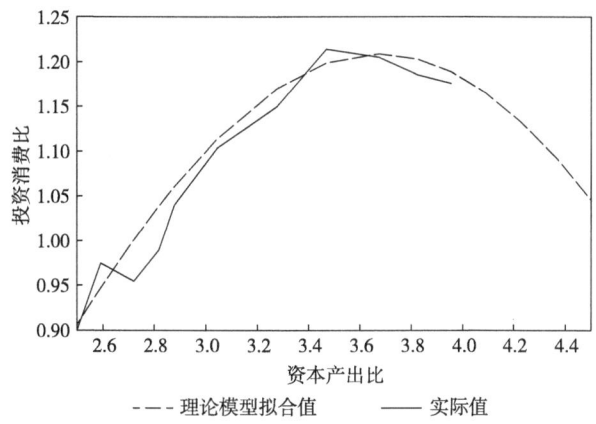

图 3.1　我国投资消费比与资本产出比的实际值与拟合值对比

随着市场化进程的加速和不断累积的公共资本外部性的发挥，我国投资消费比也在不断提高。2010年我国的投资消费比达到1.21，此后逐年下降。我国以商品税为主的宏观税负也上升到近19%，到达了分税制改革以来的最高值。本章将我国税制结构和政府生产性支出占比的变化趋势加入理论模型中，并通过参数校准对实际的投资消费比序列进行拟合。图3.1的虚线是加入我国现有税制结构特征后的理论模型对投资消费比的拟合值序列，本章理论模型拟合的投资消费比与实际值的变化趋势十分吻合。

如图3.1所示，在经济发展的初期，在资本产出比不高的情况下，政府通过财税方式支持经济增长，并随着经济的增长，市场化进程的加速有效地增加了储蓄转化率，提高了投资的回报率，代表性家庭更多地将消费转化为投资，使得投资消费比不断上升，同时政府生产性支出的规模越来越大。值得注意的是，当经济发展进入新的阶段，一方面，资本的不断累积使得资本边际报酬下降；另一方面，由于政府规模的持续扩大，减缓了市场化进程的速度，这与樊纲等（2011）指出政府与市场的关系已经逐渐成为影响市场化进程的主要因素的结论是一致的。此时，在我国宏观税负和政府规模的"双高"特征下，市场化进程受阻，政府投资的拥挤效应增加,最终导致了投资消费比开始下降。政府干预经济活动的规模越大,对于市场化进程带来的不利影响也越显著,以往通过财税手段刺激经济的效果将不再明显。随着中国经济进入"新常态",在投资效率下降的背景下,高税负的税制结构和规模庞大的政府支出就应顺势下调。

3.2 动态税制结构变化外部效应的理论分析

在我国"量入为出"的政府生产性支出预算约束下,政府的生产性支出规模受制于财政收入,因此,税制结构中宏观税负下调,相应地政府参与经济活动的规模也必然下调。如何把握和调整商品税和资本税在税制结构中的占比,使其既能够体现商品税促进经济增长和提高市场化进程的作用,也能够发挥资本税在实现公共资本外部性的影响,是实现鞍点路径上社会福利水平最大化的关键。

3.2.1 不同动态税制结构的设定

以往大部分有关税制结构的研究,都将理论模型求解后的各种稳态税率组合视为最优的税制结构。然而,在经济增长的鞍点路径上,在市场化进程的不同阶段,经济活动各要素的相对作用会发生动态变化,基于稳态求解的最优税率很有可能并不适用于经济增长阶段。资本累积是鞍点路径上的重要经济特征,商品税具有促进投资和抑制消费的功能,而资本税却不利于资本的积累,因此,在经济增长路径上,实际商品税率往往高于稳态最优税率,而实际资本税率往往低于稳态最优税率,这与我国税制结构中商品税占比过高的一般现实是相符合的。基于上述分析,本章假定鞍点路径上政府更倾向于实施高于稳态商品税率的商品税、低于稳态资本税率的资本税。随着资本边际报酬率递减和公共产品外部性问题[①]的逐渐显现,两种税率随着经济增长逐渐趋向于稳态税率,因此形成了动态变化的税制结构。

在动态税制结构中,本章根据资本边际报酬率变化相应地下调商品税率直至稳态商品税率,根据公共资本占总资本的比重变化而相应上调资本

---

① 公共资本外部性问题指的是随着政府规模的下调,公共资本竞争力在下降,其所占总资本的比重也在下降,因此,公共产品外部性在下降,由此产生了公共产品外部性问题。

税率直至稳态资本税率。假设基于上述方法实现的税制结构变动是实现鞍点路径上福利最大化的适度调整，为了能够解释上述税制结构的调整过程是优化的，我们给出了两种方式进行检验。第一种方式是优化路径的拟合，我们知道市场化程度不足是实现商品税提高市场化进程外部性的主要原因。如果假设市场化是完全的，并实施适度税率①，我们称之为完全市场化下适度税率的税制结构。第二种方式是对比分析，即在能够实现相同政府生产性财政支出规模的前提下，给出另外两种税制结构的变化方式并加以对比分析。一种是商品税在鞍点路径上相对于双向调整的税制结构而言下调不足，在实现相同总税负的前提下，资本税就会存在上调不足，称之为高占比商品税的税制结构。另一种是商品税在鞍点路径上相对于双向调整的税制结构而言下调过度，为了能够实现相同的总税负，在每一阶段将不得不更高幅度地提高资本税率，以至于商品税占比在三种税制结构中是最低的，称之为低占比商品税的税制结构。为方便叙述，我们将双向调整的税制结构称为适度占比商品税的税制结构。

投资消费比是要素结构的重要变量，能够体现经济的发展特征。本章基于投资消费比视角，通过不同市场化程度和税制结构的对比分析，进一步说明商品税适度占比的税制设定是合理的。在市场化完全的情况下，随着资本的不断累积，资本的边际报酬率逐渐下降，因此，投资率、消费率会出现此消彼长的现象，即投资消费比递减是鞍点路径上的一般特征。在市场化不完全的情况下，在"双高"财税特征的基础上，图3.1中给出了投资消费比逐渐下降的变化趋势。为进一步研究动态税制结构调整对投资消费比的变化趋势，图3.2中给出了四种不同税制结构下投资消费比的变化趋势，为了能够对四种税制结构投资消费比进行比较分析，横轴选取资本产出比。在同一经济结构中，投资消费比随着税制结构的不同而有所差异。如图3.2所示，四条曲线斜率均为负，这表明，随着经济增长和资本累积，资本的边际报酬在下降，投资的回报率也相应下降，消费者的最优选择是逐渐加大消费比重，以获得最大化的福利水平。

---

① 在完全市场化情况下，尽管基于商品税体现市场化进程外部性作用消失了，但资本税对于公共资本外部性的作用机制还依然存在。因此，在鞍点路径上，根据资本边际报酬率下降和公共资本外部性问题而相应上调资本税率直到稳态，在能够实现相同总税负的情况下，相应的调整商品税率，以保持政府预算平衡。

在完全市场化的情况下，由于不存在市场扭曲现象，税制结构主要是根据资本边际报酬和公共资本的外部性问题而调整，据此计算的投资消费比序列应该是给定参数的经济体中鞍点路径上最优的。与之相对，图3.2显示，在不完全市场化的情况下，我们设定的双向调整的税制结构，与完全市场化情况下投资消费比序列在经济发展的同一阶段是十分吻合的，即表明我们通过适度的税制结构调整，纠正了市场化不完全所导致的投资不足、过度消费的问题。此外，在高商品税占比的税制结构中，由于商品税税率过大，出现了投资过度、消费不足，以及"矫枉过正"的问题；在低商品税的税制结构中，由于商品税税率过低，投资不足、过度消费的问题并没有得到根本解决。

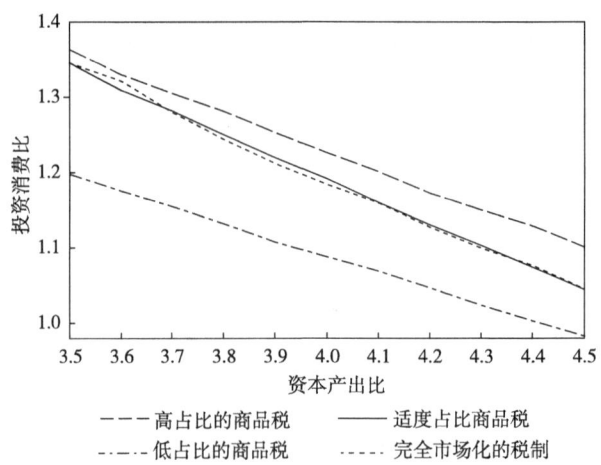

图3.2 不同征税方式资本产出比水平上的投资消费比

3.2.2 动态税制结构的外部性分析

不同的税制结构对于经济增长与社会福利具有差异化的影响，其中，不同税制结构下鞍点路径上均衡产出的变化趋势如图3.3所示。与图3.2类似，将基于完全市场化假设下均衡产出随时间动态变化的曲线作为基准，对比分析三种不同税制结构对于均衡产出的影响。

如图3.3所示，商品税低占比的税制结构对均衡产出的影响与基准模型的差距是最大的，在每一时期均衡产出都要远低于基准情形。提高商品税的比重时，商品税适度占比结构下的均衡产出水平与基准模型的差距变小，与商品税低占比的情形相比，均衡产出达到稳态的时间要更早一些。如果设定更高商品税占比的税制结构，均衡产出在达到稳态水平前，与基准模型的差距变得更小，且最终的稳态水平要高于完全市场化和适度占比商品税时的情形。值得注意的是，这一高投资所带来的高增长，是建立在抑制消费水平的基础上的，如果消费者当前消费的减少不能够获取未来更多的消费，这种高投资所带来的高增长将无法改善社会福利。

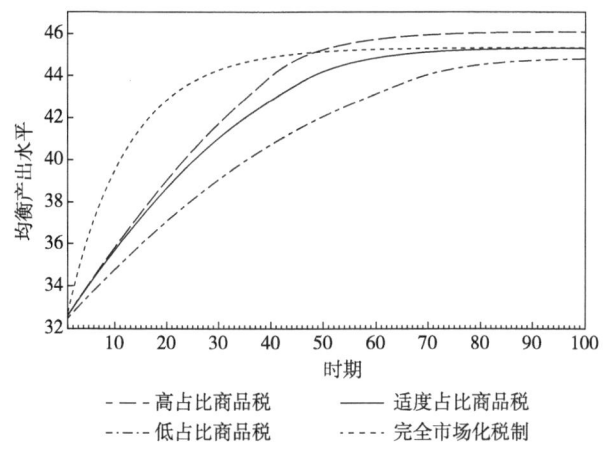

图 3.3 不同税制结构下鞍点路径上均衡产出的变化趋势

商品税适度占比的税制结构，实现了经济增长与社会福利的有效"转化"，平衡了经济增长与消费的关系。在经济发展初级阶段，由于市场化程度不高，人们投资渠道不畅，适度的商品税一方面有效抑制了过度消费问题，降低了人们当前的消费水平，同时增大投资，因此，发挥了商品税经济效率性的特征；另一方面，政府将更高比例的宏观税收用于为公共产品的生产提供更高的财政补贴，发挥公共产品在经济活动中的外部性，实现经济快速增长，增强了经济增长的可持续性。随着市场化进程的推进，经济增长到一定程度时，在资本边际收益递减规律与市场化进程提高所带来的外部性逐渐下降的双重作用下，适度占比商品税在促进经济增长中的作用开始降低。因此，本章提出税制结构对于经济增长作用的命题。

【命题3.1】适度商品税比重的税制结构有利于鞍点路径上的经济增长，随着经济增长、资本累积与市场化程度的提高，该税制结构对于经济增长的正向影响程度降低。

在此基础上,本章给出了不同税制结构下鞍点路径上均衡消费的变化趋势,如图3.4所示。在低占比商品税的税制结构情形下,由于市场化程度不高,代表性家庭期初将更多的产出进行了消费,进而导致资本累积缓慢、经济增长乏力,反而使长期均衡消费处于最低水平。与之相对,如图3.4所示,如果商品税占比过高,将会长期压抑消费,导致投资过度,但产出快速增长并没有转化为更为持久的消费增加,尤其是当经济发展到一定阶段后,均衡消费水平反而更低。最后,商品税适度占比的税制结构,不仅有利于资本的累积,促进经济增长并提高市场化程度,而且长期均衡消费也处于较高水平。随着经济逐步走向稳态,该税制结构对于经济增长的影响程度在逐渐降低,其对社会福利的影响也逐渐减弱。

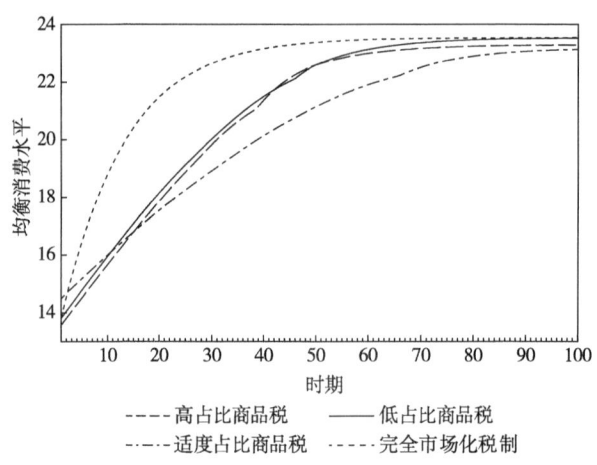

图3.4　不同税制结构下鞍点路径上均衡消费的变化趋势

基于此,本章给出税制结构对于福利影响的命题。

【命题3.2】适度商品税占比的税制结构有利于鞍点路径上社会福利的改善,并且,随着经济增长与市场化程度的提高,该税制结构对于社会福利的正向影响也在下降。

基于我国宏观税负偏高的现实特征,结合上述分析,我们给出了如下命题。

【命题3.3】与适度商品税占比的税制结构相比,高商品税占比的税制结构尽管能够带来相对高的经济增长效率,但社会福利却出现了相对损失,并随着市场化进程的提高而愈加严重。

3.3 税制结构变动对经济增长和福利改善影响的实证分析

基于上述理论分析,本章将通过中国宏观经济数据进行实证检验,分析税制结构对经济增长和福利改善的影响,以进一步明确我国税制结构改革的方向。

3.3.1 计量经济模型设定与变量选取

3.3.1.1 计量经济模型设定

长期以来,我国的税制结构中以商品税为主。高培勇(2015)指出,以国内增值税、营业税和消费税等为代表的间接税占税收总收入超过了70%,而来自企业所得税、个人所得税等直接税的税收收入占比仅为26.2%。在市场化进程的不同阶段,不同的税制结构对于我国经济增长和福利改善的影响效率存在差异。在实证模型中,我们增加了间接税税率与市场化指数的交叉项,系统地评估我国间接税税负随着市场化程度不同对宏观经济和社会福利产生的差异化影响。

此外,在现实经济中,以税收收入为主要来源的财政支出主要存在两种支出类型,分别是生产性财政支出和消费性财政支出,本章重点研究生产性财政支出对于经济增长和福利改善的影响,而消费性财政支出并不在本章的研究范围内。因此,一方面,本章从间接税税率中按照生产性支出占财政支出的比例计算相应的生产性税率,着重分析税制结构的生产性作用;另一方面,本章在实证模型中控制消费性财政支出对于经济增长和福利改善的影响。

参考严成樑和龚六堂(2009)模型构建的思路,本章设定的面板模型如下:

$$rgdp_{it} = \alpha_0 + \alpha_1 rity_{it} + \alpha_2 rity_{it} \times index_{it} + X_{it}\gamma + \mu_i + v_t + \varepsilon_{it} \quad (3.14)$$

$$rwel_{it} = \beta_0 + \beta_1 rity_{it} + \beta_2 rity_{it} \times index_{it} + X_{it}\eta + \mu_i + v_t + \varepsilon_{it} \quad (3.15)$$

式中,$rgdp_{it}$、$rwel_{it}$ 分别表示第 i 类地区第 t 期的名义经济增长率、社会消费零售总额增长率;$rity_{it}$ 表示第 i 类地区第 t 期生产性间接税税率,$index_{it}$ 表示第 i 类地区第 t 期的市场化指数;X_{it} 是消费性财政支出变量内在的各控制变量组成的行向量；μ_i、ν_t 分别代表地区、时间固定效应变量。

3.3.1.2 被解释变量选取

本章在实证部分主要分析我国税制结构中占主导地位的生产性间接税税率对经济增长和福利改善的影响，其中，有关社会福利指标的构造是一个较为棘手的问题，直到目前也没有一个可以被广泛接受的测算指标。本章理论研究部分沿用了大多数文献的做法（Turnovsky，2000；Barro，1990；严成樑和龚六堂，2009；赵志君，2011），以代表性家庭的效用函数作为社会福利的代表[①]。因此，与此类研究中对效用函数的设定一样，消费、闲暇等是福利最主要的构成要素。由于无法获取闲暇等其他因素的量化数据，最终选取了地方社会消费品零售总额作为社会福利水平的替代变量[②]。经济增长方面，梅冬州等（2014）认为地方政府在价格水平不能控制的背景下，往往会以名义GDP的增长率作为其决策目标。因此，本章选取地区名义经济增长率（$rgdp$）和消费水平增长率（$rwel$）分别作为经济增长和福利改善的代理变量。

3.3.1.3 解释变量选取

本章以间接税税率与生产性财政支出占比的乘积项突出间接税的生产功能，计算得到生产性间接税税率作为重要的解释变量。有关间接税税率的衡量较为直接，根据数据的可获得性，本章采用地市级地区的国内增值税和营业税占该地区GDP的比重计算而得。有关生产性财政支出的划分学术界目前还没有明确的标准（赵志耘和吕冰洋，2005），基于阿肖尔（Aschauer，1989）、伊索言和雷贝洛（Easterly & Rebelo，1993）、高培勇（2008）、傅勇（2010）和梅冬州等（2014）的研究，本章认为基本建设支出、农林水利和气象支出、交通运输支出、工商业等事务的财政支出具

[①] 自20世纪70年代新古典功利主义复兴以来，理论研究中出现了许多形式的社会福利函数，主要包括新古典功利主义的社会福利函数、精英者的社会福利函数、罗尔斯的社会福利函数、纳什的社会福利函数、阿肯森的社会福利函数等（赵志君，2011）。而在以家庭效用最大化为模型设定的研究中，基本采用的是新古典功利主义的社会福利函数，它把社会福利看作所有社会成员的福利或效用的简单加总。

[②] 在实际中，社会消费品零售总额反映的是城乡居民消费和政府公共消费的总量情况，是福利测算的最重要指标，尤其是对处于工业化中期阶段的中国来说，对于物质条件的需求应该是民众最主要的福利需求。

有生产性，而教育、社会保障和就业、医疗卫生等方面的支出为非生产性支出，以具有生产性的财政支出占总财政支出的比重作为生产性财政支出占比指标。

另外，有关市场化指数的选择，本章并没有采用樊纲等（2011）测算的我国各省份的市场化指数评价指标，一方面是因为无法获取2010—2012年期间的数据；另一方面，对于本章采用的地市级层面的数据而言，该省际层面的指标无法反映同一省际下各地区之间的差异。基于本章的理论分析，在参考国内外相关研究的基础上，本章认为市场化进程与经济发展水平之间存在着高度相关性。此外，基于樊纲等（2011）测算的1997—2009年我国各省份的市场化指数与相应的经济发展水平之间关系的实证检验，得出两者之间存在着显著的相关性关系。因此，本章采用各地区的GDP作为市场化指数的替代变量。

3.3.1.4 其他控制变量选取

消费性支出占比（$rcfin$）是本章的一个重要控制变量。在现实经济中，宏观税负对经济的影响包括两个方面：一方面是本章理论分析中所指出的，宏观税负有利于市场化程度的提高和公共资本外部性的发挥，对于经济增长和福利改善有促进作用；另一方面是政府的消费性支出对于经济增长的影响，必须对这一影响渠道进行控制，才能够客观估计生产性间接税税率对于经济增长和福利改善的影响。此外，严成樑和龚六堂（2009）、毛捷等（2011）、李尚骜和龚六堂（2012）认为通货膨胀率、经济结构等宏观变量是影响经济增长的重要因素。因此，本章还加入经济结构（str）和通货膨胀率（CPI）作为控制变量。其中，经济结构按第二、第三产业的增加值与GDP的比值测算，通货膨胀率采用的是居民消费价格指数。由于没有地市级的居民消费价格指数的相关数据，本章采用地市所在省的居民消费价格指数作为替代。

3.3.2 数据来源及说明

为了使研究获得更大样本的支持，本章采用中国地市级的相关数据进行实证分析，考察的时间段为2004—2012年。选择2004年作为时间起点主要是因为2003年以后地市级的统计数据相对全面，数据缺失较少。本章采用的地市级GDP、社会消费品零售总额、生产性财政支出、消费性财政支出、产业结构、国内消费税和营业税等数据全部来源于2005—2013年的《中国区域经济统计年鉴》，而省级的居民消费价格指数来源于相关年份的《中国统计年鉴》。值得注意的是，对地市级财政数据的描述统计发现，直到2012年，包括教育、社会保障和就业、医疗卫生等非生产性财政支出约占地市级财政总支出的40%左右，表明生产性财政支出比例大约为60%，这意味着在地方政府的财政支出目标中，促进地方经济的发展仍然占据着最重要的地位。高培勇（2008）认为，在当前中国的经济发展阶段，用于以改善民生为代表的公共消费服务支出项目规模小、份额低，往往被置于从属地位。

需要指出的是，由于中国地域辽阔，各地区经济发展和市场化进程存在较大差异。樊纲等（2011）给出了我国各省际1997—2009年期间市场化进程的总体评述，从五个方面对各地区的市场化进程进行了全面比较，并针对不同的市场化程度进行评分。由于不同区域之间存在市场化程度的差异，本章按2009年各省份的市场化指数由高到低排序，将全部省份划分为高、中、低三类地区分别进行研究。表3.1给出了市场化程度不同的三类地区各主要变量的描述性统计结果。

表3.1 主要变量的描述性统计情况

变量名称	变量符号	市场化程度较高地区（样本量589）		市场化程度适中地区（样本量750）		市场化程度较低地区（样本量643）	
		均值	标准差	均值	标准差	均值	标准差
经济增长率	$rgdp$	0.170	0.060	0.188	0.065	0.191	0.065
消费增长率	$rwel$	0.177	0.045	0.179	0.047	0.180	0.053
生产间接税率	$rity$	0.016	0.007	0.013	0.007	0.016	0.008
消费性支出比	$rcfin$	0.036	0.019	0.057	0.036	0.087	0.060
产业结构	str	0.892	0.064	0.811	0.082	0.794	0.104
通货膨胀率	cpi	0.030	0.020	0.034	0.021	0.037	0.024
产出水平	gdp	1 450	902	508	218	338	177

3.3.3 实证结果及分析

3.3.3.1 OLS 估计结果

本章主要研究生产性间接税税率对于我国经济增长和福利改善的影响，并考察不同市场化阶段以及市场化程度有明显差异的地区之间各影响系数的变化情况。基于此，本章对于计量模型式（3.14）、式（3.15）进行估计，采用固定效应模型，并运用最小二乘法（OLS）进行回归分析。同时，为了能够直观地分析不同阶段不同市场化水平地区生产性间接税对经济增长和福利改善的综合影响，本章相应地计算了 2004 年和 2012 年生产性间接税税率的综合影响系数，分别记为 $effrity04$ 和 $effrity12$，用以分析不同市场化阶段生产性间接税税率对经济增长与社会福利影响程度的变动情况，2004—2012 年三类地区的估计结果如表 3.2 所示。

表 3.2 显示，无论对于经济模型还是福利模型，三个地区生产性间接税税率变量前的估计系数均为正，其交叉项的估计系数都为负，至少通过了 5% 显著性水平的检验，但系数估计值大小明显不同。该回归结果表明，政府的生产性间接税税率可以促进经济增长和社会福利的改善，但受到不同阶段市场化程度的影响，这与本章的理论分析是一致的。在经济发展初期，政府通过征收间接税，一方面纠正了消费过度的扭曲性现象，扩大了投资规模，促进了经济增长，同时，政府对公共产品部门实施生产性补贴，发挥了公共资本的外部性；另一方面，随着经济的增长，市场化程度大幅度改善，远高于政府规模扩张所导致的市场化扭曲程度，提高了投资效率。

表 3.2　地市级财政生产性支出对经济增长和社会福利的影响：OLS 估计

变量名称	市场化程度较高地区		市场化程度适中地区		市场化程度较低地区	
	经济模型	福利模型	经济模型	福利模型	经济模型	福利模型
$rity$	8.451***	2.381*	7.006***	3.500***	6.050***	2.279*
	(1.741)	(1.330)	(1.760)	(1.306)	(1.650)	(1.364)
$rity \times index$	-1.029***	-0.353**	-1.055***	-0.567**	-0.909***	-0.376*
	(0.230)	(0.176)	(0.310)	(0.227)	(0.289)	(0.226)

续表

变量名称	市场化程度较高地区		市场化程度适中地区		市场化程度较低地区	
	经济模型	福利模型	经济模型	福利模型	经济模型	福利模型
$rcfin$	-0.466***	-0.198**	-0.146**	0.052	0.030	0.083**
	(0.134)	(0.102)	(0.059)	(0.051)	(0.044)	(0.035)
str	0.054*	0.067***	0.115***	0.147***	0.168***	0.156***
	(0.033)	(0.026)	(0.013)	(0.008)	(0.014)	(0.012)
cpi	1.305***	0.789***	1.582***	1.807***	0.945***	0.961***
	(0.189)	(0.139)	(0.098)	(0.121)	(0.143)	(0.132)
地区虚变量	有	有	有	有	有	有
年份虚变量	有	有	有	有	有	有
样本容量	589		750		643	
$mindex04$	6.983		5.821		5.353	
$mindex12$	7.347		6.439		5.931	
$effrity04$	1.264	-0.086	0.868	0.197	1.184	0.265
$effrity12$	0.889	-0.215	0.216	-0.153	0.657	0.047
Adjust-R^2	0.917	0.952	0.928	0.951	0.910	0.932

注：①括号中是标准差，***、**、*分别表示在1%、5%、10%显著性水平下统计显著。②$mindex04$、$mindex12$分别表示2004年、2012年该类地区市场化指数的平均值。③在经济模型中，$effrity04 = \alpha_1 + \alpha_2 \times mindex04$；在福利模型中，$effrity04 = \beta_1 + \beta_2 \times mindex04$。

随着经济的不断增长，市场化程度的改善所带来的投资效率提高的外部性逐渐消失，同时，随着资本边际报酬递减规律的作用增大，投资效率逐渐下降，生产性间接税税率对于经济增长、社会福利的影响作用在减小。在政府对经济干预程度愈加扩大的情况下，市场化进程的速度进一步降低，上述问题愈加突出。表3.2显示，在三类不同市场化程度地区中，通过分析生产性税率对经济增长和福利改善模型的综合影响系数可得，在市场化程度较高的地区，尽管生产性税率对经济增长还具有正向影响，但其影响系数在逐渐降低，2004年综合系数值为1.264，2012年则下降为0.899，影响程度下降了30%。生产性税率对福利改善的综合影响已经为负，2004年综合系数值为-0.086，到2012年变为-0.215，负向的影响程度提高了1.5倍。

对于市场化程度适中和较低的地区，生产性税率对于经济增长的影响趋势和方向与市场化程度较高地区是类似的，但是生产性税率对于福利改善的影响却存在较大差异。在市场化程度适中的地区，生产性税率在2004年对于福利改善还具有促进作用，但是到2012年，生产性税率对于福利改善产生了抑制作用；在市场化程度较低的地区，生产性税率对于福利改善始终是正向影响，但是这一影响系数已经下降。上述的实证结果进一步表明，不同阶段的市场化程度对生产性税率与经济增长和福利改善之间的关系具有显著的调节作用，这也对命题3.1和命题3.2进行了验证。同时，我国现阶段较高的宏观税负和政府参与经济活动的规模，在一定程度上抑制了市场化程度较高地区的社会福利改善的速度，命题3.3也得到了验证。三个命题的验证，给我们的政策启示是：随着市场化进程的完善，一方面，政府要"简政放权"，发挥市场在资源配置中的决定性作用；另一方面，政府要根据不同地区市场化进程的不同阶段，采取差异化的税制结构，以实现经济增长和福利改善。

3.3.3.2 GMM 估计结果

面板数据的OLS估计通常会遇到随机扰动项自相关的问题，也会面临某些回归变量并非严格外生的困扰（Roodman，2007），并且，经济增长具有一定的路径依赖性，居民消费也有较大的惯性，因此，本章再将滞后一期的经济增长率（$rgdp_{-1}$）与滞后一期的社会消费品零售总额的变动率（$rwel_{-1}$）作为控制变量分别引入计量模型式（3.14）与式（3.15）中，构造如下动态面板模型：

$$rgdp_{it}=\alpha_0+\alpha_1 rgdp_{it-1}+\alpha_2 rity_{it}+\alpha_3 rity_{it}\times index_{it}+X_{it}\gamma+\mu_i+v_t+\varepsilon_{it} \quad (3.16)$$

$$rwel_{it}=\beta_0+\beta_1 rwel_{it-1}+\beta_2 rity_{it}+\beta_3 rity_{it}\times index_{it}+X_{it}\eta+\mu_i+v_t+\varepsilon_{it} \quad (3.17)$$

阿雷拉诺和博韦尔（Arellano & Bover，1995）提出的系统广义矩法（System GMM）能够解决被解释变量的滞后项与模型中随机扰动项的相关性问题，同时缓解内生性问题，因而成为估计动态面板数据模型的有效方法。本章采用系统广义矩估计方法对动态面板数据模型式（3.16）、式（3.17）进行估计，结果见表3.3。

表3.3 地市级财政生产性支出对经济增长和社会福利的影响：GMM-SYS 估计

变量名称	市场化程度较高地区		市场化程度适中地区		市场化程度较低地区	
	经济模型	福利模型	经济模型	福利模型	经济模型	福利模型
rity	22.638***	4.067***	14.094***	1.299***	6.010***	1.938***
	(0.759)	(0.684)	(0.279)	(0.227)	(0.381)	(0.540)

续表

变量名称	市场化程度较高地区		市场化程度适中地区		市场化程度较低地区	
	经济模型	福利模型	经济模型	福利模型	经济模型	福利模型
$rity \times index$	-3.068***	-0.593***	-2.067***	-0.210***	-0.940***	-0.309***
	(0.110)	(0.101)	(0.047)	(0.039)	(0.070)	(0.100)
$rgdp_{-1}$	-0.003***	—	-0.236***	—	-0.012***	—
	(0.001)		(0.001)		(0.004)	
$rwel_{-1}$	—	-0.118***	—	-0.105***	—	-0.071***
		(0.002)		(0.002)		(0.003)
$rcfin$	-0.641***	-0.392***	-0.092***	0.621***	-0.056***	0.192***
	(.0044)	(0.019)	(0.024)	(0.012)	(0.015)	(0.020)
str	0.693***	-0.335***	0.479***	0.163***	0.206***	0.034***
	(0.027)	(0.022)	(0.013)	(0.005)	(0.014)	(0.011)
cpi	1.433***	0.113***	1.653***	0.748***	1.340***	1.502***
	(0.012)	(0.009)	(0.012)	(0.005)	(0.035)	(0.015)
$constant$	-0.478***	0.501***	-0.231***	0.012***	-0.017*	0.075***
	(0.025)	(0.019)	(0.011)	(0.004)	(0.010)	(0.008)
地区虚变量	有	有	有	有	有	有
年份虚变量	有	有	有	有	有	有
样本容量	589		750		643	
$mindex04$	6.983		5.821		5.353	
$mindex12$	7.347		6.439		5.931	
$effrity04$	1.215	-0.070	2.063	0.079	0.980	0.283
$effrity12$	0.097	-0.286	0.786	-0.051	0.436	0.104
Sargan 检验	84.995	83.303	112.874	115.646	95.791	94.275
	(1.000)	(1.000)	(1.000)	(1.000)	(1.000)	(1.000)
AR (1) 检验	-3.945	-2.542	0.999	-4.732	-5.653	-2.216
	(0.000)	(0.011)	(0.318)	(0.000)	(0.000)	(0.027)
AR (2) 检验	0.614	-1.491	-1.464	-0.716	-0.896	-1.551
	(0.539)	(0.136)	(0.143)	(0.474)	(0.370)	(0.121)

注：①Sargan 检验、AR（1）检验、AR（2）检验结果括号内报告的是概率 P 值。②＊＊＊、＊＊、＊分别表示在 1%、5%、10%显著性水平下统计显著。

3 市场化进程中的税制结构变迁

表 3.3 对模型设定的检验结果表明,除了市场化程度适中地区的经济模型外,其他各模型至少在 5% 的显著性水平下 AR(1) 显著而 AR(2) 不显著,说明模型存在一阶自相关,但不存在二阶自相关,系统 GMM 方法是适用的。Sargan 检验表明,模型的总体矩条件成立,工具变量的选择整体上也是有效的。

对比表 3.2 与表 3.3 的回归结果可知,系统 GMM 方法与 OLS 的估计结果基本一致。首先,无论是经济增长模型,还是社会福利变动模型,在 1% 的显著性水平下,均呈现出生产性间接税税率的直接影响系数显著为正、交叉项系数显著为负的结果,再次验证了不同阶段的市场化程度对生产性间接税率与经济增长和福利改善之间的关系存在着显著调节效应的基本结论。

3.4 本章小结

市场化机制缺失是发展中国家和转轨经济体的共同特征。在市场化进程的初始阶段,以商品税为主的税制结构,一方面通过抑制过度消费,促进社会投资;另一方面通过财政支出进行公共产品生产,激发经济活力,提高了全社会的投资报酬率,促进了经济高速增长。但随着经济的持续发展,市场化机制不断完善,政府投资的拥挤效应愈加明显,以间接税为主的宏观税负持续增加,不仅过度抑制了消费,造成了社会投资不足,同时随着政府的投资力度进一步扩大,出现了政府过度投资、投资回报低下的现象,而且政府对市场的过多干预,也减缓了市场化进程的速度。尤其是随着市场化进程的不断推进,税制结构中的宏观税负应该逐步下调。本章从理论和实证角度出发,发现市场化进程与税制结构变迁之间存在着重要的相互影响关系。

本章将市场化进程内生化,并与税制结构动态变迁过程和政府公共产品外部性放在同一理论框架中,并采用 Shooting 方法计算鞍点路径上的均衡解并进行模拟分析。通过模拟分析得出商品税占比适度下调的税制结构,实现鞍点路径上福利水平的最大化,并且随着经济增长、资本累积与市场化程度的提高,该税制结构对于经济增长和福利改善的正向影响程度在逐渐降低。与之相比,在较高商品税占比的税制结构中,由于商品税税率过高,出现了投资过度、消费不足以及"矫枉过正"的问题;在较低商品税的税制结构中,由于商品税税率过低,投资不足、过度消费的问题并没有得到根本解决。结合我国宏观税负偏高的现实特征,与适度商品税占比的税制结构相比,较高商品税占比的税制结构尽管能够带来经济增长效率相对提高,但社会福利却出现了相对损失,并随着市场化进程的提高而愈加严重。

  进一步地,我们在理论分析的基础上,针对在不同市场化阶段中税制结构产生经济效应和福利效应的差异,从经验数据中得到了实证检验。通过对中国地市级面板数据的分析发现,无论对于经济模型,还是福利模型,三类地区模型中生产性间接税税率变量前的估计系数均为正,其交叉项的估计系数都为负,至少通过了5%显著性水平的检验。政府的生产性间接税税率可以促进经济增长和社会福利的改善,但受到不同阶段市场化程度的影响,这与本章的理论分析是一致的。进一步研究发现,在三类不同市场化程度地区,生产性税率对于福利改善的影响却存在着较大差异。在市场化程度较高的地区中,生产性税率对福利改善的综合影响已经为负,且综合影响系数逐年提高;在市场化程度适中的地区中,生产性税率在2004年对于福利改善还具有促进作用,但是到2012年生产性税率对于福利改善则产生了抑制作用;在市场化程度较低的地区,生产性税率对于福利改善始终是正向影响,但是这一影响系数已经下降。上述实证结果进一步表明,不同阶段的市场化程度对生产性税率与经济增长和福利改善之间的关系具有显著的调节作用。

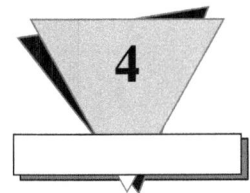

劳动力流动下的税收体系调整

4 劳动力流动下的税收体系调整

近年来,随着我国经济社会环境不断变化,现行税制格局的失衡问题也愈加突出。数据显示,2014年我国间接税占全部税收的比重仍高于70%,增值税、营业税、消费税又构成间接税的三大主要税种,其中消费税仅占间接税比重的15%左右。随着我国"营改增"的逐步推进,营业税逐渐转为增值税,使得增值税与消费税在间接税结构中的失衡问题更加突出。值得注意的是,严重失衡的税制格局扭曲了生产要素价格的形成机制,造成了税收负担分配不公平等一系列经济社会问题(高培勇,2015)。在保持税负稳定的前提下,控制增值税规模、增强消费税调节功能的同时,扩大消费税征收范围,探索开征一般消费品消费税的可行性,逐步建立增值税、消费税等税种结构合理的税收体系,是建立我国现代税收制度的全新思维和必由之路,这已经成为我国当前税制改革的主要内容和学术研究的热点问题。

由于增值税属于间接税,具有易转嫁性,其税负往往通过价格渠道转由产品消费者负担。同时,增值税是中央和地方共享税,其地方共享部分实际上是按照生产地原则进行分配的(黄夏岚和刘怡,2012)。事实上,增值税收入与税负归属存在不一致的现象。据测算,2013年我国沿海地区增值税收入占全国的62%左右,而该地区实际承担的增值税税负占全国的55%。显然,增值税收入和税负的地区间转移加剧了区域发展的不均衡(马拴友和于红霞,2003),这与以税收调节收入分配、促进地区公平的基本原则是相违背的。同时,地方政府往往会通过招商引资来吸引和培植增值税税源,增加当地税收收入和提高GDP水平,而在生产环节的增值税又属于价外税,对当地经济发展负面影响较小,从而导致各地进行大规模同质性投资建设。地方政府从扩大税基的角度更倾向于推动高税赋的企业发展。这是因为,以工业产值为主的第二产业,由于具有规模性、集中性、政府推动见效快等特征,地方政府出于自身税收来源稳定的考虑,积极推动当地工业发展。政府招商引资的措施和政策非常之多,如作隐蔽性的税收返还或是税收优惠、金融扶持和低利率融资、低价甚至免费使用土地等。而以服务业为主的第三产业,具有规模化程度较低且不易控制等特点,地方缺乏有效措施,难以有效推动第三产业发展,进而导致了地区经济结构中高税赋的工业增加值占比提高,不利于我国产业转型升级,不利于资源的有效配置,不是现代税制体系新功能的体现。

我国地方政府以增值税作为收入的主要来源,通过各种税收优惠、招商引资做大传统制造业企业规模，扩大地方政府税收来源。由于大型制造业企业产品销售往往是跨区域的，同时增值税的转嫁性使得税收负担由其他地区最终消费者来承担。以沿海地区和内陆地区为例，沿海地区由于资源、地理和基础建设等优势，实现了产业聚集，扩大了地区的税收收入，同时该地区产品销售到内陆地区，由内陆地区居民承担。一方面，沿海地区大规模税收主要惠及当地居民，提高居民收入；另一方面，内陆地区居民还要实际承担沿海地区的税赋，这为区域之间发展不均衡提供了从税制结构角度进行分析的新视角。党的十八大前，我国区域经济发展的战略主要着力点放在了缩小区域经济发展差距方面。在经济新常态的要求下，以往的分析角度是偏颇的，我国地区资源、人口等禀赋差异巨大，以GDP为核心的区域经济收敛，不一定能够实现资源的最优配置。区域空间发展的均衡与否应该从居民消费、享受公共服务水平等角度加以考虑，这样才更能够体现以人为本的理念，能够将改革成果更好地惠及每一位普通民众。

随着我国区域发展目标的不断优化调整，实现公共服务均等化逐渐替代经济发展成为区域均衡发展的主要指标，通过户籍制度改革推动人口流动将成为实现区域均衡发展战略的重要举措。在我国劳动力人口流动程度不断提高的背景下，通过税收调节促进区域均衡发展的意义将逐渐变小，然而税收来源和税负归属不一致的问题将更加突出。现代税收制度也应顺势从"经济调节体制"向"国家治理体系"的功能转变（高培勇，2015）。

有关税率结构、人口流动对经济增长的理论研究已经较为常见（吕冰洋和郭庆旺，2011；彭国华，2015），但现有文献很少同时关注到税率结构对效率和公平的影响，尤其在不完全人口流动下分析税率结构对人均福利水平提高和人均福利均等化差异的研究就更为少见。税制结构改革是一项系统性工程，兼顾效率与公平是推进改革需要坚持的基本原则。因此，要统筹协调税制结构与户籍制度改革，使得劳动力流动与税率结构优化在相互影响和促进的过程中，实现福利增进的双重红利。

基于此，本章构建了一个包括存在区域禀赋差异的两个生产函数、开征增值税和消费税的两种征税方式以及存在劳动力跨区域不完全流动的一般均衡模型，刻画了福利总平均水平（效率）和福利均等化水平（公平）两种福利增进指标，模拟分析了由增值税转为消费税的税收体系调整过程中税收扭曲的差异机制和税负归属的不同影响,并进一步研究了劳动力流动程度对这一机制和影响的调节作用,并从中国宏观经济的实际数据中寻找经验证据,为实现福利增进的双重红利目标下税率结构优化调整政策的制定提供理论依据与现实支撑。

4.1 征税方式和税收返还机制的理论框架构建

本章假设经济体中存在两类生产函数,各自具有不同的初始技术和生产弹性,两类生产函数的产出分配到消费和投资市场,分别加总后形成最终的消费品和投资品,并设置了以增值税、消费税为主要代表的税制体系,明确了税收的返还机制,进一步假设在两个不同的地区,且地区之间的劳动要素是不完全流动的,构建了包括两个区域的生产函数、两种征税方式、税收返还机制与劳动力跨区域流动的理论模型。

4.1.1 模型设定

4.1.1.1 两个区域的生产部门和增值税

假设经济体中两类生产部门分属于两个地区,生产函数为:

$$Y_{h,t} = A_{h,t} K_{h,t}^{\alpha_i} L_{h,t}^{1-\alpha_i} \quad (4.1)$$

式中,h 代表两类地区,$h=1,2$。$Y_{h,t}$ 为第 h 地区第 t 期的产出水平,$A_{h,t}$ 为第 h 地区第 t 期的全要素生产率水平,$K_{h,t}$ 表示第 h 地区第 t 期的资本投入要素,$L_{h,t}$ 表示第 h 地区第 t 期的劳动投入要素,α_h 为第 h 地区的资本弹性系数。

增值税、消费税是我国间接税体系中的主要税种,都是在生产环节中征税,增值税的税基主要体现在产出水平上(郭庆旺和吕冰洋,2011)。消费税的税基主要体现在产出在最终消费市场的分配数量上。两地区生产部门利润最大化函数形式为:

$$\Pi_{h,t} = P_{h,t} Y_{h,t} (1-\tau_y) - r_t K_{h,t} - w_{h,t} L_{h,t} \quad (4.2)$$

式中,$\Pi_{h,t}$ 为第 h 地区第 t 期的利润水平,$P_{h,t}$ 为第 h 地区第 t 期的产品市场价格,r_t 为第 t 期市场中租赁资本的利息率,$w_{h,t}$ 为第 h 地区第 t 期的劳动工资水平,τ_y 为政府开征的增值税税率。

可以求得两类生产部门实现利润最大化的一阶条件为：

$$r_t = \alpha_h \frac{P_{h,t} Y_{h,t} (1-\tau_y)}{K_{h,t}} \tag{4.3}$$

$$w_{h,t} = (1-\alpha_h) \frac{P_{h,t} Y_{h,t} (1-\tau_y)}{L_{h,t}} \tag{4.4}$$

4.1.1.2 最终消费品和最终投资品

最终消费品（C_t）由两类地区生产部门分别投入的消费品（$C_{h,t}$）加总而得，两类投入消费品之间的替代弹性关系满足CES函数形式：

$$C_t = [\rho_{1,c} C_{1,t}^{(\sigma_c-1)/\sigma_c} + \rho_{2,c} C_{2,t}^{(\sigma_c-1)/\sigma_c}]^{\sigma_c/(\sigma_c-1)} \tag{4.5}$$

式中，$\rho_{h,c}$表示第h地区提供消费品在形成总消费品中的权重，$\rho_{1,c}+\rho_{2,c}=1$，σ_c为两类地区消费品之间的替代弹性系数，$\sigma_c>1$。

最终消费品的总价格水平（P_t）满足：

$$P_t = [\rho_{1,c}^{\sigma_c} P_{1,t}^{(\sigma_c-1)} + \rho_{2,c}^{\sigma_c} P_{2,t}^{(\sigma_c-1)}]^{1/(\sigma_c-1)} \tag{4.6}$$

从最终消费品形成的需求角度看，选择来自第h地区消费品（$C_{h,t}$）的数量关系满足：

$$C_{h,t} = \rho_{h,c}^{\sigma_c} (P_{h,t}/P_t)^{-\sigma_c} C_t \tag{4.7}$$

类似地，最终投资品（I_t）由两类地区生产部门分别提供的投资品（$I_{h,t}$）加总而得，两类投资品之间的替代弹性关系满足CES函数形式：

$$I_t = [\rho_{1,i} I_{1,t}^{(\sigma_i-1)/\sigma_i} + \rho_{2,i} I_{2,t}^{(\sigma_i-1)/\sigma_i}]^{\sigma_i/(\sigma_i-1)} \tag{4.8}$$

式中，$\rho_{h,i}$表示第h地区提供投资品在形成总投资品中的权重，$\rho_{1,i}+\rho_{2,i}=1$，σ_i为两类地区投资品之间的替代弹性系数，$\sigma_i>1$。

最终投资品的总价格水平（Z_t）和第h地区投资品（$C_{h,t}$）的需求数量分别满足：

$$Z_t = [\rho_{1,i}^{\sigma_i} P_{1,t}^{(\sigma_i-1)} + \rho_{2,i}^{\sigma_i} P_{2,t}^{(\sigma_i-1)}]^{1/(\sigma_i-1)} \tag{4.9}$$

$$I_{h,t} = \rho_{h,i}^{\sigma_i} (P_{h,t}/Z_t)^{-\sigma_i} I_t \tag{4.10}$$

4.1.1.3 劳动力流动

劳动力市场的流动程度不仅取决于文化、习惯等客观因素，也与户籍制度等制度性障碍有关。由于户籍制度、文化习惯等因素，两个地区的劳动要素（$L_{h,t}$）存在一定程度的异质性，参考迪苏（Dissou，2012）、霍瓦特（Horvath，2000）对有关劳动力异质性问题的刻画，由两个地区劳动时间加总得到总有效劳动时间（L_t），表达式如下：

$$L_t = [\rho_{1,l} L_{1,t}^{(\sigma_l+1)/\sigma_l} + \rho_{2,l} L_{2,t}^{(\sigma_l+1)/\sigma_l}]^{\sigma_l/(\sigma_l+1)} \quad (4.11)$$

式中，$\rho_{h,l}$ 表示第 h 地区的劳动要素在总有效劳动要素中的权重，$\rho_{1,l} + \rho_{2,l} = 1$，$\sigma_l$ 为两类地区投资品之间的替代弹性系数，$\sigma_l \geq 0$。当 $\sigma_l = +\infty$ 时，表示劳动力要素在两类地区之间是完全自由流动的；当 $\sigma_l = 0$ 时，表示劳动力要素在两类地区之间是完全不流动的。

代表性家庭将会在总有效劳动时间（L_t）和闲暇（H_t）之间进行优化选择，假设总人口不变，即 $L_t + H_t = 1$。总有效劳动的工资水平（W_t）满足：

$$W_t = [\rho_{1,l}^{-\sigma_l} w_{1,t}^{(1+\sigma_l)} + \rho_{2,l}^{-\sigma_l} w_{2,t}^{(1+\sigma_l)}]^{1/(1+\sigma_l)} \quad (4.12)$$

从总有效劳动的供给角度来看，第 h 地区提供的劳动时间（$L_{h,t}$）服从如下表达式：

$$L_{h,t} = \rho_{h,l}^{-\sigma_l} (w_{h,t}/W_t)^{\sigma_l} L_t \quad (4.13)$$

由于本章关注的一个重点是福利均等化，因此从本质上来看，造成地区之间福利水平不平等的根源在于劳动力市场跨区域的不完全流动。否则，即使存在初始技术、经济结构等地区的比较优势，地区的优势资源也必将吸引其他地区更多的劳动力流入，最终使得边际生产率趋同，即通过劳动力的自由流动实现地区之间的福利均等化。

4.1.1.4 代表性家庭与消费税

假设存在一个代表性家庭，以追求终生效用最大化为目标，总消费品（C_t）和闲暇时间（H_t）进入其效用函数，其表达形式为：$\max \sum_{t=0}^{\infty} \beta^t [\ln C_t + \chi \ln H_t]$。其中，$\beta$ 表示效用贴现因子，χ 表示最终消费品与闲暇的同期替代弹性。

代表性家庭的预算约束方程为：

$$(1+\tau_c) C_t P_t + I_t Z_t = r_t K_t + W_t L_t + \Pi_{1,t} + \Pi_{2,t} + T_t \quad (4.14)$$

式中，τ_c 为政府征收的消费税税率，消费税是政府在生产环节征税，企业通过"价格通道"将其转嫁给最终消费者的税种，I_t 为第 t 期代表性家庭提供的总投资品，T_t 为第 t 期政府的税收收入在两地区的转移支付。

本章将在市场出清部分对具体的转移支付过程进行阐述。

资本的动态累积方程如式（4.15）所示。

$$K_{t+1} = (1-\delta) K_t + I_t \quad (4.15)$$

式中，δ 表示资本折旧率。

两地区生产过程中所使用的资本要素（$K_{h,t}$）可以在资本市场通过完全竞争进行租赁，因此，两地区资本使用的利息率（r_t）在同一时期是相同的。

进一步地，求解可得代表性家庭跨期消费选择的欧拉方程为：

$$C_{t+1}P_{t+1}Z_t = \beta C_t P_t [r_{t+1} + (1-\delta)Z_{t+1}] \quad (4.16)$$

代表性家庭同期消费和闲暇的替代函数关系为：

$$\chi C_t P_t (1+\tau_c) = W_t H_t \quad (4.17)$$

4.1.1.5 政府税收转移机制与市场出清

政府一方面征收增值税、消费税，另一方面又通过转移支付的形式将税收返还给代表性家庭。为了能够更加清晰地分析两种征税方式的影响机制，本章假设不存在其他形式的政府支出，同时也不考虑政府税收支出的经济外部性行为。根据2012年以前我国税收制度的实际安排，假定增值税在中央和地方之间按照75：25的比例分成，消费税属于中央税。在改革开放的较长时间内，中央政府的税收支出往往用于生产建设，因此，本章将中央税收按照地区的产出规模进行转移支付，地方税按照生产地原则进行转移支付（黄夏岚和刘怡，2012），具体的第 h 地区的税收返回机制和市场出清条件设定如下：

$$C_{h,t}P_{h,t}(1+\tau_c) + I_{h,t}P_{h,t} = r_t K_{h,t} + w_{h,t}L_{h,t} + T_{h,c,t} + T_{h,y,t} \quad (4.18)$$

式中，$T_{h,c}$、$T_{h,y}$ 分别是消费税和增值税在第 h 地区的转移支付额度。

根据上述的税收转移规制，消费税在第 h 地区的转移支付额度满足：

$$T_{h,c,t} = (C_{1,t}P_{1,t}\tau_c + C_{2,t}P_{2,t}\tau_c) Y_{h,t}P_{h,t} / (Y_t P_t) \quad (4.19)$$

增值税在第 h 地区的转移支付额度由两部分组成，两地区增值税之和的一定比例 θ（$\theta=0.75$）按照地区产出规模进行分成，$1-\theta$ 的部分返还征税地，消费税在第 h 地区的转移支付额度满足：

$$T_{h,y,t} = \theta(Y_{1,t}P_{1,t}\tau_y + Y_{2,t}P_{2,t}\tau_y) Y_{h,t}P_{h,t} / (Y_t P_t) + (1-\theta)Y_{h,t}P_{h,t}\tau_y$$
$$(4.20)$$

式（4.20）可以进一步整理如下：

$$T_{h,y,t} = Y_{h,t}P_{h,t}\tau_y \quad (4.21)$$

实际上，根据地区生产规模的分成原则，增值税实际上是征税地返回。

资本市场的出清条件如式（4.22）所示。

$$K_t = K_{1,t} + K_{2,t} \quad (4.22)$$

此外，为了模拟结果的可比性和均衡解的唯一性，我们对价格体系进行标准化处理，将总价格水平设定为 1，即 $P_t = 1$。

4.1.2 参数校准

为了能够更加贴切地分析两种征税方式对不同地区福利增进的差异化影响，本章基于我国 2007 年区域的投入产出表数据①，按照沿海和内陆将地区划分为两类②，并对我国两大类地区的经济运行特征进行刻画。为方便统计，我们将沿海、内陆地区分别表示为第一类和第二类地区。据测算，沿海、内陆地区的资本弹性分别为 $\alpha_1 = 0.61$、$\alpha_2 = 0.55$；在形成最终消费品的组成中，来自两类地区的消费品贡献占比分别是 $\rho_{1,c} = 0.54$、$\rho_{2,c} = 0.46$；在形成总投资品的组成中，来自两类地区的投资品贡献占比分别是 $\rho_{1,i} = 0.56$、$\rho_{2,i} = 0.44$；在总有效劳动供给中，两类地区的劳动份额占比分别是 $\rho_{1,l} = 0.52$、$\rho_{2,l} = 0.48$。

参照张军、章元（2003）的做法，本章将资本的年度折旧率选定为 $\delta = 0.096$。我国沿海地区生产技术水平显著高于内陆地区（潘文卿和李子奈，2007），本章假设两地区的全要素生产率分别为 $A_1 = 1.0$、$A_2 = 0.8$；此外，本章选取的效用贴现因子为 $\beta = 0.975$；根据张勇等（2014）选取效用替代弹性的思路，本章将效用替代弹性选取为 $\chi = 0.2$，以保证均衡劳动时间落在合理的范围内。基于对模拟结果稳健性的考虑，本章针对全要素生产率、效用贴现率、效用替代弹性等参数值分别进行了敏感性测试，并不会对本章得出的主要结论产生影响。

4.1.3 两种维度的福利指标刻画

社会福利的大小不仅取决于国民收入的水平，还取决于国民收入在社会成员之间分配的均等化水平。要实现社会福利增进，有必要对国民收入的初次分配进行干预，通过收入的再分配提高福利均等化水平，以改善社

---

① 我国的投入产出表每 5 年更新一次，并在此期间公布一次延长表。

② 本章中沿海地区包括：北京市、天津市、河北省、辽宁省、上海市、江苏省、浙江省、福建省、山东省、广东省和海南省。内陆地区包括：山西省、内蒙古自治区、吉林省、黑龙江、安徽省、江西省、河南省、湖北省、湖南省、广西壮族自治区、重庆市、四川省、贵州省、云南省、西藏自治区、陕西省、甘肃省、青海省、宁夏回族自治区和新疆维吾尔自治区。

会福利状况（赵志君，2011）。

从宏观视角来看，在本章的理论模型中，两地区的需求的劳动变量 $L_{h,t}$ 可以理解为第 h 地区劳动人数占该地区总人口的比重，$\rho_{1,l}L_{1,t}$、$\rho_{2,l}L_{2,t}$ 分别为标准化处理后的两地区的实际劳动人数，$\tilde{L}_t = \rho_{1,l}L_{1,t} + \rho_{2,l}L_{2,t}$ 表示总体的劳动人数。

针对上述模型进行稳态求解，我们可以得到上述所有变量的稳态解，其中，最终的消费品数量和总的劳动人数（时间）分别记为 C、$\tilde{L}$。由此我们可以计算福利总体的平均水平指标，$wel_1 = C/\tilde{L}$，即第一维度的福利评价指标（效率指标），称为福利总平均水平。

由于不同地区之间初始禀赋存在差异，在劳动力不完全流动的情况下，必然带来人均财富分配不均衡问题。本章基于理论模型求解，可以衡量出两类地区由于财富分配不均等所造成的人均消费水平的相对差异。首先，我们要计算出两地区分别获得的人均最终消费品数量，用 $\tilde{C}_h$ 表示。两地区生产过程的初次分配以及政府通过税收转移支付后分配的收入水平为 $rK_h + w_h L_h + T_{h,c} + T_{h,y}$。① 两地区再生产需求投资品的价值量为 $\delta K_h Z$，其中，Z 为稳态时投资品的价格水平。那么，两地区实际的人均最终消费品的分配数量 $\tilde{C}_h$ 可以由如下公式计算得出：

$$\tilde{C}_h = (rK_h + w_h L_h + T_{h,c} + T_{h,y} - \delta K_h Z) / (\rho_{h,l} L_h P) \tag{4.23}$$

式中，P 为稳态时最终消费品的价格水平。

由此，我们可以计算福利平均相对差异水平指标，$wel_2 = \tilde{C}_2 / \tilde{C}_1$，即第二维度的福利评价指标（公平指标），称为福利均等化水平。在本章参数校准中，假设第一类地区具有更高的比较优势，由此 $\tilde{C}_1$ 一般要大于 $\tilde{C}_2$，因此，$0 < wel_2 \leq 1$，该值越大，意味着内陆地区与沿海地区的人均消费水平越接近，福利均等化水平也就越高。

一般而言，我国通过户籍制度改革提高了劳动力要素在各地区之间的流动性，使得劳动力人口更多地流向具有比较优势的地区，这可以有效降

---

① K_h、L_h、$T_{h,c}$、$T_{h,y}$ 分别是稳态经济时第 h 地区的均衡资本水平、均衡劳动时间、消费税的转移支付额、增值税的转移支付额；r 是稳态经济时租赁资本的利息率；w_h 是稳态经济时第 h 地区的工资水平。

低地区之间消费水平的相对差异,是改善福利均等化程度的一个重要的市场化手段。如图4.1所示,随着劳动力地区替代弹性系数的增大,劳动力跨地区流动性增加,促进了福利总平均水平的提高和福利均等化程度的改善。然而,除了户籍制度造成的流动性障碍,劳动区域之间不完全流动性现象还受到一些其他客观因素的影响且不易改变,包括区域文化、生活习俗差异等。因此,政府仅通过提高劳动力流动性实现福利增进的边际红利将会越来越低。为了进一步提高地区福利均等化的水平,政府还需要通过财税转移支付手段加以实现。

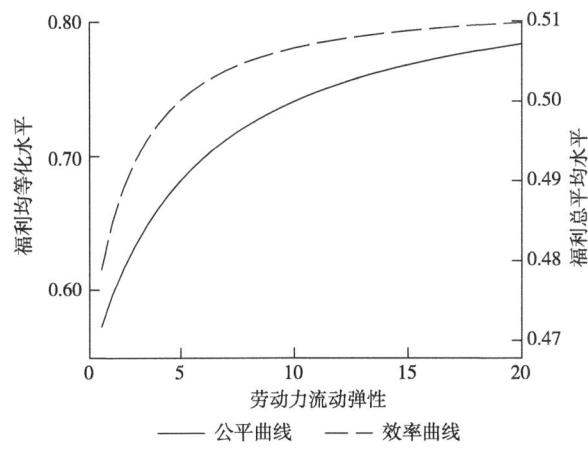

图 4.1 福利均等化水平和福利总平均水平的变化趋势

4.2 劳动力流动下税收体系调整双重红利的理论分析

在由增值税转为消费税的税收体系调整过程中,为了能够保持稳态经济变量之间的可比性,本章设定宏观总税率保持固定,即始终保持两种税收之和与 GDP 的比值固定,重点分析以消费税占间接税的比值作为衡量标准的税收体系调整对社会福利两种维度指标的影响机制。

4.2.1 税收体系调整对福利总平均水平的影响机制

4.2.1.1 税收扭曲机制下两种征税方式对生产效率的损失影响

税收的扭曲机制指的是在经济系统中,政府征税行为会造成资源配置的扭曲,改变要素的相对价格,进而影响最优的要素使用比例,造成生产效率下降。从图4.2中我们发现,在只征收增值税的情况下(即消费税占比等于0时),投资消费比相对于宏观税率为零的情况有一定程度的下调。这表明,增值税的征收抑制了投资活动,迫使人们更倾向于消费,使得投资消费的比重不断下降,势必对总产出水平产生不利影响,这称为税收的扭曲效应。但随着消费税占比的提高,投资消费比也在逐渐上升,尤其是在仅征收消费税的情况下,投资消费比水平上升到与宏观税率为零的情况一致。这表明,消费税本身不会出现税收扭曲现象,不改变要素的相对投入价格,使得要素投入的最优比例保持不变。这是因为,征收消费税首先会使得最终消费品的价格上升,代表性家庭能够购买的消费品数量更少了,促使代表性家庭相应地通过提高劳动供给,减缓由于征税所造成的均衡劳动时间的下降,保持生产要素投入的最优比例。

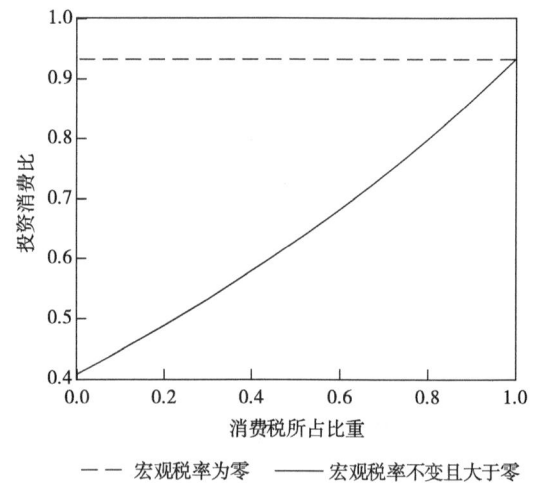

图4.2 随着消费税比重的提高投资消费比的变化趋势

进一步地,从图4.3中我们发现,尽管征税会造成产出水平的下降,但就幅度而言,消费税对产出的不利影响程度较低。由此,我们得出的结论:在保持宏观税负不变的情况下,征税方式由增值税转变为消费税,将会降低税收的扭曲效应,提高总产出水平,也有利于提高第一维度的福利指标水平,即提高效率水平。

4　劳动力流动下的税收体系调整

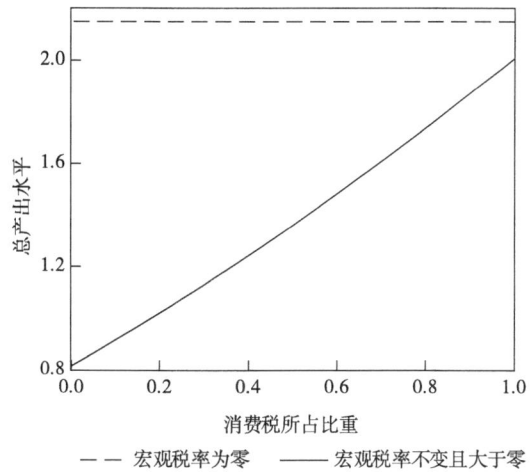

图 4.3　随着消费税比重的提高总产出水平的变化趋势

4.2.1.2　不同劳动力流动下税收体系调整对福利总平均水平的影响差异

上面我们分析了增值税会产生税收扭曲，造成投入要素价格机制扭曲，对生产的负面影响更大。在本章的理论模型中，导致要素价格扭曲的因素有两个：一是增值税的税收扭曲机制；二是劳动力的不完全流动性。随着劳动力流动程度的提高，劳动力因素对要素价格所造成的扭曲性影响的比重将越来越小，同一增值税对要素价格的扭曲影响就会越来越大。图 4.4 给出了在"效率损失"机制下随着消费税比重的提高福利总平均指标的变化趋势。值得注意的是，图 4.4 的纵坐标表示的是相对于完全增值税情况下，福利总平均水平的提高程度。在宏观税负和税制结构不变的情况下，随着劳动力流动程度的提高，税收体系调整对于福利总平均水平的提高程度将变得更大。由此，我们得出了如下命题。

【命题 4.1】在宏观税负保持不变的情况下，税收体系调整有利于提高福利总平均水平，随着劳动力流动程度的提高，这一影响效果越来越明显。

4.2.2　税收体系调整对福利均等化水平的影响机制

地区之间福利不均等产生的两个必要条件：一是地区初始技术禀赋差异带来生产效率的不同；二是地区之间劳动力不完全流动，正如前文所

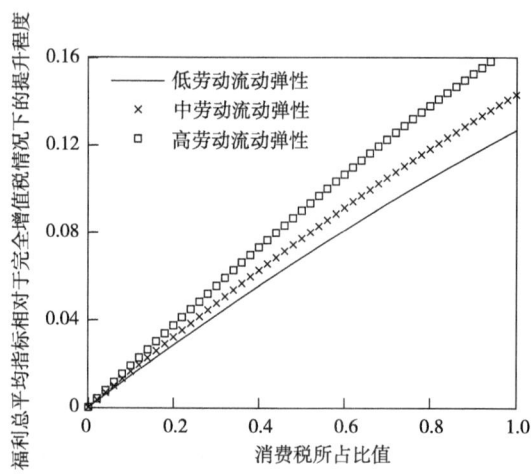

图 4.4 在"效率损失"机制下随着消费税比重的提高福利总平均指标的变化趋势

述,劳动力的不完全流动是造成福利水平在区域之间出现不均等化现象的直接因素。

征税行为和税收转移支付也都会影响地区之间生产效率的差异程度。譬如,当征税税率为100%时,生产活动将消失,地区之间生产效率的差异将不复存在,各地区的福利水平为零,福利均等化程度也将趋于一致。因此,我们必须在不同的劳动力流动状况下,分别在征税行为和税收转移支付两个环节分析税收体系调整对福利均等化的影响情况。

4.2.2.1 "效率损失"机制下税收体系调整对福利均等化水平的影响机制

在上述分析中,我们发现税收体系调整对生产效率产生了不同的影响,因此,本章认为税收体系调整也会对地区生产效率差异产生不同程度的影响,进而也就影响了地区之间福利的均等化程度。为了能够清晰地分析征税方式通过"效率通道"对生产效率差异产生的影响,我们在模型模拟中测算两类地区人均消费水平时,剔除税收转移支付对福利均等化的影响。图4.5给出了"效率损失"机制下不同消费税占比情况下福利均等化水平的变化情况。图4.5的纵坐标代表的是福利均等化相对于不征税情况的提升程度,也就是将完全消费税情况下的福利均等化水平值作为基准线。随着消费税占比的提高,我们发现福利均等化程度在逐渐下降。反过来看,增值税将会带来税收扭曲,造成效率损失,尤其对于生产效率越高的地区负向影响越大，进而降低了不同地区的生产效率差异，反而"促进"了一定程度的福利均等化水平的提高，也就是通常所说的"通过损失效率，促进相对公平"。

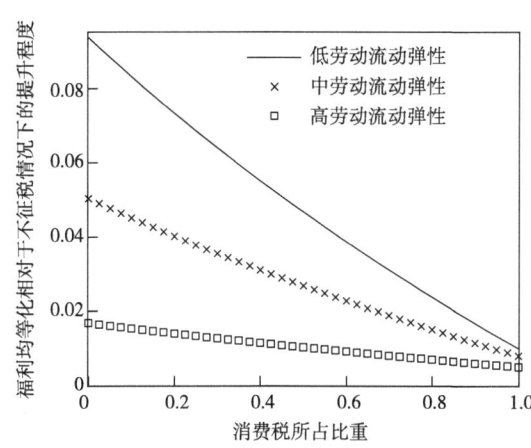

图 4.5 在"效率损失"机制下随着消费税比重的提高福利均等化指标的变化趋势

此外，随着劳动力流动程度的提高，我们发现增值税通过效率损失促进相对公平的影响机制在逐渐降低，如图 4.5 所示。这是因为，影响福利均等化程度的因素除了地区效率差异外，更为直接的因素还有劳动力的流动程度。在较高的劳动力流动程度下，同一程度的地区效率差异，对福利均等化程度的影响将会降低，增值税"促进"福利均等化水平提升的空间将被压缩。

4.2.2.2 "税负归属"机制下税收体系调整对福利均等化水平的影响机制

在征税"效率损失"机制的基础上，本章进一步分析"税负归属"对福利均等化的影响程度。在我国，增值税、消费税主要在生产环节征税，使得这些税收可以通过价格"通道"嵌入各种商品和要素的价格之中，并最终由消费者承担，使得税负具有转嫁机制（高培勇，2015）。尤其在按照生产规模进行税收返还的机制的作用下，增值税实际上是根据生产地原则进行返还的。生产效率高、具有技术资源禀赋的地区形成了较高的生产规模，相对而言其消费规模的比重低于生产规模，以至于实际承担的税负与分享的税收转移规模不相一致，使得这类地区实际承担的税负规模要低于分享的税收转移规模。图 4.6 给出了"税负归属"机制下不同消费税占比情况下福利均等化水平的变化情况。同样值得注意的是，图4.6的纵坐标代表的是福利均等化相对于税负归属前的提升程度，也就是将税负归属前不同征税方式下福利均等化的变化曲线作为基准线。随着消费税占比的提高，我们发现福利均等化程度在逐渐增加。这表明增值税的税负归属所造成的地区福利均等化的负向影响相比消费税而言更大。总之，我们发现在税收归属机制下，与消费税相比，征收增值税的税负归属对于福利均等化产生了不利影响，但这一影响效果并不会随着劳动力流动程度的提高而改变。

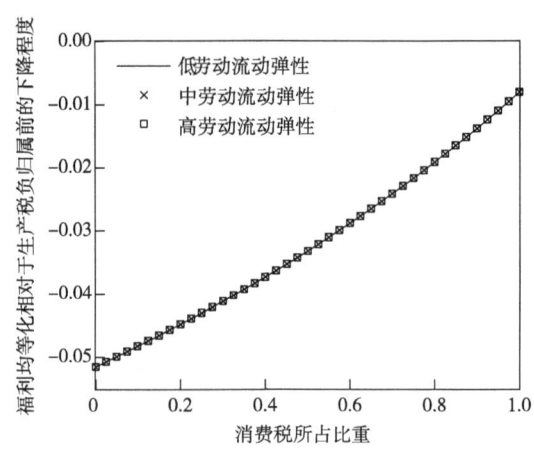

图4.6 在"税负归属"机制下随着消费税比重的提高福利均等化指标的变化趋势

4.2.2.3 税收体系调整对福利增进的影响机制

上述两节分别分析了税收体系调整对福利总平均水平、福利均等化水平的影响情况。我们发现，在宏观税率保持不变的情况下，由增值税转为消费税的税收体系调整有利于提高福利总平均水平。税收体系调整对于福利均等化的影响体现在两方面：一方面，"效率损失"机制下税收体系调整对福利均等化水平的影响为正，但影响效果在逐渐减弱，并受到劳动力流动程度的影响；另一方面，"税负归属"机制下税收体系调整对福利均等化水平的影响为负，影响效果也在逐渐减弱，但不受劳动力流动程度的影响。总体来看，税收体系调整对于福利均等化的影响需要进一步模拟计算，这与劳动力流动程度、"效率损失"机制、"税负归属"机制的影响程度有关。

图 4.7 给出了劳动力流动程度较低的情况下，税收体系调整对福利总平均水平和福利均等化水平影响的变化趋势。我们发现，税收体系调整对福利总平均水平是有促进作用的，这与增值税的税收扭曲机制有关。随着增值税所占比重的降低，税收的扭曲效应在下降，福利总平均水平则不断提高。但是税收体系调整对福利均等化水平的影响却是负向的。在劳动力流动性不高的情况下，地区之间生产效率的差异，无法通过劳动力转移进行缓解，很大程度上体现在各地区平均消费水平的差异上。由此来看，在同一税制结构下，增值税的"效率损失"机制对福利均等化的影响大于"税负归属"机制，总体来看，增值税对福利均等化的影响为正。结合图 4.5 和图 4.6，我们发现"效率损失"机制下完全增值税导致福利均等化水平"提高"8%左右，而"税负归属"机制下完全增值税导致福利均等化水平下降 4%左右。随着增值税比重的不断下降，其对福利均等化的"促进"作用也在减弱，福利均等化水平不断下降。

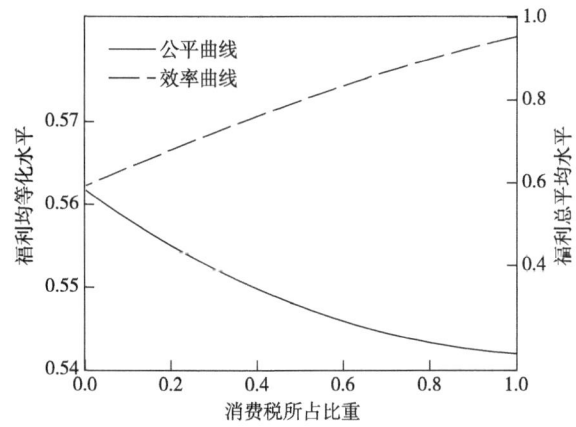

图 4.7 低劳动力流动弹性下随着消费税比重的提高福利均等化
水平和福利总平均水平的变化趋势

类似地，图 4.8、图 4.9 分别给出了在劳动力流动程度适中、较高的情况下，税收体系调整对福利总平均水平和福利均等化水平影响的变化趋势。我们发现，税收体系调整对福利总平均水平的正向影响保持不变，但是税收体系调整对福利均等化水平的影响却逐渐由负转正。因此我们给出了如下命题。

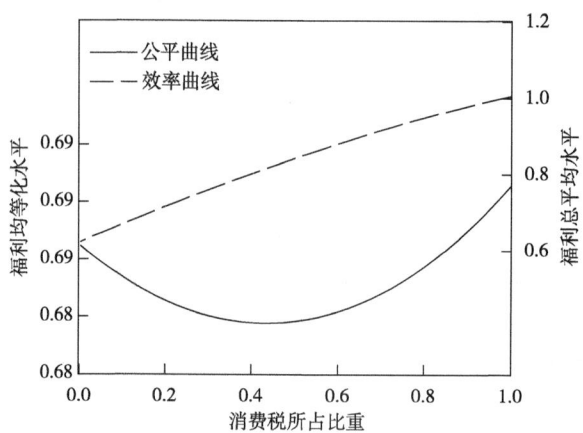

图 4.8　中劳动力流动弹性下随着消费税比重的提高福利均等化水平和福利总平均水平的变化趋势

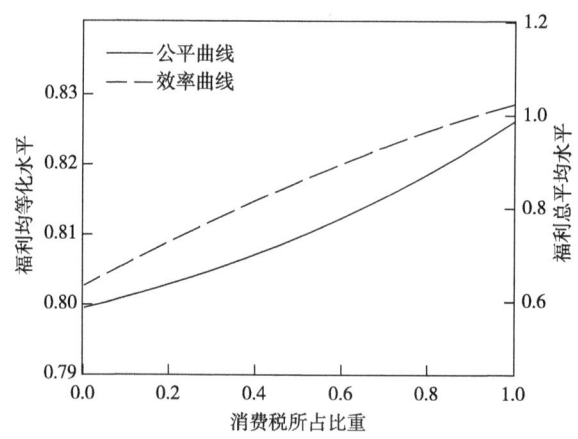

图 4.9　高劳动力流动弹性下随着消费税比重的提高福利均等化水平和福利总平均水平的变化趋势

【命题 4.2】在宏观税负保持不变的情况下，随着劳动力流动程度由低到高，税收体系调整对福利均等化水平的影响也由负转正。

根据命题 4.1 和命题 4.2，本章得出结论：在劳动力流动程度较高的情况下，税收体系调整实现了福利总平均水平和福利均等化水平共同提高的双重红利。

4.3 税收体系调整对福利增进影响的实证分析

改革开放以来,一方面,随着我国户籍制度等阻碍人口迁移政策的不断松动,劳动力流动程度不断提高;另一方面,随着财税政策的不断调整和改革,消费税在间接税中的比重呈现出波动性变化。这些宏观实践数据使得我们研究税收体系调整对福利增进的影响成为可能。本章将通过中国宏观经济数据进行实证检验,在劳动力流动的背景下分析税收体系调整对我国社会福利增进的影响,为实现税收体系调整的税制结构改革提供经验证据。

4.3.1 计量经济模型设定与变量选取

4.3.1.1 计量经济模型设定

基于上述理论分析,随着劳动力流动程度的提高,税收体系调整对于福利总平均水平(斜率值为正,且由小变大)和福利均等化水平(斜率值由负变正)都呈现出非线性的影响。本章将选择劳动力流动变量作为税收体系调整对福利增进影响的"门槛条件",并利用汉森(Hansen,2000)面板门限回归模型考察劳动力流动的门槛特征,检验税收体系调整对福利增进的非线性影响。

具体而言,本章将劳动力流动作为门限变量($latr_{it}$),以存在一个门限值(λ_1)为例,分为 $latr_{it}<\lambda_1$、$latr_{it} \geq \lambda_1$ 两个区制,门限值的个数及具体的数值在实证检验中加以确定。本章分别建立如式(4.24)和式(4.25)的税收体系调整对福利总平均水平和福利均等化水平的面板门限模型:

$$\ln cper_{it} = \begin{cases} \alpha_0 + \alpha_1 taxf_{it} & (latr_{it}<\lambda_1) \ +\gamma X_{it}+\mu_i+\nu_t+\varepsilon_{it} \\ \alpha_0 + \alpha_2 taxf_{it} & (latr_{it} \geq \lambda_1) \ +\gamma X_{it}+\mu_i+\nu_t+\varepsilon_{it} \end{cases} \quad (4.24)$$

$$\ln cdif_{it} = \begin{cases} \beta_0 + \beta_1 taxf_{it} & (latr_{it}<\lambda_1) \ +\theta X_{it}+\mu_i+\nu_t+\varepsilon_{it} \\ \beta_0 + \beta_2 taxf_{it} & (latr_{it} \geq \lambda_1) \ +\theta X_{it}+\mu_i+\nu_t+\varepsilon_{it} \end{cases} \quad (4.25)$$

式中,$cper_{it}$、$cdif_{it}$ 分别代表第 i 个地区第 t 期的福利总平均水平和福利均等化水平；$taxf_{it}$代表第i个地区第t期的消费税占间接税的比重，即税收体系调整程度变量；X_{it}代表两类模型所有的控制变量，包括宏观税负（$rtax_{it}$）、经济发展水平（gdp_{it}）、就业率（$rlab_{it}$）、经济结构（$stre_{it}$）、投资率（$rinv_{it}$）、消费率（$rcsm_{it}$）等；μ_i、ν_t分别代表地区、时间固定效应变量。

值得注意的是，本章对于两类因变量进行了对数化处理，一方面是为了降低异方差和进行线性化转换；另一方面是为了使得税收体系调整变量估计系数的经济学含义更为直观，该系数是税收体系调整对福利增进影响的斜率值。

4.3.1.2 被解释变量选取

有关福利指标的构造标准并没有一个被广泛接受的方案。在当前主流的大多数宏观理论研究文献中（Turnovsky，2000；Barro，1990；严成樑和龚六堂，2009；赵志君，2011），以代表性家庭的效用函数作为社会福利刻画指标，而消费变量是效用函数中最主要的构成要素。因此，我们选取了最终居民消费作为社会福利的代理变量。本章中各地区的社会福利包括福利总平均水平和福利均等化水平两个维度，我们以某地区的最终居民消费（不变价）除以该地区的常住人口数构造的人均消费水平（$cper_{it}$）作为福利总平均水平的代理变量，$cper_{it}>0$，该值越大表示福利总平均水平越高；以某地区人均消费水平与全国其他地区的差异程度作为福利均等化水平的代理变量，$cdif_{it}=\min\{cper_{it},cper_{-it}\}/\max\{cper_{it},cper_{-it}\}$，式中，$cper_{-it}$代表除了第$i$个地区外全国其他所有地区在第$t$期的人均消费水平；使用$cdif_{it}$表示福利均等化程度，$0<cdif_{it}\leq1$，该值越大表示福利均等化程度越高。

4.3.1.3 解释变量选取

本章以消费税占间接税的比重衡量税收体系调整的程度，相关的数据指标可以通过各年度的《中国税务年鉴》进行收集。相对而言，有关劳动力流动程度很难找到合适的资料加以度量。本章采用钟笑寒（2006）的思路，将人口流动作为劳动力流动的代理变量，2000年以来的人口普查数据较为全面地收集和估计了各地区的常住人口（$resp_{it}$）和户籍人口（$hupe_{it}$）数据，将这两者的差异程度作为人口流动的一种估计指标。两者之间的差异程度的计算公式为：

$$latr_t = (1/N) \sum_{i=1}^{N} abs(resp_{it}/hupe_{it} - 1) \quad (4.26)$$

式中，$latr_t \geq 0$，该值越大表示劳动力流动程度越高。

4.3.1.4 其他控制变量选取

宏观税负（$rtax_{it}$）是本章的一个重要的控制变量，是某地区的征税总规模与 GDP 的比值。本章理论分析的一个重要前提是假设宏观税负不变，此时总税收对经济活动的抑制效应或税收的经济外部性功能是稳定的，在这一假设条件下才能够准确地评估税收体系调整改革的政策效果。同时，由于本章衡量福利增进的两个维度变量涉及人均变量，因此某地区的就业率（$rlab_{it}$）也可能是一个重要的控制变量，该变量是某地区从业人数与常住人数的比值。此外，蔡昉等（2002）、严成樑和龚六堂（2009）、毛捷等（2011）、李尚骜和龚六堂（2012）认为经济发展水平、经济结构、投资率等变量都是影响宏观经济的重要因素。因此，本章还在模型中加入了经济发展水平（gdp_{it}）、经济结构（$stre_{it}$）、投资率（$rinv_{it}$）、消费率（$rcsm_{it}$）等作为控制变量。其中，经济结构是第二、第三产业的增加值占 GDP 的比重，投资率是固定资本形成额占 GDP 的比重，消费率是最终消费额占 GDP 的比重。

4.3.2 数据来源及说明

本章实证分析中使用的是我国省际的宏观数据，考察的时间段为 2000—2013 年。选择 2000 年作为时间起点主要是因为 2000 年以后的人口普查统计口径相对一致，数据较为全面。本章采用的省际 GDP、人均消费水平、固定资本形成额、最终消费额、劳动人口、户籍人口、常住人口、各种征税的税收规模等数据全部来源于 2000—2013 年的《中国统计年鉴》和《中国税务年鉴》。需要指出的是，由于中国地域辽阔，因此各地区经济发展存在着较大差异。由于我国沿海地区与内陆地区具有明显的经济发展差异，根据潘文卿和李子奈（2007）的做法，本章将我国各省际分为沿海和内陆两类地区分别进行研究①。表 4.1 给出了全国及两类地区各主要的描述性统计结果。

---

① 西藏地区由于数据缺失较多，并没有包括在内陆地区中。

表 4.1 主要变量的描述性统计情况

变量名称	变量符号	全国地区（样本量 420）		沿海地区（样本量 154）		内陆地区（样本量 266）	
		均值	标准差	均值	标准差	均值	标准差
人均消费水平（元/人，2000年为基期）	cper	6 748	4 572	10 057	5 665	4 832	2 116
人均消费差异程度（构造指标，取值 [0, 1]）	cdif	0.714	0.144	0.676	0.188	0.737	0.105
税收体系调整（消费税占间接税比重）	taxf	0.126	0.084	0.086	0.044	0.149	0.093
劳动力流动程度（常住人口与户籍人口的差异）	latr	0.077	0.025	0.077	0.025	0.077	0.025
经济发展水平（亿元）	gdp	10 036	10 478	15 710	13 720	6 751	5 947
宏观税负（总税收占GDP比重）	rtax	0.157	0.085	0.211	0.113	0.126	0.037
劳动力占比（劳动人口占常住人口比重）	rlab	0.542	0.066	0.550	0.064	0.537	0.067
经济结构（第二、第三产业占GDP比重）	stre	0.870	0.067	0.907	0.081	0.849	0.046
投资率（固定资本形成额占GDP比重）	rinv	0.499	0.139	0.446	0.096	0.529	0.151
消费率（最终消费额占GDP比重）	rcsm	0.523	0.089	0.472	0.056	0.553	0.091

4.3.3 实证结果及分析

4.3.3.1 门限效应检验

为了能够恰当地选择劳动力流动的门限个数及其门限值,本章依次进行线性模型、单门限模型和双门限模型检验。根据海森(2000)所指出的,由不同类型模型的残差平方和所构造的 F 统计量不再服从标准分布,一般通过自举法(Bootstrap)模拟计算 F 检验统计量的临界值[①]。劳动力流动变量的门限个数及其门限值的检验结果如表 4.2 所示。

由表 4.2 可知,在"效率模型"中,全国及沿海地区在线性模型与单门限模型的检验中拒绝了线性模型的原假设,但在单门限模型与双门限模型的检验中接受了单门限模型的原假设;在"公平模型"中,沿海地区在线性模型与单门限模型的检验中拒绝了线性模型的原假设,但在单门限模型与双门限模型的检验中接受了单门限模型的原假设。总体来看,沿海地区存在显著的门限效应,具有 1 个门限值,取值为 0.108;内陆地区不存在显著的门限效应。

表 4.2 劳动力流动变量门限值及门限效应的检验

模型类型	门限变量($latr_{it}$)	全国地区	沿海地区	内陆地区
税收体系调整对福利总平均水平的影响模型	第1门限值λ_1	0.108	0.108	0.108
	F 检验 (P 值)	32.820** (0.050)	20.250*** (0.010)	11.090 (0.390)
	第2门限值λ_2	0.052	0.085	0.044
	F 检验 (P 值)	19.000 (0.260)	6.520 (0.353)	10.520 (0.300)
税收体系调整对福利均等化水平的影响模型	第1门限值λ_1	0.044	0.108	0.052
	F 检验 (P 值)	7.170 (0.430)	15.790** (0.050)	9.930 (0.517)
	第2门限值λ_2	0.070	0.44	0.092
	F 检验 (P 值)	1.150 (0.913)	2.970 (0.610)	10.750 (0.153)

注:***、**分别表示在1%和5%的显著性水平下显著。

---

① 本章的门限检验和实证估计都是使用 Stat13.1 统计软件操作的,命令名称是 xthreg。

4.3.3.2 税收体系调整对福利总平均水平影响的实证分析

如表 4.3 所示,本章主要研究了税收体系调整对于我国人均消费水平的实证影响,并考察不同劳动力流动阶段估计系数的变化情况。在三个地区的模型中,税收体系调整对福利总平均水平影响的估计系数都是显著的,尤其在全国及沿海地区,还存在显著的门限效应。在沿海地区的模型中,在劳动力流动相对较低的情况下,税收体系调整对福利总平均水平影响的估计系数为 0.326;相应地,在劳动力流动相对较高的情况下该系数为 0.784,其经济学含义是税收体系调整每变动 1 个百分点对福利总平均水平变量变化率(即税收体系调整和福利总平均水平相关关系曲线的斜率)的影响情况。这表明,一方面税收体系调整对于福利总平均水平的提高有促进作用;另一方面税收体系调整对福利总平均水平的影响是非线性的,随着劳动力流动程度的提高,税收体系调整对于福利总平均水平的影响系数越大。这与本章理论分析中命题 4.1 的相关结论是一致的。在内陆地区的模型中,税收体系调整对福利总平均水平的影响也是显著为正的,但估计系数值低于沿海地区模型,且不存在劳动力流动的门限效应。尽管从理论上看,随着劳动力流动程度的变化,税收体系调整对福利总平均水平的影响是相应变化的,但是在实证估计中这一变化需要累积到一定程度才能表现出比较明显的门限效应。

表 4.3 税收体系调整对福利总平均水平影响的估计结果

自变量	因变量	人均消费水平对数值(不变价)($lncper_{it}$)		
		全国地区	沿海地区	内陆地区
税收体系调整 ($taxf_{it}$)	区制 1 ($latr_{it}<\lambda_1$)	0.180* (1.882)	0.326** (2.027)	0.248** (2.054)
	区制 2 ($latr_{it}\geq\lambda_1$)	0.486*** (4.509)	0.784*** (4.001)	
经济发展水平($lngdp_{it}$)		0.485*** (14.820)	0.591*** (11.115)	0.492*** (11.551)
宏观税负($rtax_{it}$)		-0.608*** (-3.884)	-1.373*** (-8.247)	0.011 (0.028)

续表

自变量 \ 因变量	人均消费水平对数值（不变价）（$lncper_{it}$）		
	全国地区	沿海地区	内陆地区
劳动人口占比（$rlab_{it}$）	0.232* (1.793)	-0.950*** (-5.593)	0.763*** (4.010)
经济结构（$stre_{it}$）	-0.251 (-1.163)	1.240*** (3.254)	-0.045 (-0.167)
投资率（$rinv_{it}$）	-0.119** (-2.502)	-0.373*** (-4.519)	-0.028 (-0.469)
时间趋势项（$trend_t$）	有	有	有
样本数量	420	154	266

注：***、**、*分别表示在1%、5%和10%显著性水平下显著。

正如理论分析中所指出的，由增值税转为消费税的税收体系调整，会降低税收的扭曲效应，进而会提高生产效率。因此，税收体系调整本身就会对福利总平均水平的提高有促进作用，而劳动力流动程度之所以会产生门限效应，是因为劳动力流动程度的提高会放大税收的扭曲效应，而税收体系调整对纠正税收扭曲的作用就很大。就两类地区而言，我国劳动力主要由内陆地区流向沿海地区，随着劳动力要素供给的增加，将会进一步提高沿海地区的经济效率，这与钟笑寒（2006）的结论是一致的，高经济效率使得沿海地区的税收扭曲影响效果会更明显，实证结果表现为沿海地区模型中劳动力流动程度具有显著的门限效应。劳动力人口的净流出，会降低内陆地区的经济规模，经济规模的下降将会减弱内陆地区的税收扭曲效应，从实证结果来看，内陆地区的模型中劳动力流动不存在显著的门限效应。

在理论方面，本章对于流入某地区的人口与该地区的原有人口在财富分配上并没有加以区分，即视为流入地的人口。在实证方面，本章相应地采用某地区的常住人口构造人均消费水平指标。然而实际上，我国户籍制度的存在，使得一些外出工作的劳动力流动人口并未能完全享受到当地的经济发展成果。因此，我们使用各地区的最终消费水平除以户籍人口数重新构造人均消费变量时，各地区模型的实证结论基本没有变化，但沿海地区的估计系数的显著性提高了，而内陆地区模型的估计系数的显著性则下降了。

4.3.3.3 税收体系调整对福利均等化水平影响的实证分析

如表4.4所示，本章主要研究了税收体系调整对于我国人均消费差异程度的实证影响。在三个地区的模型中，税收体系调整对福利均等化水平影响的估计系数都是显著的，其为"效率损失"机制下税收体系调整与福利均等化水平相关关系曲线的斜率（小于零）与"税负归属"机制下税收体系调整与福利均等化水平相关关系曲线的斜率（大于零）之和。如果估计系数显著为负，则"效率损失"机制占主导地位，反之，"税负归属"机制占主导地位。从全国来看，该模型中劳动力流动程度的门限效应并不显著，税收体系调整对福利均等化产生了显著的负影响。反过来看，增值税通过"效率损失"促进"地区相对公平"的影响机制一直处于主导地位，因此，由增值税转为消费税的税收体系调整将会降低福利均等化水平。

在沿海地区的模型中，劳动力流动程度存在显著的门限效应。在劳动力流动程度相对较低的情况下，税收体系调整对福利均等化影响的估计系数为-0.428，这表明增值税的"效率损失"相比"税负归属"影响占主导地位，增值税比重的提高将更多地减少两类地区的效率差异，"促进"福利均等化水平的提高。反之，随着增值税比重的下降，税收体系调整将会降低福利均等化的水平；在劳动力流动程度相对较高的情况下，两地区之间生产效率的差异通过劳动力转移不断减小，增值税的"效率损失"相比"税负归属"影响也逐渐进入从属地位。在"税负归属"机制下，消费税相对于增值税而言对于福利均等化的改善效果更为明显，税收体系调整将会提高福利均等化的水平，这一影响的估计系数为0.372，这与理论分析中命题4.2的相关结论是一致的。值得注意的是，同样按照生产地原则进行转移支付的消费税并没有完全消除"税负归属"的现象，只是相比增值税而言，"税负归属"的问题有所缓解。正如图4.6所显示的，即使在完全消费税的情况下，征税活动的"税负归属"机制也将对福利均等化产生负向影响。因此，在税收体系调整的过程中要想实现福利均等化水平的提高，除了提高劳动力流动程度以外，逐渐实施消费地原则的税收返还机制也将是一项重要手段。

4 劳动力流动下的税收体系调整

表 4.4 税收体系调整对福利均等化水平影响的估计结果

自变量 \ 因变量		人均消费差异程度（$\ln cdif_{it}$）		
		全国地区	沿海地区	内陆地区
税收体系调整（$taxf_{it}$）	区制 1（$latr_{it}<\lambda_1$）	-0.415*** (-4.340)	-0.428* (-1.795)	-0.398*** (-3.695)
	区制 2（$latr_{it}\geq\lambda_1$）		0.372* (1.787)	
经济发展水平（$\ln gdp_{it}$）		0.213*** (7.529)	-0.211*** (-3.482)	0.397*** (7.366)
宏观税负（$rtax_{it}$）		0.542*** (3.592)	0.920*** (4.724)	0.292 (0.350)
劳动人口占比（$rlab_{it}$）		-0.357*** (-2.930)	0.278 (1.286)	-0.526** (-2.149)
经济结构（$stre_{it}$）		0.013 (0.055)	-2.791*** (-6.639)	0.576* (1.810)
消费率（$rcsm_{it}$）		0.265*** (2.900)	-0.451** (-2.303)	0.849*** (5.713)
时间趋势项（$trend_t$）		有	有	有
样本数量		420	154	266

注：***、**、*分别表示在1%、5%和10%显著性水平下显著；括号内为 t 值。

类似地，本章同样采用户籍人口构造的人均消费指标，并进一步构造人均消费差异程度指标。各地区模型的实证结论基本没有变化，同样沿海地区的估计系数的显著性也提高了。值得一提的是，内陆地区模型的劳动力流动程度存在显著的门限效应，但所有估计系数都显著为负，且在劳动力流动程度较高的区制中估计系数的数值更大了。在现实经济中，由于医疗、社保、教育等公共消费性服务不能随着流动人口的迁移而变动，税收体系调整对福利均等化产生了更大的负向影响，改革成果不能普惠大众，反过来又将会成为税制结构进一步改革的障碍。如果税制结构改革能够顺利推进，将会进一步提高总经济效率，丰富社会物质产品，那么各地区将会进一步扩大公共服务的覆盖群体，进而有利于全面放松户籍限制，进一步提高劳动力流动程度。随着劳动力流动程度的提高，税收体系调整将会实现福利增进的双重红利,有利于税制结构改革的进一步推进。显然,劳动力流动的户籍改革与税收体系调整的税制改革互为条件,可以相互促进。

4.4 本章小结

随着我国"营改增"税收体系的逐步调整,增值税"一税独大"的格局将导致税制格局的严重失衡,造成企业税负过重、企业生产过度依赖政府的税收优惠政策,不利于维护市场的统一。同时,随着我国劳动力流动程度的不断提高以及实现公共服务均等化已经逐渐成为区域均衡发展的主要指标,我国当前税收调节地区经济差异的功能在逐渐下降,而税收来源和税负归属不一致的问题却更加突出,尤其是沿海地区的税收负担随着商品区域流通不断地转嫁到内陆地区,进一步加剧了区域发展的不均衡程度。

有关税收体系调整的理论文献大多数都是比较消费税和收入税的税收扭曲效应或是收入分配调节功能等方面的差异,很少有文献关注到消费税和增值税之间的差异。这是因为,一方面,增值税在西方发达国家并不是普遍征收的,如美国、日本就没有开征增值税,缺少研究的现实价值;另一方面,一般商品消费税和增值税具有相似性,两者都属于流转税,在不同的生产环节征税,尽管消费税是价内税而增值税是价外税,但由于间接税的易转嫁性,最终都是由消费者来承担。尤其在我国,消费税主要作为一种功能调节的税收,如针对奢侈品、污染品等消费品课税,进而调节产品结构,引导消费方向。消费税税收规模较小,很少有研究者关注到消费税和增值税在税收扭曲效应方面的差异。实际上,消费税在生产环节最后的商品流通阶段针对消费品类型进行课税,而增值税在生产环节的所有阶段的增值环节对所有商品类型进行课税。这两种税种在课税对象方面的差异,构成了两者在税收扭曲效应方面的差异,即本章理论研究的重点内容。

区域发展差异产生是由两方面因素导致的:一是区域资源禀赋、初始技术等生产要素方面的差异,这是构成区域发展差异的前提条件;二是区域之间人口的不完全流动。区域间人口完全流动,将最终导致人口由低生产率地区向高生产率地区流动,直到以人均消费作为主要衡量指标的效用

4 劳动力流动下的税收体系调整

水平趋于一致。换句话说，人口流通程度的不断提高将有利于提高区域均衡的发展水平。然而，人口流动除了户籍制度限制外，还存在着一些生活习惯、文化差异等客观因素，人口的不完全流动是客观存在的。随着我国户籍制度的不断放松，人口流通程度不断提高，促进区域发展均衡的边际红利则越来越低。为了进一步提高区域发展的均衡水平，政府的财税转移支付手段就显得尤为必要。本章在理论分析中加入了不完全劳动力流动因素，构建了包括两个具有区域禀赋差异的生产函数、由增值税向消费税转变的税收体系调整与劳动力人口跨区域流动的一般均衡模型，刻画了福利总平均水平和福利均等化两个衡量社会福利增进的指标，研究劳动力流动背景下税收体系调整对福利增进的影响机制，并通过中国的宏观运行数据进行实证检验。

本章的理论研究指出，在宏观税负保持不变的前提下，总体税收的外部性是不变的，由增值税转为一般消费品的消费税将产生税收效率的红利。这是因为，相比消费税而言，企业生产产品的总成本上升，导致产品供给曲线向右移动，抑制了企业生产规模扩大，减少了企业的投资活动，使得投资消费比下降，在没有外部生产技术提高的情况下，消费占产出的份额提高，导致了产出规模和消费水平的下降。反之，消费税相比增值税而言，税收的扭曲效应更低。随着我国"供给侧改革"战略发展理念的不断深入，由增值税向消费税转变的税收体系调整，将会激发企业生产积极性，减少生产型企业对税负的过度依赖，提高经济活力，扩大有效供给。进一步研究发现，随着劳动力流动程度的提高，增值税的税收扭曲效应的主导地位逐渐被税负归属效应所替代，通过征收增值税缩小区域发展差距的作用越来越小，而税收来源与税负归属不一致所导致的区域发展差异更大了，因此，从增值税转为消费税的税收体系调整不仅降低了税收的扭曲效应，相应地提高了经济效率，同时也减少了税负归属导致的区域发展差异程度，实现了福利增进的双重红利。

本章的实证研究表明，劳动力流动变量具有显著的门限效应。随着劳动力流动程度的提高，沿海地区模型中税收体系调整对于效率水平的影响越来越大，对于公平程度的影响也由负转正。税收体系调整对沿海地区社会福利的两个维度指标呈现出非线性的影响，佐证了理论分析的相关结论。进一步地，本章将构建福利总平均水平和福利均衡化水平变量指标中的人口数据由常住人口换成户籍人口继续进行实证研究，结果发现，我国户籍制度对外地人口享受当地教育、医疗、社保等公共服务的限制，影响了税收体系调整对福利增进双重红利作用的发挥，抑制了经济效率的提升，反过来也削弱了进一步推进户籍改革的经济实力。显然，户籍改革与现代税收体系改革相互影响，互为基础，可以相互促进。

经济增长路径上的绿色税制优化

5 经济增长路径上的绿色税制优化

能源资源过度消耗和工业生产严重污染基础上的粗放式经济增长方式，使得中国经济经历了 30 余年粗放式的快速增长，同时也支付了昂贵的资源与环境代价，造成了诸多的社会环境问题。随着我国雾霾天气、"癌症村"、水体污染事件等环境污染问题日益严重，主要污染物排放量已严重超过了环境承载能力。人们逐渐发现，尽管经济增长率仍然处于较高水平，但是居民对身体健康、食品安全等问题的担忧反而更加强烈。据测算，2003—2010 年，中国各地区环境污染成本约占人均实际 GDP 的 8%～10%（杨继生等，2013），1990—2013 年，我国居民人均医疗费用实际支出增长了 15.85 倍，相比之下，人均实际收入仅增长了 6.49 倍，与环境污染高度相关的医疗费用已经演化为严重的社会负担[①]。环境污染对于经济增长和社会福利的负面影响开始凸显，这引起了国内学者们的广泛关注。

在西方发达国家环境治理的实证研究中，存在着经济发展与环境污染之间的库兹涅茨曲线（Kuznets Curve）关系，这是西方国家在环境治理过程中表现出来的一般现状。有关环境库兹涅茨曲线的理论探讨有很多，包括规模效应、技术效应（全要素生产率提高，减少污染排放要素的使用，相对减排；公众偏好引起的清洁技术的提高，绝对减排）、结构效应（第二产业转为低耗能的第三产业）、市场机制（资源稀缺性，价格调节机制）等。上述理论都是建立在收入增长的外生性上的，但是阿罗等（1995）认为低收入阶段环境恶化严重，经济则难以发展到高水平阶段，也达不到使环境改善的转折点。

实际上，有关环境库兹涅茨曲线的研究中，经济增长外生性的核心假设受到广泛质疑。例如，当累积的环境污染存量对经济增长的负外部性影响足够大时，经济增长速度很低甚至会停滞，环境污染下降的拐点自然也不可能出现。此外，假定环境污染的拐点可以出现，对于有关政府环境规制政策，特别是环保税政策在倒 U 形环境库兹涅茨曲线形成中的作用，现有文献在理论和实证研究中并没有给出明确答案。有些学者开始通过对发达国家环境污染与经济增长的理论和实践研究寻找出路，研究发现，环境污染与经济增长之间存在着环境库兹涅茨曲线的倒 U 形关系，即随着经济增长，环境污染问题将会逐渐改善。尽管这一关系的理论机制研究还不充分，存在很大争议，但很多学者已经开始通过实证数据寻找我国环境污染

---

① 数据来源：基于《中国卫生和计划生育统计年鉴》《中国统计年鉴》计算得到。

的拐点。目前环境库兹涅茨现象的理论机制"收入增长外生性"的核心假设还备受质疑,即使我们通过实证验证了两者之间存在倒 U 形关系。我们难道要消极地等待着拐点的到来吗?发达国家经济发展过程中普遍存在的库兹涅茨曲线是否就是最优的环境治理路径呢?如果是,我们从理论上给出了库兹涅茨曲线现象的一种解释;如果不是,我们可以认为这意味着环境治理错过了最佳时机。无论哪种情况,对于我国何时开征环保税都具有指导意义。基于此,在给出最优的非线性动态环保税的基础上,我们进一步检验经济与环境之间的内在关系。

在实践方面,为应对环境污染问题并减弱环境污染的不利影响,各国政府都采取了多种类型的环境规制政策,其中,征收环保税在理论和实践方面都被证明是一种行之有效的方法。通过实施环保税政策,政府能够将环境污染的社会成本转移到企业的生产成本中:一方面,施加外部约束,使得污染型企业减少污染排放、降低污染水平;另一方面,进行内在激励,推动清洁生产技术的研发与应用,最终实现对环境资源的有效配置。政府在实施环保排污收费政策及颁布相关环境保护法律等方面已经开始着手应对。但是,在以经济增长为主要政绩的考核体制下,政府在执行相关标准和法律法规时存在着"投鼠忌器"的顾虑。由于现行的环境治理政策缺乏系统性、针对性和有效性,有些学者们基于新古典经济理论模型,通过中国经济特征的参数校准,求解出最优的环保税,即开始呼吁政府开征环保税。在经济增长面临下行风险的今天,政府对于开征这个所谓的"最优"环保税是慎之又慎的。然而,基于发达国家经验以及理论模型计算的"最优"环保税,为什么对于仍然处于经济增长鞍点路径上的中国而言会存在着理论与实践的脱节现象呢?适当环保税是否与经济增长阶段存在着某种联系呢,中国政府渐进稳健的政策实施、经济管理实践,是否体现了优化理论的最优行为呢?也许我们应该从中得到一些启示。

对于政府而言,如果发展经济的目的是持续改善居民的生活水平,那么在经济增长导致环境恶化,引起社会成本大幅增加,甚至超过了居民福利的改善,进而降低社会福利水平的情况下,政府就应该及时推出环保税。如何保证政府开征环保税政策的适度性,既不能"矫枉过正"造成经济大幅下滑,甚至导致社会福利损失,又不能"隔靴挠痒",任由环境污染与经济增长之间矛盾日益激化,导致经济停滞不前甚至衰退。当前,有关环境污染与经济增长的理论和实证的文献研究中并没有回答这一问题。

因此，本章通过将污染累积与经济增长内生于理论模型中，分析鞍点路径上环保税作用下的污染累积状况、社会福利变动与经济增长特征，对比在不同时点开征环保税的增长效应与福利效应。这样不仅能够准确揭示环境污染与经济增长的内在关联，而且可以为环保税政策的合理制定提供切实可行的建议，这是以往理论文献所未涉及的（Bovenberg & Goulder，1996；Bovenberg & Mooij，1994；Hetual，2012；贺菊煌等，2002；姚昕和刘希颖，2010；刘凤良和吕志华，2009）。随着经济规模的不断扩大，环保税的边际收益和成本相对比值在逐年下降。在动态环保税政策下，环保税纠正了代表性家庭能源资本过度累积的问题，逐渐改变了过度依赖能源且不可持续的经济增长方式，提高了鞍点路径上各个时期的消费水平，表现出了环保税的外部性，拟解决当前研究文献针对最优环保税研究存在的两个主要问题。

一是经济增长外生性假设依然没有解决。阿罗等（1995）指出经济增长外生性假设是多数环境与经济增长的理论文献受到质疑的关键。布鲁恩和海因茨（Bruyn & Heintz，2002）梳理了有关环境污染与经济增长关系的研究文献，认为经济增长可以增加消费者绿色偏好进而引导绿色生产，促进新节能技术研发，促进经济结构转型等，从而可以降低环境污染，实现环境污染与经济增长之间的库兹涅茨曲线关系。其中，经济增长的外生性是多数文献理论解释的核心假设。如果环境污染使得经济发展受阻，甚至出现经济下滑的情况，那么基于消费者清洁偏好、节能新技术研发、经济结构变迁等理论分析的角度将不复存在。木岛等（Kijima et al，2010）在梳理近二十年来环境污染与经济增长关系的文献中发现，有关经济增长外生性的假设依然是理论研究存在的主要问题。

二是一般均衡求解主要集中于稳态经济阶段。新古典模型均衡求解的鞍点路径上包括经济增长阶段和经济平稳阶段。由于新古典模型鞍点路径的均衡求解十分复杂，大部分文献都是针对稳态均衡求解的，然后进行比较静态分析，或是在稳态附近利用泰勒展开进行外生冲击的研究（Oueslati，2014），很少有文献基于鞍点路径上的经济增长阶段开展相关的研究。李稻葵等（2012）认为我国经济发展水平与最终稳态还相差很远，在稳态经济阶段及其附近研究中国现实经济问题，会存在重大偏差。

总之，本章通过构建包括能源部门、产品部门和动态环保税的理论模型，采用 Shooting 方法模拟计算鞍点路径上的均衡解，将环境污染的动态累积行为、经济增长内生于理论模型中,这符合中国经济仍然处于鞍点路径上的现实,这也是为什么"西为中用"经常出现"水土不服"现象的根源。在新古典模型的理论框架下,本章将研究环境污染动态累积与长期经济增长之间的内生性影响机制。能源资本在使用过程中产生的污染物被排放到生态环境中,这些污染物逐年累积形成环境污染,对生产效率产生负影响。由于环境的公共品属性,代表性家庭无法通过优化决策解决环境污染的负外部性问题,因此环保税是解决环境污染外部性的必然选择。同时,环保税是我国现在税制结构中所缺乏的税种,又是现代税收制度参与国家治理的主要途径。我国当前经济与环境发展不协调的问题亟待解决,本章研究最优的非线性环保税、污染的动态累积形式等问题,可以明确绿色税制的作用机理和影响途径,可以更为合理、适度地设计符合我国当前和未来形势的经济环境政策,把握和保持环保税的适度性,既符合中国经济可持续增长的本质要求,又能满足人们对环境质量改善的需求。

5.1 环境污染路径与经济增长的理论框架构建

本章在拉姆齐经典模型的基础上,增加了能源生产部门,并将环境污染纳入生产函数中,构建了包括能源的生产、污染物排放,以及环保税在内的理论模型。与以往大部分研究不同的是,本章并没有局限于对理论模型进行稳态均衡求解,而是采用Shooting方法模拟拉姆齐模型鞍点路径上的均衡解。如此,本章在新古典模型的理论框架中将环境污染生产及累积过程、经济增长内生于理论模型中,进一步研究环境污染动态累积与经济增长之间的内生性影响机制,这对于理解和分析两者之间的关系提供了理论基础。

5.1.1 模型设定

5.1.1.1 企业部门、污染排放与环保税政策

近十几年来,能源的大量消耗有效推动我国经济迅猛发展,构成了我国粗放式经济发展的主要特征。由于我国能源利用效率低、排污设备落后,因此经济高速增长带有明显高耗能和高排放的特征。据测算,只占全国GDP水平40%左右的工业部门消耗了全国67%的能源,排放的主要污染物占全国的80%以上(陈诗一,2009)。2013年我国工业能耗占总能耗

的比重首次超过70%，成为我国环境污染的主要来源。总体来看，开发或生产的能源产品主要作为中间投入品被工业部门消耗，同时产生大量的污染排放物，对我国的生态环境造成严重危害，这是环境污染的主要来源。因为污染排放具有负外部性，所以必须由政府实施各种环境规制政策才能有效解决。在这一背景下，本章构建了包括最终产品部门和作为中间投入品能源部门的理论模型，将上述我国经济与环境发展现状的主要特征加以刻画，在保持经济增长和环境质量改善的双重目标下，研究环境规制政策的适度性。

本章假设经济体中存在能源和产品两类部门①。这两类部门的生产活动中都需要资本投入要素，其中能源部门为产品部门提供能源投入要素，产品部门在生产过程中消耗能源并产生污染。本章将能源作为中间投入品进行刻画。实际上，能源部门除了作为中间投入品之外，还可以直接作为最终产品被居民所消费，同样也会产生一定量的污染排放物。但由于能源作为中间投入品之外的其他所有用途的比重不足30%，且在实践中不具有实施政策规制的可操作性，因此，不失一般性，本章在理论模型中没有将能源的全部用途加以刻画。

产品部门的生产函数表示为：

$$Y_t = [1-d(X_t)] A_t K_{y,t}^{\alpha} E_t^{1-\alpha} \qquad (5.1)$$

式中，α 表示产品部门资本的生产弹性系数，A_t 表示第 t 期产品部门的全要素生产率水平，Y_t 表示第 t 期产品部门的总产出水平，$K_{y,t}$ 表示第 t 期产品部门的资本投入要素，E_t 表示第 t 期产品部门的能源投入要素，X_t 表示第 t 期的环境污染水平，$d(X_t)$ 表示第 t 期环境污染对产品部门第 t 期生产效率的负外部性影响水平。

从微观视角来看，环境污染导致生产效率损失的形式有很多，比较直观的形式有：环境污染将会对人们的身体健康造成危害，进而导致人力资本的生产效率下降；或是自然环境为人类生产活动提供了场所和条件（刘凤良和吕志华，2009），环境污染导致生产的自然载体（土地、空气、水等）功能变差，进而对整个生产活动造成不利影响。比较间接的形式有：环境污染引起的相关医疗费用支出增加、预防污染的资源投入（包括空气

---

① 需要说明的是，本章中的能源部门主要指的是以煤炭、石油、天然气等为主的一次性化石能源开采的工业部门。

清洁器、防雾霾口罩等）增加，使得满足人们"正效用"的生产资源部分流向一些与污染治疗、防护等相关的行业。环境污染导致生产效率下降，造成产出下降，可用于消费和投资的资源减少，也必将导致社会福利下降。不失一般性，我们以环境污染对生产效率的负影响刻画环境污染所产生的成本（Heutel，2012；刘凤良和吕志华，2009）。

产品部门在生产过程中使用能源要素（主要包括化石能源），并产生了污染排放。污染排放的方程形式为：

$$EM_t = g(E_t) \tag{5.2}$$

本章假设当经济活动排放量低于一定量时将不会构成环境污染，生态环境可以即期完全分解该排放量，环境即期分解极限排放量设为 EM_0。产品部门将污染物排放到生态环境中。在经济发展的初始阶段，产品部门每期所需的能源要素规模不大，产生的污染物水平低于 EM_0，则不会对环境产生污染。随着经济在鞍点路径上不断增长，产品部门所需的能源要素也越来越多，相应的生产过程中排放的污染物水平逐渐增加并高于 EM_0，此时，生态环境本身已经无法完全分解这些排放物，对于超出 EM_0 水平的污染排放物只能部分降解，进而形成了环境污染的动态累积方程：

$$\begin{cases} X_{t+1} = \eta X_t & EM_t \leq EM_0 \\ X_{t+1} = \eta X_t + (EM_t - EM_0) & EM_t > EM_0 \end{cases} \tag{5.3}$$

式中，γ 表示能源部门资本的生产弹性系数，η 表示生态环境跨期的自降解系数，$0 < \eta < 1$，该值越大，表示环境自降解污染存量的能力越弱。

假设在不存在污染增量的情况下，η 是构成存量污染在生态环境中半衰期的参数①。本章认为环境污染是经济发展到一定水平才出现的，因此，假设在经济发展的初始水平上，不存在环境污染，即 $X_1 = 0$。

能源部门的生产函数表示为：

$$E_t = B_t K_{e,t}^{\gamma} \tag{5.4}$$

式中，B_t 表示第 t 期能源部门的全要素生产率水平，$K_{e,t}$ 表示第 t 期能源部门的资本投入要素。

两类部门的企业在生产活动中追求利润最大化，利润最大化函数分别

---

① 存量污染在生态环境中的半衰期为：$\ln(0.5)/\ln(\eta)$。

表示为：

$$\begin{cases} \Pi_{1,t} = Y_t - r_t K_{y,t} - P_t^e E_t & EM_t \leq EM_0 \\ \Pi_{1,t} = Y_t - r_t K_{y,t} - P_t^e E_t - \Gamma_t (EM_t - EM_0) & EM_t > EM_0 \end{cases} \quad (5.5)$$

$$\Pi_{2,t} = P_t^e E_t - r_t K_{2,t} \quad (5.6)$$

其中，$\Pi_{1,t}$、$\Pi_{2,t}$ 分别表示第 t 期产品部门、能源部门产生的利润，r_t 表示第 t 期租赁资本的利息，P_t^e 表示第 t 期能源的价格水平，Γ_t 表示第 t 期政府实施的环保税税率。本章假设在污染排放量较低且环境不存在污染的情况下，政府并不会实施环保税；在污染排放量较大且出现环境污染的情况下，政府会实施税率为 Γ_t 的环境规制政策。

产品部门利润最大化的一阶条件为：

$$r_t = \alpha \frac{Y_t}{K_{y,t}} \quad (5.7)$$

$$\begin{cases} P_t^e = (1-\alpha) \dfrac{Y_t}{E_t} & EM_t \leq EM_0 \\ P_t^e + \Gamma_t g'_E(E_t) = (1-\alpha) \dfrac{Y_t}{E_t} & EM_t > EM_0 \end{cases} \quad (5.8)$$

能源部门利润最大化的一阶条件为：

$$r_t = \gamma \frac{P_t^e E_t}{K_{e,t}} \quad (5.9)$$

根据式（5.7）、式（5.8）和式（5.9），本章可以计算在鞍点路径上 $K_{y,t}$、$K_{e,t}$ 两种资本的最优分配比例。

5.1.1.2 家庭部门

本章假设在经济体中有一个永续存活的代表性家庭。在初始资本存量（K_1）低于稳态资本（$\tilde{K}$）的情况下，资本的边际报酬率大于稳态时的报酬率，代表性家庭将总收入中更高的比重用于投资（I_t），以追求终生效用的最大化。代表性消费者效用最大化可表示为：$\max \sum_{t=0}^{\infty} \beta^t \ln C_t$。

代表性家庭的资源约束方程为：

$$C_t + I_t = r_t K_t + \Pi_{1,t} + \Pi_{2,t} + T_t \quad (5.10)$$

式中，T_t 表示政府对代表性家庭的转移支付。

代表性家庭拥有资本，并不断地进行投资以追求资本回报率。资本的动态累积方程形式为：

$$K_{t+1} = (1-\delta)K_t + I_t \quad (5.11)$$

代表性家庭跨期消费选择最优行为的欧拉方程为：

$$C_{t+1} = C_t\beta[r_{t+1} + (1-\delta)] \quad (5.12)$$

5.1.1.3 市场出清条件及鞍点路径上求均衡解

本章中产品市场和资本市场出清，分别表示为：

$$C_t + I_t = Y_t \quad (5.13)$$

$$K_{y,t} + K_{e,t} = K_t \quad (5.14)$$

政府满足预算约束平衡，表示为：

$$T_t = \Gamma_t(EM_t - EM_0) \quad (5.15)$$

5.1.2 参数校准

本章在上述理论模型的基础上，对我国经济增长的特征进行参数校准，指出我国经济增长所处的鞍点路径阶段，明确鞍点路径上我国环境污染出现的时期，评估经济增长与环境之间的相互关系，并在此基础上，进行环保税政策的反事实评价以及环保税开征时点选择的政策效果分析。本章所涉及的我国宏观经济数据均来自《中国统计年鉴》《中国能源统计年鉴》。

张军和章元（2003）以 1952 年为基期，对我国的资本存量进行了估计。本章采用张军和章元（2003）的估计结果，将我国的资本年度折旧率选取为 $\delta = 0.096$，并基于他们的方法将我国资本存量数据更新到 2013 年。在上文中，我们将资本存量分为产品部门资本存量和能源部门资本存量，分别建立了产品部门和能源部门的生产函数。据此，基于能源工业固定资产投资额占全社会固定资产投资额（当年现价）的比重，本章将测算的资本存量序列拆分为产品部门的资本存量和能源部门的资本存量。为了能够估计我国生产函数中资本弹性系数，本章将对如下生产函数方程式进行估计：

$$\ln Y_t = \theta_0 + \theta_1 \ln K_{y,t} + \theta_2 \ln K_{e,t} \quad (5.16)$$

式中，$\theta_1 = \alpha$，$\theta_2 = (1-\alpha)\gamma$，$Y_t$ 是我国以 1952 年为基期的 GDP 序列，$K_{y,t}$ 是上述测算的产品部门的资本存量序列，$K_{e,t}$ 是能源部门的资本存量序列。

本章的实证估计结果是：$\hat{\theta}_1 = 0.51$，$\hat{\theta}_2 = 0.20$。由此，我们可以校准参数 $\alpha = 0.51$，$\gamma = 0.41$。

我国的环境污染主要是由"三废"排放造成的，郭天配（2010）基于我国的"三废"排放数据标准化后加权平均，计算了我国环境质量状况的总体变化情况。本章在此基础上，考虑到生态环境对污染的自降解能力，参考海图尔（Heutel，2012）基于环境生态领域相关环境自降解因子校准的研究，选取 $\eta = 0.75$，并重新测算了"三废"排放物对我国环境质量的影响状况。图 5.1 给出了本章与郭天配各自的测算结果。图中显示，我国环境污染从 2000 年以后进入加速严重阶段。随着我国经济规模的增长，对化石能源资源的需求不断增加，能源被消耗的过程中排放大量的污染物，生态环境已经无法完全即期分解，污染物累积到环境当中，造成了环境污染愈加严重。

下面，我们将经济发展过程中出现环境污染的这一特征变化刻画在本章的理论模型中。我们选取 1998 年的资本状况作为求解鞍点路径的资本初始值。由于在上文中我们已经计算和收集到以 1952 年为基期的资本存量和总产出状况，由此可以计算我国资本产出比的实际值。1998 年，我国实际的资本产出比是 2.04，基于此，我们校准理论模型中初始的资本存量，使得理论模型初始状况下资本产出比也在 2.04 左右。由此，我们计算得出理论模型中初始资本存量是 $K_1 = 2.4$，并且我们假设污染排放物在 2000 年后将无法完全分解，因此，污染排放量的阈值 $EM_0 = 0.35$，该值约为 1999 年理论模型中的实际排放量。有关单位能源消耗中产生的污染排放量系数、污染排放累积形成的环境污染对经济活动的负影响系数，本章将通过模型与现实经济的拟合效果进行调试校准，以刻画环境与经济的相互影响关系，杨继生等（2013）通过实证研究测算我国环境污染成本约占实际 GDP 的 8%~10%。我们以此作为环境污染对生产率影响大小的依据，通过设定污染排放方程为 $EM_t = 0.43E_t$，环境污染对生产率的负效应方程为 $d(X_t) = 0.021X_t^2$，环境污染对生产率的潜在负影响在 10% 左右。另外，本章外生给定产品和能源部门全要素生产率水平分别为 $A_t = 1$，$B_t = 0.93$；效用贴现率为 $\beta = 0.975$。

5.1.3 鞍点路径求解及检验

本章采用 Shooting 方法在鞍点路径上求均衡解。我们首先给定资本变

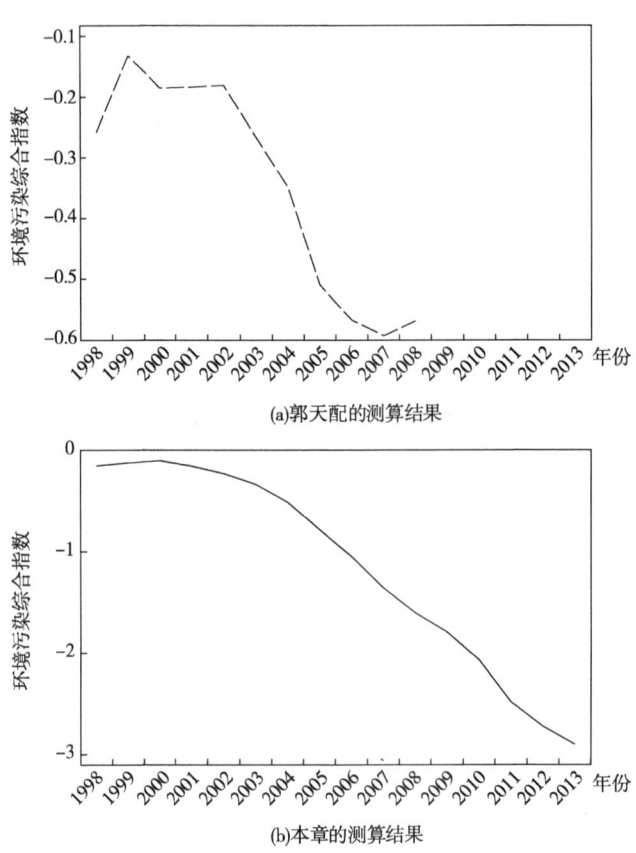

图 5.1 1998—2013 年我国环境污染状况总体变化趋势

量的初始值，然后通过 Shooting 方法进行模拟迭代计算出从资本初始状态到稳态过程中鞍点路径上的均衡解。具体过程如下。

第一步，首先给定一个足够大的时期 $T=1\,000$，并使得经济发展在 T 期前总是可以达到稳态，然后再给出初始资本水平 K_1、环境即期分解极限排放量 EM_0 以及政府实施的环保税税率序列 $\{\varGamma_t\}$，最后设定一个较大范围的资本区间 $[\underline{K},\overline{K}]$，使得 K_2 总会存在于这一区间内。

第二步，假设 $K_2=(\underline{K}+\overline{K})/2$。根据 K_1、式（5.7）、式（5.8）和式（5.9），可以计算出 $K_{y,1}$、$K_{e,1}$、Y_1、E_1、EM_1、r_1、P_1^e；根据 K_1、K_2 和式（5.11），可以计算出 I_1；根据式（5.13），可以计算出 C_1。

第三步，根据 K_2、式（5.7）、式（5.8）和式（5.9），可以计算出 $K_{y,2}$、$K_{e,2}$、Y_2、E_2、EM_2、X_2、r_2、P_2^e；根据欧拉方程式（5.12）、式（5.7）以及第一步求解的 C_1，可以计算出 C_2；根据求得的 C_2、Y_2，可以计算出 I_2；根据式（5.11），可以进一步计算出 K_3。

第四步，类似地，在已知 K_{t+1}、C_t（$t \geq 2$）的情况下，根据第三步，可以计算出 $\{Y_{t+1}, C_{t+1}, E_{t+1}, K_{y,t+1}, K_{e,t+1}, EM_{t+1}, X_{t+1}, r_{t+1}, P_{t+1}^e, K_{t+2}\}$。由此，求解从初始状态到 T 期的所有变量值 $\{K_t、C_t\}$。

第五步，在求解从初始时期到 T 时期所有变量序列 $\{K_t、C_t\}$，$t \geq 2$ 时，存在一个唯一的外生给定值为 K_2。如果我们给定的 K_2 值大于鞍点路径上第二期的真实值，则经济体将过多地累积资本，最终经济无法走到稳态而是走向发散状态，即 $C_t < 0$，$t \geq T'$；类似地，如果我们给定的 K_2 值小于鞍点路径上第二期的真实值，则经济体将会因为消费过度而资本积累不足，同样无法走到稳态而是走向发散状态，即 $K_t < 0$，$t \geq T''$。

第六步，如果 $C_t < 0$，我们取 $\underline{K} = K_2$，重新回到第二步；如果 $K_t < 0$，我们取 $\overline{K} = K_2$，重新回到第二步。

第七步，当 $|\overline{K} - \underline{K}| < 10^{-10}$ 时，停止迭代。至此，本章通过 Shooting 方法求解得出在鞍点路径上的所有变量 $\{K_t, C_t, Y_t, E_t, EM_t, X_t, K_{y,t}, K_{e,t}, r_t, P_t^e\}$。

基于上述的参数校准，本章的理论模型刻画了自 1998 年以来我国经济增长的鞍点路径。在这一过程中，资本动态累积、环境污染动态累积以及经济增长之间的相互作用关系得以模拟分析。图 5.2 中，我们给出了 1998—2013 年我国资本产出比的实际变化趋势。基于理论模型，本章给出了我国经济与环境污染相关作用下资本产出的理论序列值，即图 5.2 中无环保税情况下的拟合值。本章的理论模型求解的资本产出比与实际资本产出比的平均误差率不超出 5%，反映出 1998-2013 年经济增长主要由资本驱动。值得指出的是，我国资本产出比的实际值长期低于模型理论值的原因，可能是在现实经济中我国劳动力市场的二元结构，为我国当时阶段的经济增长提供了新动力，使得资本使用效率提高，资本产出比偏低。自 2008 年以后，我国资本产出比的实际值迅速上升，并在 2012 年超过了本章的理论值，这一阶段的变化一方面是由于我国劳动力市场的二元结构红利在逐渐消失，越来越严重的"民工荒"就是这一现象的直接反映；另一方面,由于中国政府应对2008年的金融危机实施的四万亿元以基础设施为主的投资计划,使得我国资本产出比逐渐上升,反映了这一时期资本的使用效率在下降,单位资本的产出水平相对于理论模型在加速下降。通过对模型理论值与实际值的比较分析,我们认为本章构建的理论模型及参数校准符合我国经济增长的现实特征。尤其是,随着我国劳动力市场二元经济结构的消失,政府实施大规模基础设施维稳经济的政策将会更加谨慎,因此我们认为理论模型对以后经济特征的拟合效果将会更好。

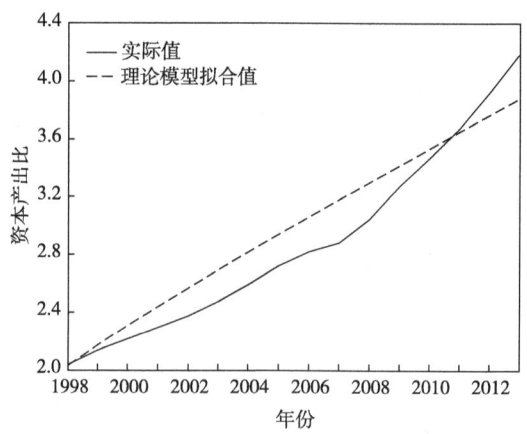

图 5.2 我国资本产出比的实际值与拟合值的走势比较

5.2 动态环保税的外部效应分析

能源是生产活动的重要投入要素,其在使用过程中会产生污染排放物,并被排放到环境中。污染排放物在环境中逐渐累积形成污染,对生产率产生了负影响。由于环境的公共品属性,企业自身又不会将污染排放纳入私人的生产成本中,因此导致了社会的福利损失,表现为企业污染行为的负外部性。政府通过实施环保税能够纠正企业的污染排放行为,减少能源的过度使用,降低环境污染程度,提高生产率,改善社会福利,即表现为环保税的外部性。

5.2.1 三种环保税的设定

以往大部分研究文献都将基于稳态时求解的环保税税率视为最优的环保税税率。然而，在现实经济中，环境污染是伴随着经济在增长路径上产生的，假设经济体的特征参数保持不变，政府在实施环保税时经济体往往处于鞍点增长路径上。因此，基于经济稳态（经济规模最大化）情况下求解的最优环保税税率并不一定适用于经济增长时期。换句话说，在经济发展的初始时期，环境污染也刚刚出现，如果此时政府实施基于稳态时求解的最优税率，可能会过度抑制资本的积累速度，使得经济增长更为缓慢，进而导致鞍点路径上的均衡消费长期处于较低水平。当然，如果不实施环保税，资本就会过度累积产生环境污染，同样也将导致经济增长缓慢，降低鞍点路径上的消费水平。

5.2.1.1 稳态税率的求解方法

本章采用 Shooting 方法计算鞍点路径，分别刻画出了鞍点路径上的经济增长阶段和经济平稳阶段，如图 5.3 所示。经济平稳阶段往往被称为"稳态经济"（steady state economy），该阶段内均衡的经济变量增长率为零。以往的大多数文献都只针对稳态经济阶段进行研究，而很少关注到鞍点路径上的经济增长阶段。在具体说明稳态环保税优化求解过程之前，为了便于理解本章设定环保税数值大小的经济学含义，我们首先对式（5.6）设定的环保税进行简单回顾，需要指出的是，Γ_t 为政府实施的环保税，是一种从量计征的税种，按照征税对象（污染排放物）的计量单位征收固定税额。显然，环保税数值大小表示的是企业单位环境污染排放量的成本。

本章中最优稳态环保税的计算方法有两种。第一种算法是传统方法，即将环保税视为一种外生参数，求解理论模型的稳态均衡解（一般无法给出解析解的情况下，采用模拟计算求解），进而可以得出稳态经济中所有变量的数值，也就可以计算稳态时的福利水平，然后通过不断变化环保税的参数值，相应地可以模拟得出福利水平的变化情况，如图 5.4 所示。福利变化曲线中的最高值对应的税率就是最优稳态环保税税率。有关一般均衡模型中稳态求解的方法较为常见，具体的稳态求解过程不再详述。第二种算法是建立在 Shooting 方法基础上的。同样将环保税视为一种外生参数，首先我们将基于 Shooting 方法计算的鞍点路径上均衡消费的变化序列分为两个时期，从初始时期到第 T_1 时期，是均衡消费的增长阶段；从第 T_1+1

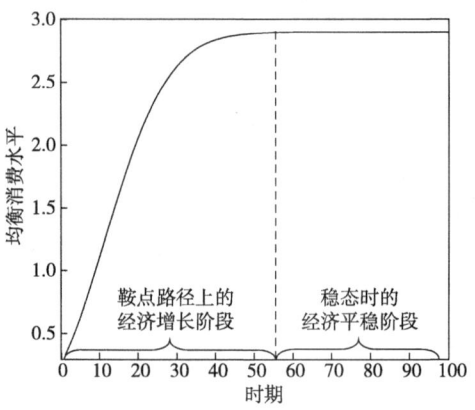

图 5.3 鞍点路径和稳态时期两个不同阶段均衡消费水平

时期到第 T_2 时期，在这一期间内各期的均衡消费水平保持不变（$C_t = C$），即稳态经济阶段。在保证 $\beta^{(T_2-T_1-1)} < 0.001$ 的条件下，我们同样可以构造鞍点路径上经济平稳阶段的福利水平，即为：

$$\sum_{t=T_1+1}^{T_2} \beta^{t-T_1-1} \ln C_t \approx \frac{\ln C}{1-\beta} \tag{5.17}$$

接下来，与第一种方法类似，基于福利水平最大化的目标，通过不断变化环保税参数值，得到最优的稳态环保税，采用两种方法求解最优稳态环保税，结果是一致的。

5.2.1.2 将稳态税率作为严格环保税税率的理由

如上文所述，中国经济仍然处在鞍点路径的经济增长阶段。从初始时期到第 T_1 时期内的均衡消费水平与我们现实的经济阶段相符合，我们应该关注该阶段的福利水平，并将此作为优化环保税的主要依据。我们设定从初始时期到第 T_1 时期内的福利水平目标为：$\sum_{t=0}^{T_1} \beta^t \ln C_t$。

类似于最优稳态环保税税率求解的第二种算法，通过不断变化环保税参数值，得到初始时期到 T_1 时期内福利水平的变化序列，如图 5.5 所示，最大福利水平值所对应的税率即为初始时期到 T_1 时期内的最优环保税税率，将该税率称为鞍点路径上经济增长阶段的最优环保税税率，对比图 5.4 和与图 5.5 可得，该税率明显低于稳态环保税税率。

实际上，我国经济发展水平与最终稳态还相差甚远（李稻葵等，

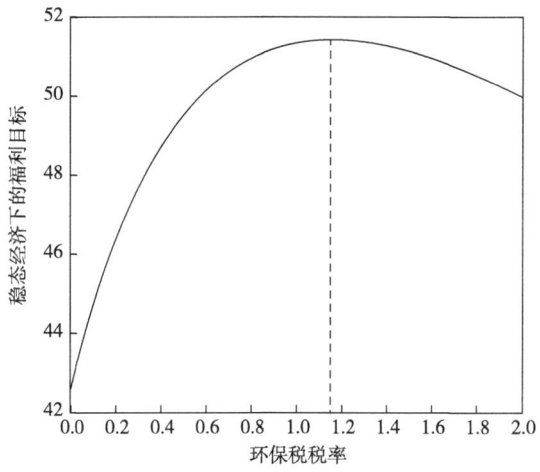

图 5.4 稳态经济下不同环保税对应福利目标值的变化情况

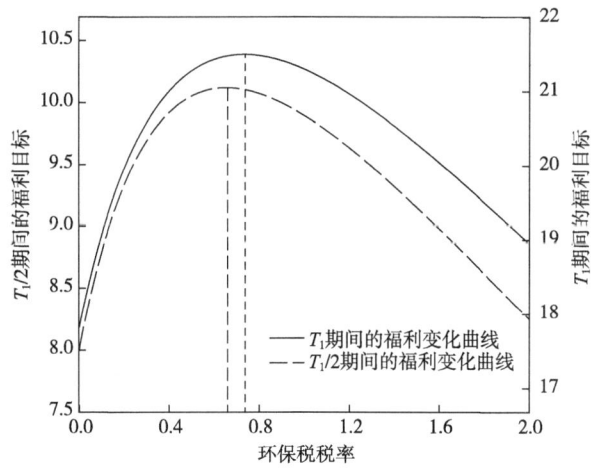

图 5.5 鞍点路径不同环保税对应不同期间福利目标值的变化情况

2012)。为了进一步对照分析,我们将所关注福利水平的时期进一步缩短,以使得该时期内的经济发展阶段与我们现实经济状况更为贴切。设定初始时期到第 $T_1/2$ 时期期间内的福利水平目标为:$\sum_{t=0}^{T_1/2}\beta^t \ln C_t$。

由此,求得初始时期到 $T_1/2$ 时期所对应的环保税税率,发现相对于

初始时期到 T_1 时期而言,最优环保税税率进一步降低,并始终低于稳态环保税。这表明,当我们关注鞍点路径上经济增长阶段的福利目标时,所实施的最优环保税税率一直低于经济稳态的最优税率。因此,在鞍点路径上的经济增长阶段,本章将稳态环保税税率视为严格环保税税率。

5.2.1.3 动态环保税税率为最优环保税的确定原则

在鞍点路径上的经济增长阶段,环境污染逐年累积,造成的生产效率损失越来越大,环境污染的负外部效应也就越来越大。从优化角度来看,在环境污染的负外部效应较低时,应该实施较小的环保税;否则,如果征收的环保税过高,税收的扭曲效应会更大。在这一阶段实施稳态环保税税率就属于征税过高的情况,在环境污染的负外部效应较高时,应该实施较高的环保税。总体来看,在鞍点路径上的经济增长阶段,能源消耗越来越多,污染排放逐年累积,负外部效应越来越大,实施的环保税也应该是逐渐增大的。如何优化这一阶段的动态环保税税率,将是本章需要解决的一个重要问题。

首先需要明确在鞍点路径上经济增长阶段的优化目标,如前所述,我们将该目标设定为初始时期到第 T_1 时期内的效用贴现之和,即为:
$\sum_{t=0}^{T_1} \beta^t \ln C_t$。

我们需要优化求解的变量包括从初始时期到第 T_1 时期各期的环保税税率。然而,遗憾的是,在缺少其他有效约束条件的前提下,在 T_1 的维度空间内,T_1 个环保税变量的解是不存在的。如上文分析,在这一阶段实施的环保税应该是逐期增大的,各期的税率应该存在着一种相关关系。我们将各期税率之间的相关关系采用一元二次函数形式进行拟合,即:

$$\Gamma_t = at^2 + bt + c \quad t = 0, 1, 2, \cdots, T_1 \qquad (5.18)$$

式中,Γ_t 表示第 t 期的环保税税率,a、b、c 分别是一元二次函数的相关参数。

本章初始时期选择的是环境污染即将出现的时期,在该时点上征收的环保税税率应该为零;第 T_1 时期是经济开始进入稳态阶段,在该时点上征收的环保税税率应该为稳态环保税税率。为了能够求解一元二次方程,我们还需要一个约束条件。由于从初始时期到第 T_1 时期环保税税率是单调递增的,因此该一元二次方程的对称轴取值应该在落在 $(-\infty, 0]$ 或 $[T_1, +\infty)$ 区间内。类似于上述模拟优化求解的方法,在鞍点路径的经济增长阶段福利水平最大化的目标下,通过不断变化对称轴的取值,实现鞍点路径上福利最大化的目标。在本章中,T_1 取值为 80,在鞍点路径上的福利最大化目标下通过优化模拟得出对称轴取值为 102。此时,我们可以解出 $a=-1.1694\times10^{-4}$,$b=0.0239$,$c=0$。

如图 5.6 所示,我们给出了鞍点路径上福利最大化目标下动态环保税的曲线图。如图 5.7 所示,我们给出了两种不同的环保税方案(稳态环保税、动态环保税)对鞍点路径上经济增长阶段均衡消费水平的影响差异。由此,本章得出在鞍点路径的经济增长阶段实施渐进递增的动态环保税,可以实现这一阶段福利最大化的目标。

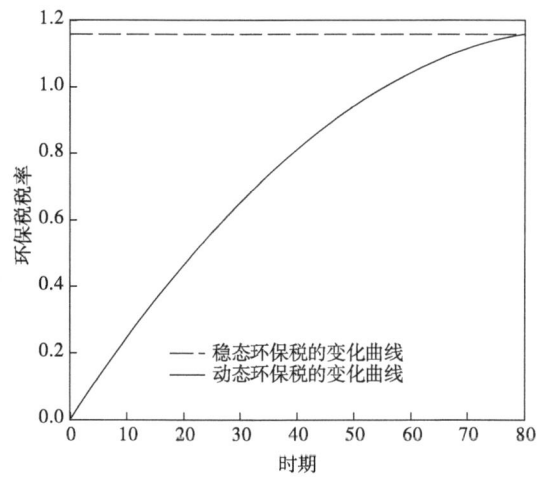

图 5.6 鞍点路径上的经济增长阶段两种环保税的设计方案

5.2.1.4 不同环保税政策情形下进入不同鞍点路径的机理分析

在初始资本水平给定的基础上,具有预见性的代表性家庭在产出中优化配置消费和投资,各期的均衡消费和资本累积水平都是唯一确定的,均衡消费与资本累积水平一一对应的运动轨迹是一条唯一路径,称为鞍点路径。本章采用 Shooting 方法可以计算得出鞍点路径上各均衡变量(消费、投资、产出等)的时间变动轨迹。如图 5.7 所示,在实施稳态环保税和动态环保税的情况下,我们分别给出了鞍点路径上均衡消费的时间变动趋势。

当外生的环保税变量发生持久性或暂时性的变化时,鞍点路径上的均

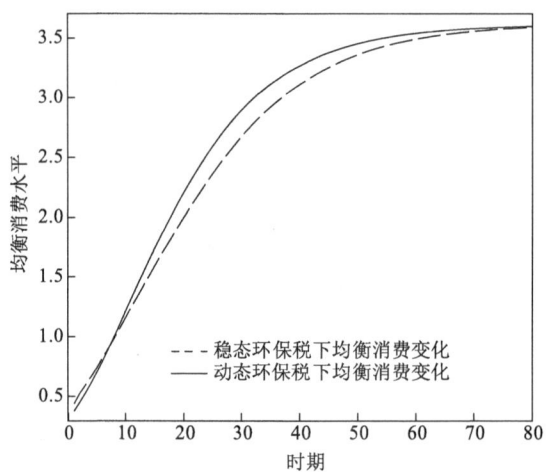

图 5.7 实施不同环保税对鞍点路径上均衡消费的影响情况

衡消费、投资等变量都将会发生变化。同时,如果环保税变化是可被提前预见的,那么在变化之前,代表性家庭就会改变其行为决策,也将会影响鞍点路径上的均衡消费和投资水平。由此,在本章构建的理论模型基础上,以均衡消费变量为例,我们采用 Shooting 方法检验实施环保税的四种情景对鞍点路径上均衡消费水平的影响差异。另外,我们将无环保税的情况视为基准情景,以便于对比分析。

情景一:从第 10 期开始实施环保税,为简便起见,假设税率固定不变(下同),即永久性变化,代表性家庭在实施环保税之前不可预见该信息。

由于代表性家庭在环保税开征的当期才了解相关信息,我们在初始时期采用 Shooting 方法计算鞍点路径上的各个均衡消费、投资变量时,仍然假设所有时期环保税税率为零,从第 1 到 10 期鞍点路径上均衡消费的时间趋势与无环境的基准情景相同。此后,我们将第 10 期计算得到的资本作为初始资本,修改原环保税为零的假设,将其设定为实际税率值,重新采用 Shooting 方法计算鞍点路径上的各个均衡消费、投资变量。

在图 5.8 中,我们给出了情景一鞍点路径上均衡消费的时间变动趋势。由于在第 10 期开征环保税,代表性家庭(企业)将会减少投资,降低能源使用需求,提高当前消费,均衡消费在该期即向上跳跃。同时,由于开征环保税减少了环境污染累积的水平，提高了生产效率，发挥了正外部性作用，以后各期的消费水平都要明显高于同期的基准情景。

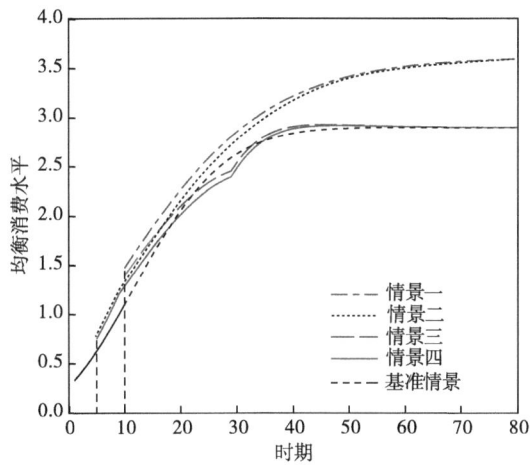

图 5.8　不同情景下环保税对鞍点路径上均衡消费水平的影响情况

情景二：我们从第 10 期开始实施环保税，但是代表性家庭在第 5 期就获知该信息。

在计算方法上，情景二与情景一类似，不同点在于再次选择初始资本时，我们将第 5 期计算得到的资本作为初始资本。此时，环保税变量连续 5 期的税率设定为零，以后各期的税率设定为实际税率值。

在图 5.8 中，我们给出了情景二的鞍点路径上均衡消费的时间变动趋势。与情景一不同，均衡消费在第 5 期就发生了一次向上跳跃，幅度相对较小，以后各期均衡消费的水平都高于同期的基准情景。同时，我们还发现从环保税开征的第 10 期，情景二的均衡消费水平始终不高于情景一。尽管情景一与情景二在开征环保税的时点选择和税率大小都是相同的，但由于代表性家庭的预见信息假设不同，也对鞍点路径产生了实质性的影响。

情景三：我们从第 10 期开始实施环保税，到第 30 期后取消环保税，即暂时性变化，代表性家庭在实施环保税之前不可预见该信息。

情景三的计算方法与情景一类似，不再赘述。在图 5.8 中，我们给出了情景三的鞍点路径上均衡消费的时间变动趋势。但值得注意的是，在开征环保税的第 10 期,由于代表性家庭此时可以预见环保税的所有信息,知道征收环保税只是暂时的,因此相对于情景一,代表性家庭投资下降的幅度较低,均衡消费向上跳跃的幅度相应地也会较低,也正因如此,环境污染水平没有得到有效限制,污染的负外部性造成均衡消费水平无法长期维持在较高水平,甚至一度低于基准情景。

情景四:我们从第 10 期开始实施环保税,到第 30 期后取消环保税,但是代表性家庭在第 5 期就获知该信息。

情景四的计算方法与情景二类似,不再赘述。如图 5.8 中情景四鞍点路径上均衡消费的变动趋势所示,在预见要开征环保税的第 5 期,代表性家庭就提高了均衡消费水平,由于是暂时性征税,上升的幅度低于情景二。从开征环保税的第 10 期,该情景下的均衡消费水平始终不高于情景三。由此,我们可以得出结论,政策预期信息的提前发布将会改变代表性家庭的消费决策,也将会影响政策的实施效果。

基于此,本章将政府的环境规制政策分为三类,分别设定为无环保税政策、适度环保税政策和严格环保税政策。其中,无环保税即环保税税率为 0,政府不对环境污染采取任何管制措施;严格环保税即为通过求解稳态均衡得到的环保税税率,在出现环境污染问题后政府实施该稳态税率;适度环保税介于两种极端环保税中间,并且税率随着环境污染的出现逐渐由无环保税税率增加到严格环保税税率,即为动态环保税。下面,我们将系统分析三种不同环保税在鞍点路径上对于资本积累和社会福利的差异化影响。

5.2.2 三种环保税政策下经济效应的差异分析

如图 5.9 所示,本章分别模拟了三种环保税政策下鞍点路径上均衡消费的动态变化趋势。首先,从稳态角度来看,我们不难发现三种环保税政策的经济增长经过 70 年后都可以达到稳态。实施环保税的两种政策在稳态下各均衡变量的水平值都是相同的,这与以往大部分研究稳态经济的文献是一致的,即无论在增长路径上采取何种环保税政策,只要最终环保税税率相同,在其他经济参数不变的情况下,最终的稳态经济水平就是相同的。另外,无环保税政策下稳态时均衡消费水平是最低的,这说明在不考虑环保税的情况下,环境污染所造成的负外部性影响很大,最终导致了社会福利损失。实施严格的环保税税率,可以提高稳态时的社会福利,表现

5 经济增长路径上的绿色税制优化

为严格环保税税率在稳态时的外部性。从经济增长的鞍点路径上来看,尽管适度环保税和严格环保税在稳态时均衡变量的水平值是相同的,但是两种政策下达到稳态的时间是不同的,鞍点路径上的经济增长速度是不同的。在实施严格环保税政策的情况下,甚至一度出现消费水平低于无环保税政策的消费水平;而适度环保税政策下均衡消费始终要高于无环保税政策,并且也长期高于严格环保税政策。在鞍点路径上福利水平的差异方面,我们发现适度环保税政策是最优的。接下来,我们将重点分析这一现象背后的机理。

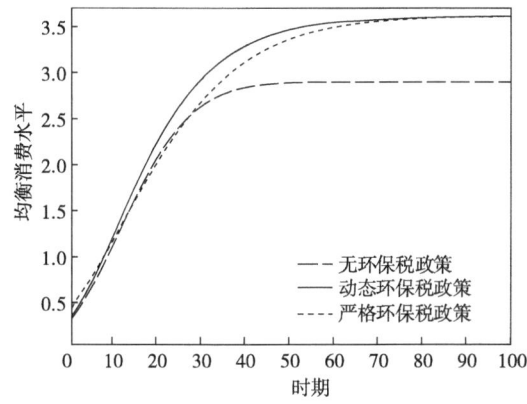

图 5.9　不同环保税下鞍点路径上的均衡消费水平

如图 5.10 所示,本章分别给出了三种环保税政策下鞍点路径上的能源使用情况。图 5.10 显示,不征收环保税的能源使用量一直是最高的,但是结合图 5.2 分析可得,在整条鞍点路径上企业过度的能源消耗并没有带来居民的高消费,显然这种高耗能是过度的。具体而言,高耗能产生的高污染降低了未来的产出水平,由于污染排放的公共属性,企业在优化决策中不会考虑到污染所带来的损失,以至于通过当期投资获取跨期更高消费的预期没有实现。并且,在没有征收环保税的情形下,企业高耗能的动机是无法纠正的。

如图 5.11 所示,本章分别模拟了三种环保税政策下鞍点路径上资本动态累积的变化趋势。在无环保税政策下,各个时期资本的累积水平是最高的,但是根据上述分析我们知道,较高的资本累积水平在任何时期都没有给代表性家庭提供较高的消费水平,显然这种较高的资本积累是过度

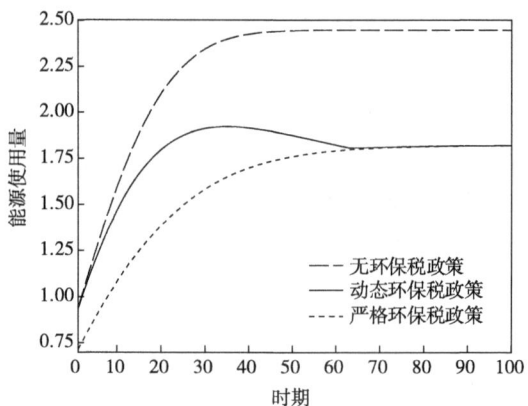

图 5.10　不同环保税下鞍点路径上的能源使用量情况

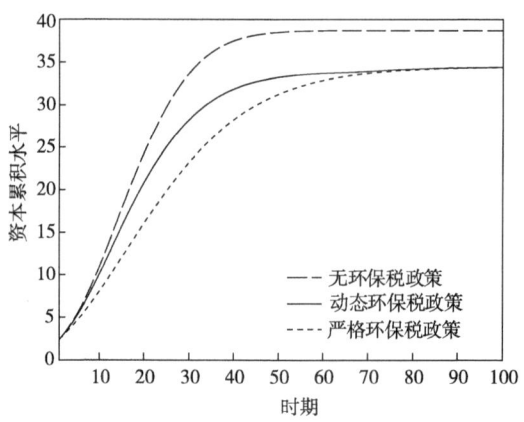

图 5.11　不同环保税下鞍点路径上资本动态累积的变化趋势

的。这主要是因为，能源资本在积累过程中产生了环境污染，从而降低了未来的产出水平。代表性家庭无法在优化决策中考虑到污染的成本，以至于通过当期投资获取跨期更高消费的预期没有实现。而且，在没有环保税的情况下，代表性家庭的这种过度累积动机是无法纠正的；在严格环保税政策下，环保税对于代表性家庭的过度累积行为存在"矫枉过正"的问题。严格环保税会降低代表性家庭进行投资储蓄的动机，将更多的产出用于消费。但是，这种在鞍点路径上的高消费并不可持续，很快，由于资本的累积不足造成产出增长乏力，使得以后各期的消费水平长期低于适度环保税政策。在动态环保税政策下，适度环保税税率纠正了鞍点路径上的能源资本过度积累问题，提高了鞍点路径上的消费水平，发挥了适度环保税在鞍点路径上的外部性作用。同时，在经济发展过程中，动态环保税使得经济逐渐减少对能源资本的依赖，逐步实现经济发展方式的转变。

5.3 动态环保税作用下的污染路径与经济增长

本章将基于环保税成本收益的视角，分析鞍点路径上环保税政策在污染累积与长期经济增长中的作用。木岛等（Kijima et al，2010）指出，虽然阿罗等在 1995 年就认为研究环境污染的累积路径与经济增长之间的内在关系，以及两者之间的政策反馈机制是分析环境与经济相互影响问题的关键，但是从不同理论角度研究污染动态路径与经济相互影响的文献并不多见，各种理论假说在提出的同时也受到了更多的质疑。本章将环境污染的产生以及污染累积路径与经济增长之间相互影响的关系，内生于理论模型之中。在动态环保税政策下，本章试图从环境规制政策角度分析环境污染路径与经济增长之间的关系。

5.3.1 三种环保税政策下的成本收益分析

本章计算了无环保税情形下鞍点路径上每一时期环境污染导致的产出损失（$\partial Y_t / \partial X_t$）与能源边际收益（$\partial Y_t / \partial E_t$）的比值。在图 5.12 中，基于总产出的视角，本章给出了无环保税情况下在鞍点路径上环境污染的边际产出损失与能源资本的边际生产报酬相对比值，以及两种环保税政策下环保税的边际产出收益和成本的相对比值，这三对比值序列相对于稳态水平都进行了标准化处理。

无环保税情况下，在 F_0—F_1 时期，能源资本的边际生产报酬高于环境污染的边际产出损失，能源资本的积累促进了经济增长；在 F_1 时期以后，环境污染的边际产出损失高于能源资本的边际生产报酬，能源资本的过度累积开始抑制经济增长。这主要是因为，随着经济规模的扩大，一方面，环境污染的累积对生产活动产生的负影响越来越大；另一方面，资本的边际报酬率在持续下降。

严格环保税情况下，环保税的边际产出收益始终低于边际生产成本，环保税在整个鞍点路径上总是抑制经济增长。这是因为，"矫枉过正"的严格环保税政策降低了资本累积的速度,减少了能源资本的使用,一方面,减缓了环境污染累积的速度;另一方面,减缓了能源资本边际报酬率下降的速度。

动态环保税情况下,在 F_0—F_2 时期,环保税的边际产出收益低于边际生产成本,环保税对产出增长起到了抑制作用,正是环保税的这种机制,纠正了代表性家庭对于资本的过度积累问题,在提高当前的消费水平的同时也不至于降低未来的消费水平。

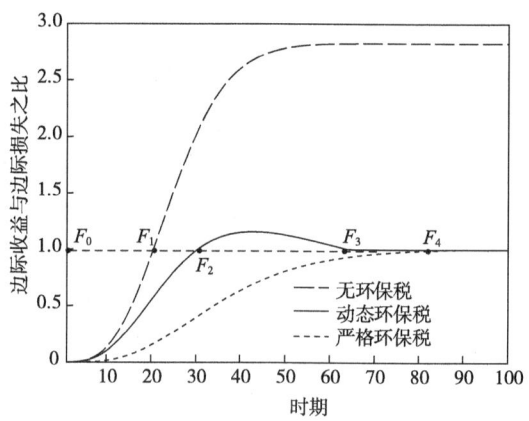

图 5.12 不同环保税政策的成本收益分析

由于环保税的边际成本大于边际收益,初始阶段政府不宜实施过高的税率。但随着环保税边际收益相对于成本比值的不断上升,环保税对经济增长的不利影响在下降,对减缓污染排放的作用在提升。F_2 时期以后,环保税的边际收益将高于边际成本,即使从产出角度,环保税也有利于促进经济增长,出现了环保税的产出红利。在 F_3 时期,政府将会继续提高环保税,以获取政策的产出红利,直到 F_3 时期。此时,税率提高到严格环保税税率,同时环保税率的提高,使得环保税的边际产出收益等于边际生产成本,税率将不会再继续提高。因此,从环保税的成本收益角度分析,本章佐证了动态环保税是渐进递增的,是实现鞍点路径上福利目标下的最优化税率,其与经济发展规模呈正相关关系。在现实经济中,由于动态环保税在初始时期会对经济增长产生一定的抑制作用,以经济增长为考核目标的政府,只有当出现环保税的产出红利时,才有动力开征环保税。然而，从福利最大化角度分析，政府的这种环境上的开征时点选择并不是最优的。

5.3.2 三种环保税政策下经济增长与污染路径研究

通过上节的分析，我们指出在经济增长的鞍点路径上，动态环保税是渐进递增的。在动态环保税情况下，初始时期由于实施环保税的边际成本远高于边际收益，政府实施税率较小的环保税，在保持经济高速增长的情况下，环保税适度抑制了环境污染的累积速度，但是并没有改变环境污染存量增加的趋势。

到 F_2 时期后，由于环保税的边际收益大于边际成本，环保税税率在逐渐提高以获取产出红利，直至 F_3 时期环保税税率达到稳态最优税率。$F_2—F_2$ 时期内，环保税对于环境污染的影响才发挥实质性作用，环境污染存量的最高点也必然在这一时期内出现。如图 5.13 所示，本章给出了三种不同环保税下鞍点路径上均衡产出的变化趋势。动态环保税下鞍点路径上均衡产出的水平始终高于严格环保税，并且长期低于无环保税的情况。理论模拟的结果与上述的逻辑分析是一致的。如图 5.14 所示，本章给出了三种不同环保税下鞍点路径上环境污染累积存量的变化趋势。在无环保税和严格环保税情况下，环境污染的累积过程都是单调递增的。在动态环保税政策下，环境污染经历了先上升再下降的过程，这是实现鞍点路径上福利目标最大化下政府动态环保税的必然选择。

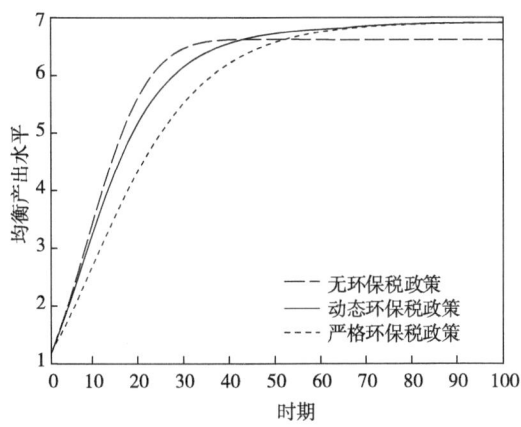

图 5.13 不同环保税下鞍点路径上的均衡产出水平

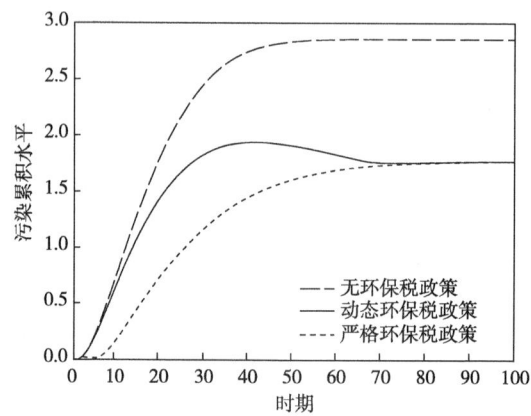

图 5.14　不同环保税下鞍点路径上的动态污染累积

5.3.3　环境库兹涅茨曲线理论的新解释

在动态环保税情况下，环境污染动态累积变量本身就呈现出一种倒 U 形曲线，相应地，在图 5.15 中，我们也验证了环境污染与经济增长之间存在着环境的库兹涅茨曲线关系。值得注意的是，图 5.14 显示，经济达到稳态以后，动态环保税并没有使得环境污染状况得到持续改善，这显然与现实经济是不相符合的。此时，我们重新考虑一下以往有关环境库兹涅茨曲线的理论假说，譬如消费者绿色偏好、清洁技术进步或是经济结构转

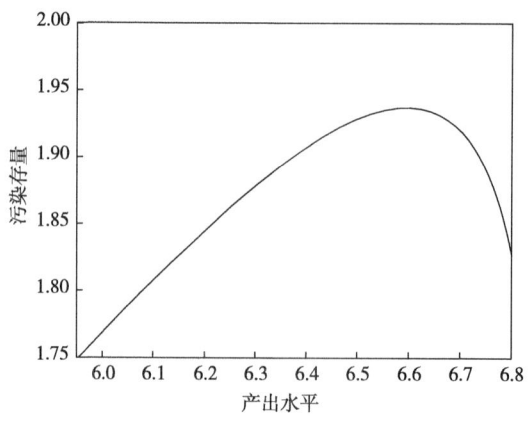

图 5.15　渐进递增环保税下均衡产出与污染累积存量的相互关系：环境的库兹涅茨曲线

型，将会使得稳态以后环境污染状况得到持续改善。同时，我们解决了这些理论假说备受质疑的收入增长外生性的问题，因为在动态环保税下，我们实现了环境污染与经济增长相互作用下更高的稳态产出水平。收入增加的内生性，结合以往的理论研究，使得我们给出的环境库兹涅茨曲线更加符合现实。此外，由图 5.15 可知，动态环保税作用下的环境库兹涅茨曲线呈现出明显的非对称性。在经济持续增长的过程中，环境污染水平上升的速度较为缓慢，但是当环保税逐渐增强到一定程度时，环境污染达到峰值并快速下降，这一特征是现有的实证研究难以描述的。大多实证文献都通过在计量经济模型中加入二次项等简化形式对倒 U 形环境库兹涅茨曲线关系进行验证，基于此类模型估计得出的曲线是对称的，与现实存在较大差异。

5.4 政府新征环保税的综合效应研究

5.4.1 不同政府优化目标下动态环保税的最佳开征时点选择

理论上，政府的最高目标应该是实现鞍点路径和稳态上均衡消费的最大化。然而在现实经济中，在经济增长政绩考核目标下，政府也会关注短期内的经济增长。正如前文的分析，动态环保税在纠正资本过度积累的同时，短期内会降低经济增长的速度。因此，从政绩最大化角度出发，政府会存在着开征环保税的时点选择问题。为了便于分析开征环保税的时点选择问题，我们设定政府的目标函数为：

$$L = \max \mu \sum_{t=1}^{\bar{T}} \ln(Y_t) + (1-\mu) \sum_{t=\bar{T}+1}^{\hat{T}} \ln(C_t) \quad (5.19)$$

式中，本章设 $\hat{T}=100$，即政府关心从初始资本积累开始的前 100 年时间内的产出水平和消费水平；μ 表示政府对短期经济增长目标的关注程度，显然，该值越高，表示政府受到短期经济增长绩效目标的影响越高，政府越不情愿开征环保税或提高环保税率，因为开征环保税短期内会对经济产生负影响，即政府实施环保税的代际负外部性；$\bar{T}$ 表示政府关心的经济绩效周期，该值越小，环保税对经济增长的负影响效果就会表现得越突出，政府在短期内开征环保税的动机就越不足。

如表 5.1 所示，本章给出了政府不同优化目标下，有关开征环保税的时点变化情况。政府对短期经济增长目标的关注程度越高,政府开征环保税的时点就会越晚;政府关注经济增长目标的期限周期越短,政府开征环保税的时点也会越晚。从社会福利最大化角度来看,政府开征环保税的时点应该与环境污染出现的时间相一致,开征环保税的时点越早,越有利于及时纠正资本的过度累积,避免环境问题严重时实施政策所带来的消费更大波动,进而避免对社会福利产生不利影响。

表 5.1 政府目标最大化下线性递增环保税开征时点的最优选择

经济绩效周期	经济目标权重（μ）					
	0.01	0.05	0.10	0.15	0.20	0.25
$\bar{T}$　　5	13	16	16	18	18	20
10	8	13	13	14	16	19
15	3	5	7	10	12	14

注：以 $\mu=0.1$、$\bar{T}=15$ 组为例,在该种政府最大化目标情况下,环保税的开征时点为第 7 年,线性等额递增到稳态最优环保税税率。

在图 5.16、图 5.17 中,本章给出了政府在三个不同时点上分别实施线性递增环保税后,在鞍点路径上均衡变量的动态变化情况。最早实施环保税的情况下,在鞍点路径上短期内产出增长率不高,在后期产出增长率是最高的,同时整个路径上均衡的消费水平并不低,这就表明,当出现环境污染时,政府就应该及时实施环保税,纠正能源资本的过度累积问题,

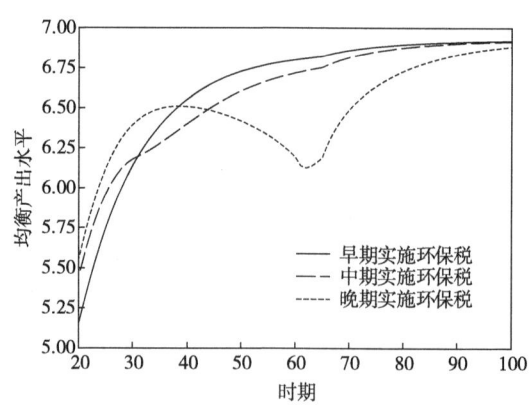

图 5.16 不同时点开征环保税对均衡产出水平的影响

只是短期内环保税边际产出收益与边际生产成本的比值相对偏低，使得该时期内环保税对经济增长产生了一定的抑制作用。从长期来看，环保税的边际收益高于边际成本，使得政策产出红利和消费水平相对于其他两项政策而言都是更高的。相对而言，如果开征环保税的时点越晚，尽管在早期内经济增长率较高，但是过度投资带来的环境污染，并没有使得经济一直保持高速增长，相反，在整个鞍点路径上均衡消费水平却是最低的。甚至，随着环境污染越来越严重，开征环保税的时点选择越晚，政府开征环保税对于产出水平会造成更大的波动，甚至会出现经济增长下滑的情况。

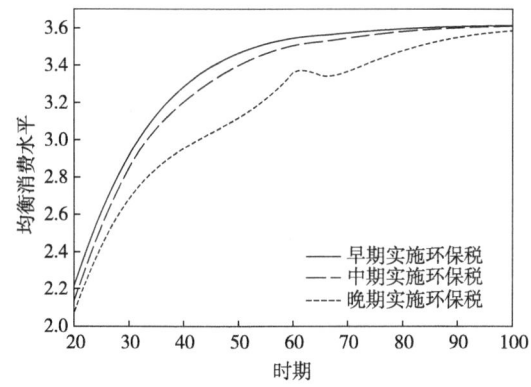

图 5.17　不同时点开征环保税对均衡消费水平的影响

5.4.2　不同环保税时点选择的政策效果评价

我国当前并未真正开征环保税，当前实施的环境保护政策执行标准低，覆盖范围窄，污染排放收费制度缺乏有效性，相关税收优惠也缺少针对性，难以替代环保税的作用机制。因此，基于我国经济发展与环境污染的参数校准，本章通过理论模型对我国未来假设开征环保税进行政策效果评价。在参数校准部分，通过对我国实际资本产出比与理论模型拟合值的比较分析，本章的理论模型较好地拟合了中国经济增长与环境污染的特征。基于此，本章将进一步针对我国环保税开征时点进行政策效果评价。在此之前，我们需要进一步校准理论模型的初始资本、初始污染累积存量的数值。基于理论模型，我国 2015 年的资本存量值为 21.53，相应地，污染存量累积值达到了 0.84，我们以 2015 年数据作为初始值，通过模拟分析对实施环保税政策进行效果评价。

在图 5.18 中,我们给出了未来三个不同时期开征环保税,对 2016—2035 年期间我国产出水平、消费水平的影响情况,相对比较的基准模型是不实施环保税政策下的产出水平和消费水平。假设 2016 年我国开征环保税,在短期内经济增速面临下降风险,但是消费水平却有近 6% 的提升空间,同时经济增速下滑的趋势将随着环保税的外部性而消失,转而在 10 年后会促进经济增速提升,相应地,消费水平将持续提高到 7% 以上。假设我们再推迟 5 年、10 年开征环保税,短期内经济增速的下滑幅度将更大,消费水平的提升空间将更小。因此,我国必须尽早开征环保税,实施稳健趋严的环保税政策,发挥动态环保税的外部经济效应。动态环保税推动了以消耗资源能源为主的粗放式经济增长模式的转变,减少了单位 GDP 的能源消耗,纠正了投资过度的问题,使得居民收入中消费的比重增加。尽管短期内经济增长面临下行风险,但是这并没有降低当前及其未来的消费水平。因此,政府应该客观看待动态环保税在短期内对经济增长的负面影响,以提高社会当期及未来福利作为政府开征环保税的依据。

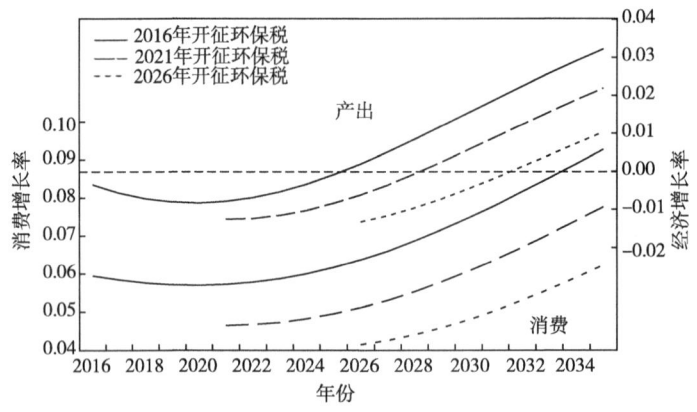

图 5.18　三个时点征收环保税的消费增长率(左坐标)与经济增长率(右坐标)

5.5　本章小结

本章通过求解鞍点路径上经济增长阶段的均衡解,既解决了经济增长外生性的问题,又刻画出环境污染从无到有、由小到大的动态累积路径。

5 经济增长路径上的绿色税制优化

因而，本章研究了环境污染动态累积与长期经济增长之间的内生性影响机制，这是以往的一些理论文献所未能涉及的。尽管有些文献通过设置不同情景模拟给出了一系列不同的环境污染水平和经济发展规模，并相应给出了最优环保税政策。但环保税政策的不同变化并不体现在连续时间的动态趋势上，而仅是不同情景下的模拟结果。

在鞍点路径的经济增长阶段，经济增长率大于零，随着经济规模的扩大，能源消耗不断增多，环境污染逐年累积，造成的生产效率损失越来越大，环境污染的负外部效应也就越来越大。从优化角度来看，在环境污染的负外部效应较低时，应该实施较低的环保税，否则税收的扭曲效应会更大；在环境污染的负外部效应较高时，应该实施较高的环保税。因此，在这一阶段实施的环保税也应该是逐渐提高的。把握和保持环保税的适度性，既符合中国经济可持续增长的本质要求，又能满足人们对环境质量改善的需求，这是本章研究与以往理论文献研究的不同之处。

动态环保税对经济增长和环境污染的影响在不同阶段存在差异性。在经济发展的初始阶段，较低的环保税税率纠正了能源资本的过度累积问题，对于环境污染的累积起到了一定的抑制作用。在这一阶段，环保税逐渐改变经济增长的方式，避免以后各期消费剧烈波动，这是优化行为的必然选择。但是由于经济增长的规模效应，环境污染问题仍然会变得越来越严重。在经济发展到一定规模时，即环保税的边际产出收益大于边际生产成本时，政府实施的环保税政策出现了产出红利，在这一阶段持续提高环保税税率才能对环境污染的解决发挥出实质性作用，环境污染存量的最高点也必然在这一阶段出现。进而，基于动态环保税成本收益的视角，本章给出环境污染与经济增长之间存在着环境库兹涅茨曲线关系理论的新解释。另外，由于动态环保税在初始时期必然要经历经济增速减缓的阶段，在这一阶段代表性家庭的消费水平并不会下降。尽管这可以解决代表性家庭投资过度的问题，提高消费占收入的比重，但是在现实经济中，以经济增长作为政绩考核的政府，在开征环保税方面却存在着代际的负外部性问题，会出现开征环保税的时点选择问题。

总之，在鞍点路径的经济增长阶段实施渐进递增的动态环保税，通过对能源过度使用的纠正，可以促进经济增长和降低污染水平，从而实现该阶段福利最大化的目标。与之相对，不征收环保税时，能源的过度消耗不能得到有效抑制，环境污染产生了较高的生产效率损失与社会福利损失。

严格环保税政策对于经济增长依赖能源的行为则存在"矫枉过正"现象，进而产生了消费过度的问题，由于投资不足迅速造成产出增长乏力，并使得鞍点路径上社会福利长期处于较低水平。本章建议政府应尽早开征环保税，环保税税率由低及高逐渐提高，以及时减弱经济发展对能源的过度依赖性，实现经济科学发展与社会福利不断改善。本章的结论主要有以下三方面的现实意义。

第一，本章提出了实施"动态"环保税的政策建议，并给出了理论解释，这不同于多数文献的研究结论。譬如，大多数文献在一般均衡模型中加入环保税，推导出的最优环保税不仅能够减少环境污染，同时也可以提高产出水平，实现"双重红利"，自此有关环保税"双重红利"的研究成为主流。然而，实际上这些文献给出的最优环保税就是建立在稳态经济基础上的静态税率。后续也有学者基于一般均衡模型给出了动态的最优环保税，但该环保税的"动态性"并不是体现在时间趋势上，而是在改变外生变量或参数数值情况下的情景模拟，其中经济增长的因素是外生设定的。

第二，本章指出了动态环保税应满足"渐进递增"的特征，这也与以往文献的研究结论有所区别。有些学者基于新古典经济理论模型，通过中国经济特征的参数校准，在理论上求解出最优的环保税，并据此提供政策建议。然而，实践中政府对于开征这个所谓的"最优"环保税是慎之又慎的，仅是实施一些缺乏系统性、有效性且费率偏低的排污收费政策。那么，基于发达国家经验以及理论模型计算的"最优"环保税，为什么对于仍然处于鞍点路径上经济增长阶段的中国而言会存在着理论与实践的脱节呢？中国政府渐进稳健的政策实践是否体现了优化理论的最优行为呢？我们从中得到一些启示，本章研究指出适度的环保税应与环境污染状况和经济发展阶段相一致，并随着它们的变化而不断调整。

第三，本章强调了政府应及时开征环保税，否则，短期的经济增长将导致环境急剧恶化，引起社会成本大幅增加，甚至超过居民福利的改善，进而降低社会福利水平。本章通过设定不同的政府优化目标函数研究了动态环保税的最佳开征时点选择问题，认为政府对短期经济增长目标的关注程度越高、关注期限越短，开征环保税的动力就越不足。政府应客观看待动态环保税政策在短期内对经济增长的微弱负面影响，以大幅提高当期及未来社会福利水平为主要目标，关注环保税政策在经济增长与福利改善中的"惠长远"作用。

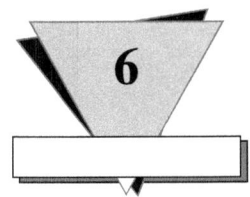

财政资源配置的历史变迁及现状研究

6 财政资源配置的历史变迁及现状研究

6.1 财政资源配置内容及方式

6.1.1 财政资源配置的主要内容

资源配置是经济学研究的核心问题，其关注的重点是资源使用效率问题。财政资源配置的主体是政府，指的是政府通过实施科学合理的财政支出政策，调整和引导财政资金的流向和流量，以实现经济发展和社会效应的最大化目标（岳松和陈昌龙，2013）。换言之，政府通过行政手段对财政资源进行社会经济的合理分配，实现资源结构的合理化，获得最大的经济和社会效益，使得全社会福利水平最大化。

在市场经济体制下，之所以仍然需要政府财政资源配置，主要原因包括以下三点。

第一，公共产品的供给需求。由于经济正外部性、信息不对称、自然垄断等特征，市场不能有效解决公共产品的供给问题，存在市场失灵的现象，政府通过财政资源配置发挥弥补性作用。

第二，市场资源配置存在一定盲目性，不能很好地解决社会大生产供需平衡、长短期目标差异及产业结构升级等问题，容易造成经济周期性波动和区域性、系统性的经济风险，政府通过财政资源配置发挥引导性作用，以保持宏观经济稳定、均衡和健康发展，促进产业结构转型升级。

第三，社会规制的需求。由于市场行为的经济负外部性，有时会损害公平和公共利益，政府必须为市场规制营造有利环境，维护市场秩序，保障公众权益，兼顾资源配置效率和公平，提高市场经济运行的有效性。政府通过财政资源配置发挥规制性作用。

财政资源配置的直接目标包括：一是通过财政转移满足社会成员的共同需要，二是借助财政政策实现对全社会资源的宏观调节。围绕上述目标，财政资源配置的基本内容包括四个方面：①区域间财政资源配置，实现区域社会福利均等化；②产业间财政资源配置，推动产业结构发展与升级；③政府与私人部门配置，建立公共品与私人品配置格局；④生产与消费领域配置，优化资本品与消费品的供应结构。本章关注的重点内容是生产和消费领域财政资源的配置效率。

6.1.2 财政资源配置的具体方式

一般而言,科学合理的财政支出结构是实现财政资源配置的有效方式,具体方式包括:合理安排财政支出规模。财政支出规模与经济发展阶段及市场化程度密切相关。尤其在经济发展初期,市场经济机制在一些关键领域存在失灵现象,培育市场经济机制本身就是该阶段财政支出的功能作用。另外,还要突出重点财政扶持领域。譬如当前阶段,我国财政支出的重点是不断加大消费端公共产品的支出力度、合理确定购买性支出与转移性支出的比重、科学分配投资性支出与消费性支出的结构等。当然,财政资源配置采取的具体方式应与经济发展阶段密切关联(高培勇,2018)。安秀梅(2017)将财政资源配置的实现机制分为三个具体方面。

第一,合理确定财政支出占经济发展水平的比重。在市场经济条件下,市场发挥着资源配置的基础性功能。但市场机制存在失灵问题,公共产品供给不足,而财政支出作为政府的计划配置,是市场机制的重要补充,是为了提高市场配置乃至整个社会资源配置的效率服务的。科学合理的财政支出规模影响到公共品与私人品的供给结构,影响到投资品和消费品的分配结构,而这些领域的恰当配置对于促进经济可持续发展和转型都起到了十分重要的作用。

第二,合理提供基础性公共产品,确保政府投资规模的充分供应,优化投资性资源的配置效率。政府投资规模主要指预算内投资在社会总投资中所占的比重,表明政府集中的投资对社会总投资的调节力度。这在未来的产业结构调整中起着重要作用。譬如,当前教育、卫生、科技、农业、社会保障、环境保护、公共设施和基础设施等公益性和公共性领域发展的相对滞后已成为我国经济社会持续协调发展的"瓶颈",政府应通过财政补贴等手段,加大扶持力度,持续增加民生领域的投入力度,动态调整投资与消费之间的关系,提高人们对美好生活质量的迫切需求,最终实现全社会福利水平最大化。

第三,压缩一般政府事务性支出规模,保证重点支出,优化财政支出结构,提高公共资源配置的效率。我国国民经济和社会发展战略规划明确规定了对资源配置的要求:各级政府要加强农业投入,要加大科技投入,基础性项目主要由政府集中必要资金进行建设,公益性项目主要运用财政资金安排建设,增加对西部开发和振兴东北老工业基地的财政支持等,逐渐降低竞争性领域的投入力度，逐渐降低政府事务性支出比重。

6.2 我国财政资源配置的历史变迁及现状研究

6.2.1 我国财政资源配置的历史变迁过程

高培勇（2018）针对中国财税改革 40 年的基本经验和规律进行了权威提炼，从时间轨迹来看，大致分为五个主要阶段。

6.2.1.1 为改革开放"搭桥铺路"阶段：1978—1994 年

1978 年我国开始实施改革开放政策，为激发各个市场主体的经济活力，政府放松财政管理权，降低财政在 GDP 中所占的份额，真正通过让"利"于市场主体，打破传统"财权过于集中，分配统收统支"的格局。具体而言，中国政府先后推出了企业基金制、利润留成制、两步利改税等各种形式的盈亏包干制和承包经营责任制。这些改革举措为顺利打开改革开放的格局奠定了坚实基础，发挥了十分重要的作用。

从本质上来看，无论是让权还是让利，主要都是通过财政减收、增支的方式实现的，使得财政规模占 GDP 的比重迅速下滑，由 1978 年的 31.1%迅速下降到 1993 年的 12.3%。此外，由于经济活力的激发和中央政府财权"下放"，中央财政收入占全国的比重也出现了较大波动，从 1978 年的 15.5%暂时提高到 1985 年的 38.4%，而后进入下降渠道，1993 年中央财政收入占全国比重下降到 22.0%。但中央财政支出并没有随着收入占比的波动进行相应调整，而是持续增加，使得中央财政收支陷入了不平衡的困境。据统计，1981 年我国财政赤字规模仅为 68.9 亿元，而到 1993 年财政赤字水平实际达到了 978.6 亿元，中央财政已经难以担负全国宏观调控的重任。这为下一阶段的财税改革拉开了帷幕。

6.2.1.2 分税制改革阶段：1994—1998 年

随着"让利放权"的推进，中央财政"捉襟见肘"，无法发挥其宏观调控的职能。与此同时，党的十四大确立了我国走社会主义市场经济的道路是适应新阶段市场经济体制的需要，财税改革也迫在眉睫（项怀诚，1994）。1994 年我国搭建了一个全新的税收体系，主要包括建立以增值税为主、消费税和营业税作为重要补充的流转税制体系；全面改革了国有企业的利润分配制度，取消了调节基金等制度，国有企业统一缴纳 33%的所得税。本次改革最为鲜明的特征是合理确定了中央和地方财政支出的范围，设立中央税、地方税和中央地方共享税，建立中央和地方两个税收体系，实行中央对地方税收返还和转移支付制度，学者将这次财税变革称为"分税制改革"。

1994年的分税制改革重构了适应社会主义市场经济的财税体系，既包括对利益格局的适度调整，更注重财税体制创新的建设。自此，原来财政收入占GDP的比重、中央财政收入占全国的比重下降趋势均得到扭转，使得我国财政的宏观调控职能得到了充分发挥，使得社会主义市场经济体制的制度优越性得到了全面体现，政府在基础设施建设、市场经济体制制度培育等方面发挥了重要作用，为后续中国经济增长奇迹奠定了坚实基础。本次改革，为我们初步搭建起了适应社会主义市场经济体制的财税体制及其运行机制的基本框架。

6.2.1.3 "税费改革"和构建公共财政体制框架阶段：1999—2002年

1994年的分税制改革吹响了我国财税改革的号角。随着分税制改革成果的释放，游离于财税体制之外的政府收支规模越来越大，各种征收费用使得老百姓不堪负担，民怨沸腾，也不利于财税政策充分发挥收入再分配、宏观调控等职能。自1998年开始，以规范政府收支行为及其运行机制为重点的"费改税"改革举措拉开帷幕（刘仲藜等，1998）。

在"税费改革"逐步推进下，财政支出方面的改革也在相应调整中。财政支出由专注于生产建设领域逐步转向公共服务领域，政府各项支出逐步纳入社会公开竞价购买轨道上来，形成了新的"政府采购制度"。无论是财政收入还是财政支出的调整，最终都归结到财税体制改革的局部而不是全局。随着改革推进和市场化经济建设步伐的加快，原有财税收支两翼部分调整的局限性逐渐暴露出来，需要重新构造全新的财税体制及运行机制。因此，有关财政收入、支出、预算管理等的整体性改革框架逐渐被提上了新的改革日程。1998年，以全国财政工作会议为契机，决策层做出了一个具有划时代意义的重要决定，财税体制改革的重要方向是构建公共财政基本框架。

6.2.1.4 完善公共财政体制阶段：2003—2012年

随着以构建公共财政体制框架为主线的各项财税体制改革的稳步推进，财税体制改革也逐渐进入深水区。2003年党的十六届三中全会在《有关完善社会主义市场经济体制的若干问题》中指出要进一步健全和完善公共财政体制。一个完善的公共财政体制是社会主义市场经济体制的重要组成部分,自此开始了旨在进一步完善公共财政体制的一系列改革(谢旭人,2008)。本次改革的重点再次聚焦到税制改革方面,主要包括取消农业税、增值税由生产型转为消费型、内外资企业所得税合并等。

与此同时,以财政支出规范以及财政管理制度为重点的改革也在不断探索创新。譬如,取消农业税涉及城乡二元经济体制的问题,揭开了城市反哺农村的战略序幕,开始重点关注到农村公共服务供给体系,公共财政开始逐步覆盖农村地区;更为重要的是,财政支出逐渐提高了以教育、就业、医疗、社会保障和住房为代表的基本民生事项的投入力度,消费性财政支出功能逐渐上升;在推进地区间基本公共服务均等化战略方面,不断加大了财政转移支付的力度并相应调整了转移支付制度体系;从实行全口径预算管理和政府收支分类改革入手,强化了预算监督管理等。

6.2.1.5 建立现代财政制度阶段:2012年至今

2012年党的十八大开启了我国深化改革的新征程。2013年,党的十八届三中全会在《关于全面深化改革若干重大问题的决定》中指出,以建立现代财政制度为目标,新一轮财税体制改革由此展开(楼继伟,2014)。更为重要的是,本轮财税改革被赋予更为重大的职能,财政是国家治理的基础和重要支柱,科学的财税体制是优化资源配置、维护市场统一、促进社会公平、实现国家长治久安的制度保障。这样具有里程碑意义的表述,将财税体制改革同国家治理的现代化进程联系在一起,站在国家治理的角度加以概括,对财政与财税体制做出全新理论概括。从财政预算管理、税收制度、中央和地方财权事权关系等方面展开了新一轮的财税体制改革。而本书涉及的财政资源的优化配置也正是在这一轮改革背景下展开的。

6.2.2 现阶段我国财政支出结构的主要问题

6.2.2.1 财政支出规模压力进一步加大

在经济新常态下,随着经济规模的扩大,经济增速出现了必然下降。在深化供给侧结构性改革的背景下,减税降费是优化营商环境的重要内容,是减轻企业负担、激发市场活力的关键举措,是完善税制、优化收入分配格局的重要改革,有利于稳增长、调结构、促就业。譬如,2019年在财税优惠政策方面,2万亿元的减税降费、不断加码的税收优惠政策,给实体经济注入了内生动力。然而,与财政收入相对应的财政支出刚性需求

却在不断提高,我国财政赤字率不断刷出新高度。2019年我国政府预算赤字规模为2.76万元,赤字率约为2.8%,同比增加0.2个百分点(高培勇,2019)。

随着我国房地产行业在宏观经济中的结构调整,传统依赖"土地财政"的地方政府收入状况发生变化,地方性政府债务风险不断累积,主要表现在以下几个方面:①当前经济下行压力增大,地方性政府偿债能力进一步受到挑战,蕴藏着新的偿债风险;②传统基础设施建设的周期较长,地方政府债务一般具有中短期特征,存在着一定的期限错配的风险;③地方政府融资平台运作不规范、投资低效或者无效的风险等。由于地方债务融资资金主要用于基础设施建设方面,今后应该更加注重投资的有效性,投资领域要紧扣国家发展战略、国家重点支持项目,加大城际交通、高铁、物流、市政、灾害防治、民用和通用航空等基础设施投资力度,加强新一代信息基础设施建设等,通过一系列高水平"新基建",提高投资效率,减少无效投资,控制政府债务风险,财政支出在拥挤性领域逐渐退出。

6.2.2.2 生产性财政支出仍然占据主导地位

随着我国公共财政体制的逐步完善,涉及民生的消费性财政支出投入力度也在不断加大。但是相比政府的生产性支出规模,消费性财政支出仍然处于从属地位。表6.1给出了我国与主要西方国家财政支出的结构状况。数据显示,我国社会福利性支出规模占财政总支出的比重仅为40.5%,普遍低于西方国家20个百分点。由于我国还处于经济发展的关键时期,因此不能完全与西方发达国家现有的支出结构直接进行比较。

表6.1 中国与西方发达国家财政支出结构比较 单位:%

支出分类	中国	美国	法国	德国	英国	日本
基本政府职能支出(一般性公共服务、国防、公共安全、环境保护)	20.8	29.0	20.7	20.0	23.1	19.8
经济建设支出(经济事务、住房和社区设施)	38.7	11.9	9.4	11.4	8.8	11.6
社会福利性支出(医疗、卫生、文化体育传媒、教育、社会保障和就业等)	40.5	59.0	69.9	68.7	68.1	68.6

资料来源:安体富. 中国经济新常态与财税改革问题研究:上[J]. 天津经济,2016a(10).

随着我国经济发展成果的不断积累，人们对美好生活的需求不断增强，投资与消费之间的配置关系需要重新考虑。吕冰洋和毛捷（2014）指出，当前我国高投资低消费的典型特征，与政府的生产性财政基础密切相关。随着经济发展和资本边际报酬加大，传统经济增长模式下，高投资造成了严重的生态环境资源压力，使得投资效率低下。据测算，我国投资效益系数不断下降，1991年为0.51，到2013年该值已经下降到0.18。在这一背景下，持续高投资并没有有效提高全社会的福利水平，甚至造成了部分行业产能过剩。产能过剩会造成企业经营困难，产生一定的财务风险，使得偿债能力下降，甚至有可能引发金融风险等严重的社会经济问题。而经济发展的最终目标还是要提高人民群众的生活水平，要正确处理投资与消费的关系，随着经济发展的不同阶段及其经济增长动能的转变，要逐步提高消费水平占比，提高人们享受改革成果的比重。财政资源配置对于调整和优化投资与消费的关系至关重要，对于推动产业结构转型升级具有引导性作用，这也是本书研究的一个重点内容。

6.2.2.3 体现国家治理的新财政支出规范尚未出台

从为改革"铺路搭桥"、为激发市场活力而"放权让利"，到公共财政体制机制的建立和发展，财税改革一直围绕着社会主义市场经济体制的发展而不断推进。现阶段，在推进国家治理体系和治理能力现代化的过程中，财税改革再次被赋予基础性和支撑性的功能作用，以"现代财政制度"匹配现代国家治理体现。2017年党的十九大明确指出，"加快建立现代财政制度，建立权责清晰、财力协调、区域均衡的中央和地方财政关系。建立全面规范透明、标准科学、约束有力的预算制度，全面实施绩效管理。深化税收制度改革，健全地方税体系"。预算管理、中央和地方关系、权责清晰、区域均衡等各个角度还有待进一步完善（安体富，2016b）。

2018年我国开征环境保护税。环保税本身也存在一定的税收扭曲性（金戈，2013）。尤其在资本累积的经济增长阶段，政府在生产环节征收较高的环保税，不利于资本的累积，会造成产出增长乏力，甚至会导致经济停滞不前。值得注意的是，与环保税收入相配套的政府财政支出制度规范还未出台。尽管中国政府不断提高环境规制执行标准，促使企业加大治污资本投入，然而很多企业宁可缴纳排污费也不进行减排努力；而且，政府还通过加大污染防治补贴力度来降低企业的治污投入成本，甚至出现补贴资金超出排污收费金额的现象,很多企业借此套取国家补贴资金,但未加大治污投入力度。

面对越来越严格的环境规制政策,企业污染排放的成本越来越高,相应地,污染治理的动机也就越来越强。将政府的环保税部分收入作为污染治理的补贴资金,以支持企业污染减排活动,尝试推动企业加大治污投入力度,努力减少环保税的扭曲效应,可为建立政府污染防治补贴的制度规范提供理论支撑。然而,政府应如何把握污染排放惩罚与环境治理财政支出的主次关系,发挥现代财政制度在国家治理过程中的支撑作用,体现财政资源配置的规制功能,既能够保持经济持续增长,又能够改善生态环境,满足人们对美好环境质量的需求,对此还都未展开深入研究。

6.3 财政支出结构的研究动态及文献评述

6.3.1 财政支出促进经济增长的文献评述

内生增长理论认为,政府的财政政策对一国的经济增长具有重要影响。基于此,国内外许多经济学家在宏观经济模型中研究财政政策对经济增长的影响,进而为优化政府财政支出结构提供政策建议。托诺维斯基(Turnovsky,1990)将政府财政支出分为生产性支出和消费性支出,分别加入生产函数和效用函数中,以分析财政政策对资本、产出和劳动供给的影响。巴罗(Barro,1990)构建了一个包含政府生产性支出的内生增长模型,认为政府公共性生产性支出具有经济外部性,可以提高私人资本和劳动的生产效率,对经济增长有促进作用。托诺维斯基(2000)同样考虑了加入政府生产性支出的AK模型,并将劳动供给内生化,政府支出的外部性可以影响消费者有关劳动-闲暇的选择,进而会影响到资本和劳动的边际生产率,并指出存在经济增长率最大化的最优政府支出结构。严成樑和龚六堂(2009)在一个具有内生化劳动的内生增长模型中将政府生产性支出加入生产函数,并考察了政府公共财政政策对经济增长的影响。郭庆旺和贾俊雪(2006)建立了一个包含政府公共资本投资的内生增长模型,并将政府资本细分为物质资本投资和人力资本投资,并就政府公共资本对经济增长的影响进行数理分析。赵志耕和吕冰洋(2005)建立了一个有私人资本和政府公共支出两种要素的科布-道格拉斯(Cobb-Douglas)生产函数,并从理论和实证角度研究政府支出对产出-资本比的影响。

自克里斯蒂安诺和艾肯鲍姆（Christiano & Eichenbaum, 1992）将政府支出引入 RBC 模型中,用以分析劳动供给与劳动报酬关系之谜以来,政府支出正式作为需求冲击被广泛使用在 DSGE 模型中。王彬（2010）甚至将政府支出作为一个外生的高度简化的财政政策变量加入包含金融加速器和垄断竞争下的新凯恩斯 DSGE 模型,研究了货币政策和财政政策对我国宏观经济的影响,实证指出财政政策可以解释部分就业、消费和资本存量的变动状况等。黄赜琳（2005）尝试将政府支出作为外生随机变量引入 RBC 模型来解释中国的经济波动。与上述不同的是,他的贡献是解释了在现实经济中的确存在着政府支出增加、居民消费支出也随之增加的现象。黄赜琳将这种现象称为政府支出与居民消费的互补效应。在这种情况下,政府支出的增加所产生的正财富效应使得人们减少工作,导致了劳动曲线向左移动。RBC 理论传统上认为政府支出会挤出居民消费,其所产生的负财富效应使得人们增加工作,导致劳动曲线向右移动,这种现象被黄赜琳称为政府支出与居民消费的替代效应。为了解释政府支出与居民消费的互补效应,黄赜琳将政府支出加入效用函数,建立了一个政府支出与居民消费非完全替代的 RBC 模型。但是他将政府支出全部放在了效用函数当中,并没有给出合理的经济解释。尤其在当今中国,政府的生产性支出占比很大,这一部分支出并不直接作用于效用函数,而是通过提高总产出来影响居民收入。

学者普遍认为政府支出在中国改革开放的经济发展时期更为重要的作用是提高了中国资本和劳动力的生产效率,即表现为政府支出在经济生产方面的外部经济性。因此,借鉴了黄赜琳构建政府支出与居民消费的非完全替代关系的研究思路,将政府支出分解为消费性支出和生产性支出。建立消费性支出与居民消费的非完全替代关系,并将消费性支出引入效用函数;建立生产性支出形成的政府资本存量与私人资本存量的非完全替代关系,并将生产性支出引入生产函数。我们将上述情况认为是政府在经济活动中的两种不同参与角色。从理论上,我们将政府支出进行分解,使得政府消费性支出与居民消费之间的互补或替代关系的解释更容易理解。同时,更为重要的是,我们尝试将政府生产性支出作为外生随机变量引入 DSGE 模型中来解释中国经济波动,使得我们构建的模型更加贴合中国宏观经济特征。

6.3.2 消费性财政支出及其最优规模的文献评述

在阿罗和库尔茨（Arrow & Kurz, 1990）对政府公共投资与经济增长的关系进行了开创性的理论研究之后，阿肖尔（Aschauer, 1989）进一步将政府总支出分为生产性支出和消费性支出，并研究了不同类型支出对经济的差异化影响。此后的研究大多集中在政府生产性财政支出对经济增长的影响方面（Lucas, 1990; Barro, 1990; Turnovsky, 1996, 2000; Jones, 1993），如巴罗（1990）认为政府生产性支出占比（生产性支出与 GDP 的比值）对经济增长率存在倒 U 形的影响，这意味着在一个给定的经济环境下，一定存在着能使经济增长最大化的最优的生产性财政支出占比，过小的或过大的生产性财政支出都不能实现经济的最优增长。虽然对政府消费性财政支出与经济增长关系的深入研究并不像对生产性财政支出的考察那样多，但在对财政支出的研究方面，国内外大多数学者大都借鉴阿肖尔（1989）的做法，将政府财政支出分为生产性支出和消费性支出（Barro, 1990; Turnovsky, 2000; 严成樑和龚六堂, 2009），并将消费性支出加入效用函数，认为政府提供的公共性消费性支出有可能节约更多的社会资本，提升资源配置效率，并促进经济增长。如严成樑和龚六堂（2009）仍然采用巴罗模型，并将税收收入和两种财政支出类型都加入模型当中，考虑政府的预算平衡，模拟了政府的各种税收通过财政支出机制对经济增长的影响。劳动所得税和资本所得税转化为政府的公共支出后，一方面通过生产性公共支出提高劳动边际生产率，另一方面又通过消费性公共支出提高休闲的边际效用，最终对经济增长的影响也呈现非线性特征。虽然上述研究关注到了政府的消费性财政支出对经济增长的影响呈现非线性特征，但不足之处在于：该研究并没有指出该非线性特征是否有具体形态，如是否仍具有倒 U 形关系；另外，从理论角度论述存在最优的消费性支出规模时，没有考虑到政府财政支出存在的拥挤效应可能带来的影响。

近年来，以中国经济增长与政府生产性财政支出为议题的实证研究已有许多，但是从政府消费性财政支出视角分析其对经济增长的研究仍然鲜见。从现有的少量研究结果看，不同学者基于不同样本的研究，发现政府消费性财政支出对经济增长的影响存在较大差异。郭庆旺和贾俊雪（2006）估计得出政府公共人力投资对长期经济增长的正影响较小，且短期内不利于经济增长，但严成樑和龚六堂（2009）研究发现，在中国东部地区财政科研支出对经济增长的促进作用是显著的。庄子银和邹薇(2003)在他们的研究中也指出,政府在公共支出过程中存在着大量的"调整成本",这些寻租和"非生产性的寻利"行为造成了经济效率的损失。虽然这些研究以中国为对象,得出了不尽相同的研究结论,但一个共同的特点是,都没有在经验研究时关注到政府公共支出与经济增长之间可能会存在着非线性关系,因而也无法对中国政府消费性财政支出的适度性进行评判。

6.3.3 生产性财政支出及其最优规模的文献评述

自巴罗(1990)的开创性论文发表以来,公共支出与经济增长的关系最早成为公共经济学与经济增长理论研究的重要议题。巴罗(1990)将政府支出和社会资本两种要素加入生产函数中,构造了包括科布-道格拉斯(Cobb-Douglas)函数在内的各种生产函数形式,论证了政府生产性支出占GDP的比重(以下简称"政府生产性支出占比")对经济增长的影响存在着倒U形关系。巴罗理论的一个重要特征是将全部公共支出分解为两部分:生产性支出(productive expenditure)和消费性支出(consumptive expenditure)。其中,生产性支出以生产外部性的形式进入每一家企业的生产函数,并通过提高私人资本和劳动的边际生产力而促进产出的增长;消费性支出则作为一种消费外部性进入所有消费者的效用函数,进而影响到社会总福利。其后的大量文献大都沿袭了这一划分方法来研究不同的议题,国外文献中比较典型的有琼斯(Jones, 1993)、托诺维斯基和费雪(Turnovsky & Fisher, 1995)、刘(Lau, 1995)、托诺维斯基(Turnovsky, 1996, 2000)、韩(Hang, 1999)、陈(Chen, 2006)等。例如,琼斯(1993)同样在内生增长模型中加入政府生产性支出变量形成一种政府公共资本,作为一种经济活动投入要素,其对经济增长是有促进作用的。托诺维斯基(2000)在内生化劳动要素的AK经济增长模型中,将消费性和生产性公共支出分别加入效用函数和生产函数中,推导出最优的消费性和生产性支出结构,并指出政府的消费性支出也可以通过影响家庭的消费、劳动的选择,进而影响到经济增长。

国内也有大量的文献结合中国的实际情况对生产性财政支出与经济增长的关系进行相关的理论与经验研究。在理论研究方面,郭庆旺和贾俊雪(2006)建立了一个包含政府公共资本投资的两部门内生增长模型,并进一步将公共资本分为物质资本和人力资本,从而对公共投资的长期经济增长效应进行理论分析。严成樑和龚六堂(2009)在一个内生化劳动的经济增长模型中考察了财政政策对经济增长的影响情况,他们认为生产性财政支出结构与税收结构通过影响家庭的劳动-闲暇选择、储蓄-消费选择,进而影响经济增长。金戈和史晋川(2010)则在纯生产性公共支出与纯消费性公共支出分类基础上,引入了第三种公共支出,即生产-消费混合型支出,并通过构建包含多种类型公共支出的内生经济增长模型,探讨了多种类型公共支出促进经济增长的机制,考察了社会最优路径的存在性和唯一性。这些研究中一个最大的假设是政府是"全能全知"的,因此政府的生产性财政支出不存在拥挤效应。然而,在现实经济中,由于政府执行人员"经济人"特征和有限信息的局限性,政府在实施公共财政支出政策时,存在一定程度的经济负外部性,即存在所谓的公共财政支出的拥挤效应。公共财政支出拥挤效应的存在,可能会使社会最优路径发生偏离。例如,贾俊雪和郭庆旺(2010)通过引入消费性拥挤因子和生产性拥挤因子,从理论上探讨了它们在公共财政支出对经济增长促进作用中是如何发挥影响的。

在经验研究方面,许多学者采用多元线性回归模型估计政府的各项生产性支出对经济增长的影响。郭庆旺和贾俊雪(2006)通过经验分析发现,政府公共的物质投资对经济增长有显著性的正影响。廖楚辉(2006)研究发现,中国政府的教育投入与人均产出具有显著关系,对经济增长有显著的促进作用。而严成樑和龚六堂(2009)研究发现,中国的生产性支出对经济增长的影响存在地区差异,当生产性公共支出的规模超出了地区经济的适合范围或者生产性支出使用效率过低时,生产性支出对地区经济增长的促进作用就变得不明显了。但是,这些研究都没有实证地检验政府公共支出与经济增长之间是否存在着非线性关系,因此也就无法从经验上讨论政府生产性财政支出是否处于"最优"的支出规模。

一方面,对生产性财政支出与经济增长关系的研究已非常之多;另一方面,有关政府生产性财政支出对社会福利影响的理论和经验研究的文献却相对较少。在理论研究方面,虽然在巴罗(1990)的标准模型框架中设定了消费者的效用函数,但由于巴罗模型的高度抽象性,社会福利与经济增长本质上是高度统一的,因此,该理论模型只需关注公共支出与经济增长的关系,无需讨论公共支出与社会福利的关系。同样地,在金戈和史晋川（2010）的扩展模型中，虽然引入了第三种类型的公共支出，但由于仍然没有引入拥挤因素，也就不存在经济增长与社会福利最大化目标下生产性财政支出行为不一致的现象，对福利的讨论仍归结为对经济增长的讨论。在实证研究方面，由于社会福利的定义和解释标准并不唯一，因此，相关的研究主要集中在如何设计社会福利指标方面（Sen，1997；Deaton，2005；赵志君，2011），而这些已设计出的较为有限的社会福利指数，基本是效率与公平两大类指标的复合体。部分研究者也在他们所设计的福利指标的基础上，实证考察了财政支出与福利变动的关系。如谢乔昕和孔刘柳（2011）采用城乡居民收入差距与国内生产总值的积构造社会福利指标，考察了经济建设费、国防费、行政管理费等五类不同的财政支出类型对社会福利的不同影响。但这类研究基本没有关注怎样的生产性财政支出能使社会福利最大化。

从理论上来看，当公共财政支出具有经济正外部性时，政府通过税收机制实现公共财政的融资，并将其作为经济优化的决策要素加入经济活动中，发挥其经济外部性的作用，进而能够实现经济增长与社会福利的最大化（Barro，1990；金戈和史晋川，2010）。但在存在政府财政公共支出的拥挤效应时，是否存在着一种生产性财政支出结构，能促使经济增长与社会福利同时达到最优？对这一问题的研究直到目前仍然较少。事实上，直到目前，在存在着生产性财政支出的拥挤效应时，是否存在着最优的社会福利水平也是一个较少讨论的问题。

6.3.4 政府治污补贴政策研究的文献评述

环保税是促进企业污染减排的一项重要手段（Bovenberg & Ploeg，1994）。由于环境污染问题日益凸显，世界主要发达国家都陆续实施环保税政策并不断提高环保税税率（Barde & Owens，1996）。有关环保税的外部效应方面，博芬贝格和莫伊（Bovenberg & Mooij，1997）等在一般均衡模型中设计环境污染的负外部性以及税收的扭曲性等机制，在稳态求解中得出结论，最优的环保税不仅可以减少污染排放，而且能够提高产出水平。同时，他们认为税收扭曲机制将导致最优环保税不等于庇古税，有关最优环保税与庇古税的理论之争也成为一时的研究热点（Parry，1995；Bovenberg & Goulder，1996；Bovenberg & Ploeg，1997；Bovenberg & Heijdra，1998；Goodstein，2003）。此后，在污染减排和经济增长方面，对环保税能否产生"双重红利"的机制研究不断丰富,并逐渐成为该领域的研究主流(Heijdra et al,2006;Mehra & Basu,2012)。

直观上来看,环保税主要是通过限制污染型生产要素的投入或商品的生产来降低污染水平的。实际上,环保税还可以促使企业进行治污投入,以减少单位产出的污染排放,并且这一减排方式也变得越来越普遍(Pang & Shaw,2011),很多文献在研究环保税的理论模型中加入了企业的污染减排机制(Fredriksson,1997a;Pang & Shaw,2011;Cato,2011;Beladi et al,2013)。大多数学者认为,为应对越来越严格的环保税政策,企业有动机不断地加大治污投入以减少污染排放,使得污染治理投入占GDP的比重不断提高,相应地,环境质量也得到了明显改善,这一现象在发达国家中较为普遍。

由于缺乏严格的环保税政策,许多发展中国家的企业进行污染减排的动机不足,出现了严重的环境污染问题(Chen,2013;Greenstone & Hanna,2014;梁平汉和高楠,2014)。发展中国家政府对于开征环保税表现得非常谨慎,相应地,环境污染治理投入也始终处于较低水平。原因在于,发展中国家主要通过资本要素的不断累积、资源能源的大量消耗推动经济增长(田国强和陈晓东,2015)。在经济发展对资源能源的过度依赖下,发展中国家的环境污染水平逐年累积,污染治理难度逐渐增大。并且,在以要素投入为主的经济追赶模式下,理论上发展中国家经济发展水平仍处于经济增长的鞍点路径上,还远未达到稳态水平(李稻葵等,2012)。大部分文献都是基于经济稳态水平或平衡增长路径展开研究的(Brunner & Strulik,2002;Oueslati,2014),显然无法刻画出发展中国家经济发展的特征以及环境污染的累积过程,也就无法满足处于经济增长阶段国家的环保税政策相关研究的需要。

为了降低企业污染减排的成本,在世界贸易组织(WTO)倡导下的政府污染减排补贴,也逐渐成为各国普遍实施的一种重要的环境规制政策(Fredriksson,2001)。与环保税这一惩罚性的环境规制政策相比,减排补贴是正向激励政策。有关政府最优减排补贴率、减排补贴是否能够降低环境污染水平等话题成为这一领域新的研究热点(Fredriksson,1997a;Fredriksson,1997b;李永友和沈坤荣,2008;Pang & Shaw,2011;Cato,2011)。政府对企业进行污染减排补贴的目标在于促使企业加大治污投入并降低污染水平,但是弗里克森(Fredriksson,1997b)、庞和邵(Pang &

Shaw，2011）通过理论推导得出政府最优的减排补贴将会产生更高的污染水平，原因在于政府的污染减排补贴减弱了环保税的政策效果，导致最优环保税税率下降，进而使得产出规模扩大，由于规模效应造成的污染排放增加量大于单位产出污染水平下降所带来的污染排放减少量，最终导致污染水平上升。

然而，一些学者发现，在给定环保税税率的前提下，政府的减排补贴是有利于提高产出水平和降低污染排放量的（Pang & Shaw，2011），这对于仍然以要素驱动为主要增长模式的发展中国家而言，具有非常重要的政策启示作用。范庆泉等（2016）指出，无论环境外部性影响大小，在政府开征环保税的初始时期，税收扭曲效应将占据主导地位，导致产出水平下降。但从长期来看，污染排放的减少量以及累积释放的外部效应将会使得环保税的正外部性逐渐显现，最终实现环保税的"双重红利"，而减排补贴政策有利于缩小长短期目标之间的差距。

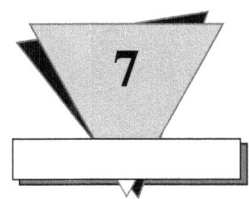

财政支出经济外部性及政策影响研究

7 财政支出经济外部性及政策影响研究

改革开放四十多年来，中国经济取得了显著的成就。毋庸置疑，中国政府的财政支出在这一发展过程中起到了关键性作用。改革开放之初，我国国民经济基础薄弱。中国政府实施的积极财政政策，将更多的政府支出集中于基础设施建设、教育、医疗卫生、三农水利等各个领域的生产性投入环节，具有很高的外部经济性，充分发挥了我国制度的优越性。譬如，中国政府在这一阶段逐步完成了国道、省道、县及村级公路建设，极大提高了商品在市场经济中的流通性，有利于拉动私人投资甚至吸引外国资本，有利于资本和劳动生产效率的提高，进而也带动了中国经济近30年的高速增长。然而，随着2010年中国经济总量首次超过日本成为世界上第二大经济体，我国的经济结构也逐渐发生深刻的变化。如果政府照搬以往的成功经验，不能清楚地认识到自身在新的经济结构中的角色，一味地按照传统模式刺激经济发展，很有可能不会取得预期目标。本章试图建立一个包含政府行为的动态随机一般均衡（DSGE）模型，分析不同经济结构环境下政府行为对经济发展的影响差异，为当前的市场经济结构中政府角色的转变提供理论支持和政策建议。

7.1 财政支出双重角色的理论模型构建

7.1.1 政府消费性财政支出与效用函数

克里斯蒂安诺和艾肯鲍姆（Christiano & Eichenbaum，1992）、黄赜琳（2005）等构建了一个关于居民消费和政府支出的居民有效消费函数。黄赜琳通过对我国居民消费和政府支出原值比及增量比序列进行单位根检验，检验表明原值比序列是非平稳的，增量比序列是平稳的，结果表明居民消费和政府支出之间的非线性替代关系在中国更合适。本章参考黄赜琳的研究方法，认为我国居民消费与政府消费性支出之间也存在非线性替代关系，表达式如下：

$$TC_t = c_t g_{ct}^{\eta} \tag{7.1}$$

式中，TC_t 是居民有效消费水平，包括居民消费 c_t 和政府消费性支出 g_{ct} 两部分。η 表示居民消费与政府消费性支出之间的弹性系数。从社会最优化的角度来看，η 取值应为政府消费性支出与居民消费的比值。

7.1.2 政府生产性财政支出与生产函数

在改革开放四十多年来,中国政府支出在经济发展方面表现出了很强的外部经济性。在以往的大部分有关使用 DSGE 模型研究中国经济波动的文献中,都未能考虑到这一重要特征。类似于上述研究,本章试图考虑一个包含政府生产性支出累计形成的政府资本和私人资本之间的非线性替代关系,表达式为:

$$TK_t = K_t P_t^{\theta} \tag{7.2}$$

式中,TK_t 是社会总资本存量,包括私人资本存量 K_t 和政府资本存量 P_t 两部分。θ 表示私人资本与政府资本之间的弹性系数。从社会最优化的角度来看,θ 取值应为政府资本存量与私人资本存量之间的比值。在假设政府资本和私人资本的折旧率差异不大的情况下,本章采用政府生产性支出与私人投资的比值作为替代值。

7.1.3 三部门 DSGE 模型的构建

根据上述政府参与经济活动的不同行为,本章将政府的两种角色加入 DSGE 模型中,并采用新凯恩斯 DSGE 模型的建模思路,加入消费习惯,这也符合并刻画了我国居民的消费特点。本章有三个经济参与主体,分别为代表性消费者、企业和政府;并在模型中加入了三种冲击,分别为技术冲击、政府消费性支出冲击和政府生产性支出冲击。下面详细阐述建模过程。

代表性消费者效用最大化问题为:

$$U = \max \sum_{t=0}^{\infty} \beta^t \left[\ln(TC_t - hTC_{t-1}) + \gamma \ln(1-n_t) \right] \tag{7.3}$$

约束条件为:

$$c_t + g_t + i_t = y_t \tag{7.4}$$

$$i_t = K_t - (1-\delta_k) K_{t-1} \tag{7.5}$$

$$g_{pt} = P_t - (1-\delta_g) P_{t-1} \tag{7.6}$$

$$g_t = g_{pt} + g_{ct} \tag{7.7}$$

$$y_t = A_t (TK_{t-1})^{\alpha} n_t^{1-\alpha} \tag{7.8}$$

三种外生冲击变量为:

$$\log(A_t) = (1-\rho_A)\log(A) + \rho_A \log(A_{t-1}) + \varepsilon_t^A \tag{7.9}$$

$$\log(g_{ct}) = (1-\rho_{g_c})\log(g_c) + \rho_A \log(g_{ct-1}) + \varepsilon_t^{gc} \quad (7.10)$$

$$\log(g_{pt}) = (1-\rho_{g_p})\log(g_p) + \rho_A \log(g_{pt-1}) + \varepsilon_t^{gp} \quad (7.11)$$

式中，A_t、n_t、g_{pt}、g_t 分别为 t 期的技术水平、劳动供给、政府生产性支出与政府总支出；β 为效用贴现因子；h 为消费习惯系数；α 为资本弹性系数；δ_k 为私人资本折旧率；δ_{gp} 为政府资本折旧率；A、g_p、g_c 为相应变量稳态值；$\varepsilon_t^j \sim N(0, \sigma_j^2)$，$j = A_t, g_{pt}, g_{ct}$。

在政府总预算约束条件下，政府消费性支出和生产性支出可能存在一定的挤出效应，我们可以考虑两种支出的非完全替代效应。但是由于我们只能得到政府总支出的数据，无法估计合理的替代系数，因此，本章将这两种类型政府支出的决策过程假设为独立的。

7.1.4 模型求解

式（7.3）的最大化问题，即代表性消费者在第 t 期选择消费水平 c_t、劳动供给 n_t 和资本水平 K_t 的过程，一阶条件分别为：

$$\frac{g_{ct}^\eta}{TC_t - hTC_{t1}} = \lambda_t \quad (7.12)$$

$$\frac{\gamma}{1-n_t} = \lambda_t (1-\alpha) \frac{y_t}{n_t} \quad (7.13)$$

$$\lambda_t = E_t \lambda_{t+1} \beta \left[\alpha \frac{y_{t+1}}{K_t} + 1 - \delta_h \right] \quad (7.14)$$

由于我们无法给出解析解，因此本章利用确定性等价原理，在经济稳态附近对 3 个一阶条件、5 个约束恒等式以及 3 个外生冲击变量 AR（1）过程进行对数线性化展开。

在进行对数线性化处理后，我们将 11 个对数线性化方程整理为如下标准格式：

$$\Gamma_0 X_t = \Gamma_1 X_{t1} + \Pi \xi_t + \Psi \varepsilon_t \quad (7.15)$$

式中，ξ_t 代表的是经济变量的一步预测残差。例如，产出增长率的一步预测残差可以表示为：$\xi_t^y = \hat{y}_t - E_{t-1}\hat{y}_t$，$\hat{y}_t$ 代表的是实际产出相对于稳态的变化率，$E_{t-1}\hat{y}_t$ 为在第 $t-1$ 期代表性消费者对下一期该变量的预测期望值。

我们采用西姆斯（Sims，2002）的算法，可以求解式（7.15）并

得出:

$$X_t = G_1 X_{t-1} + G_2 \varepsilon_t \tag{7.16}$$

当给出系数矩阵 G_1、G_2 的数值解后,我们可以在各种结构性冲击和经济结构环境下进行数值模拟和政策分析。

7.2 样本说明与参数估计

7.2.1 样本数据选取

基于我国宏观季度数据的可得性,本章使用数据的样本区间为1993年3月到2013年9月的国内生产总值的季度数据,以及社会消费品零售总额、国家财政支出、居民消费者价格指数的月度数据。首先,我们选择1994年12月作为居民消费价格指数的基期。其次,将国内生产总值、社会消费品零售总额以及国家财政支出等三个名义变量换算为实际变量。再次,将后两个数据序列转换为季度数据。最后,对三个实际变量序列进行季节调整和对剔除季节因素的对数化序列进行 HP 滤波处理,从而得到本章模型中所需要的宏观波动序列样本。

7.2.2 模型参数校准和估计

鉴于我国宏观数据的有限性以及我们研究问题的侧重点不同,对于如劳动供给 n、资本弹性 α、效用贴现因子 β、私人资本折旧率 δ_k、政府总支出占比(与总产出比值)gyratio、政府消费性支出弹性 η、政府资本弹性 θ、政府消费性支出占比 gcp(与政府总支出的比值)等参数,在借鉴前人研究成果的基础上,本章通过参数校准给出相应值。针对政府资本折旧率 δ_g、消费习惯系数 h 以及三个外生冲击变量的一阶自回归系数和标准误等参数进行估计。

7.2.2.1 模型参数校准

在表 7.1 中,我们给出了模型部分参数的校准结果。本章选取的劳动供给变量是每年就业人数占总人口的比值,这是由我国就业数据的可得性决定的。黄赜琳(2005)给出了我国1978年以来就业人数与总人口的波动变化规律,指出其波动变化幅度不大,平均值为0.542;黄赜琳通过有效人均生产函数的回归结果估算我国的资本产出弹性为0.503。有鉴于此,本章的劳动供给、资本产出弹性也选取相应值。效用折现因子选取为 0.984、私人资本折旧率为 0.025（杜清源和龚六堂，2005）；历年来，我国政府总收入占总产出的比重在 25% 左右，因此我们选取政府支出占比为 0.25。从我国经济发展状况的实际来看，在改革开放的初期，由于我国居民消费本身水平不高，同时，国有企业改革相对滞后，因此政府消费性支出占比相对较高。随着我国市场化改革的步伐不断加快和国民收入的不断提高，近些年来我国居民消费水平有了显著提高。与此同时，政府为了保持国民经济健康快速发展，不断加大政府生产性支出。从理论上分析，我们认为政府消费性支出弹性在改革开放前期较高，在当前阶段较低，这也是我国经济结构变化情况之一。类似于上述分析，随着我国经济存量的快速积累，私人资本存量也越来越大，我们认为政府资本弹性也越来越小。

由于我们缺乏相应数据，以及这些参数存在一些结构性变化，我们将针对政府消费性支出弹性、政府资本弹性、政府消费性支出占比的不同情境进行模拟。

表 7.1 模型部分参数的校准结果

变量	n	α	β	δ_k	$gyratio$	η	θ	gcp
取值	0.542	0.503	0.984	0.025	0.25	0.3~0.8	0.3~0.8	0.2~0.5

注：我们针对政府消费性弹性、政府资本弹性与政府消费性支出占比的各种可行性组合进行估计参数的 Robust 检验。

7.2.2.2 模型参数估计

本章使用贝叶斯方法估计模型的部分参数。表 7.2 中，我们给出了这些参数的先验分布和后验估计结果。在参考王彬（2010）和刘（Liu，2008）的研究基础上，并结合前文论述的有关我国政府以不同角色参与经济活动的实际情况，本章给出了这些参数的先验的均值和标准误。我们使用上述处理的国内生产总值变化率、社会消费品零售总额变化率和政府总支出变化率作为观测样本，结合参数的先验分布信息，计算后验分布的极大似然函数。本章使用西姆斯（Sims，2002）的优化函数（csminwel）数值求解最优的 Mode 值。进一步，我们使用 MCMC 方法，在接受概率为 0.263 的情况下，计算参数的后验均值和 95% 的估计区间。

表 7.2　模型部分参数的贝叶斯估计结果

参数	先验分布	后验均值	后验区间
δ_g	Gamma [0.08, 0.05]	0.027	[0.022, 0.033]
h	Beta [0.5, 0.2]	0.849	[0.833, 0.865]
ρ_A	Beta [0.9, 0.1]	0.471	[0.446, 0.499]
ρ_{gp}	Beta [0.6, 0.2]	0.341	[0.312, 0.368]
ρ_{gc}	Beta [0.6, 0.2]	0.780	[0.760, 0.801]
σ_A	Inv-Gamma [0.05, 2]	0.015	[0.014, 0.015]
σ_{gp}	Inv-Gamma [0.05, 2]	0.075	[0.073, 0.076]
σ_{gc}	Inv-Gamma [0.05, 2]	0.032	[0.031, 0.033]

注：Beta、Gamma 先验分布的特征参数是均值和标准误；Inv-Gamma 先验分布的特征参数是均值和自由度；政府消费性支出弹性、政府资本弹性和政府消费性支出占比取值分别为 0.5、0.5、0.3。

如表 7.2 所示，我们得出政府资本弹性的估计系数为 0.027 3，与我国社会资本存量季度折旧率（约为 0.025）相差不大。我国居民消费习惯系数为 0.85，要高于马文涛（2011）的估计值 0.65，与李和刘（Li & Liu, 2012）的估计值类似，显示我国居民有很强的消费惯性。值得指出的是，我国技术变化率的自回归系数为 0.47，与先验预期相差较大。这反映了技术冲击的持续性较短，对经济变量的影响相对较小。换句话说，技术冲击对我国经济波动的影响要小于预期。政府消费性支出变化率的自回归系数要高于政府生产性支出的 2 倍以上。这也充分反映了政府在调整消费性支出时会充分考虑居民当前的福利水平状况。相对而言，政府进行生产性支出调控要灵活得多。

7.3　财政支出政策对宏观经济的影响分析

本章使用 Matlab 软件对式（7.15）进行数值求解，进而可以计算系数矩阵 G_1、G_2。然后，我们使用 VAR（X_t）可以计算模拟经济体各个变量总体矩，包括方差-协方差矩阵。正如上文所述，随着经济发展及其资本的不断累积，政府参与经济活动的相对重要性也在下降。因此，本章认为政府消费性支出、政府资本对于私人消费、社会资本的相对水平在下降。从社会优化角度来看，政府消费性支出弹性和政府资本弹性系数也是在逐

7 财政支出经济外部性及政策影响研究

年下降的。本章计算了历年来政府支出与社会固定投资总额的比值情况，该比值由 1993 年高于 70% 的水平逐步下降到 2013 年的 33% 左右。也就是说，政府资本弹性在改革开放初期较高，随着我国市场化的逐步完善，该值也在逐年变小。类似地，在我国计划经济阶段，政府的消费性支出占据国民消费总水平的重要位置。随着我国市场经济化改革的不断深入和国有企业股份制改革的完成，政府严重的消费性财政负担逐年减轻。同时，个人收入水平和消费水平也不断提高。本章也认为政府消费性支出弹性在逐年下降。为了更好地给出政府角色变化的对比性分析，我们分别就改革初期的高弹性水平和当前阶段的低弹性水平进行对比性模拟分析。根据中国的实际数据情况，本章给出：在高弹性阶段政府资本弹性为 0.7，政府消费性支出弹性为 0.6；在低弹性阶段政府资本弹性为 0.3，政府消费性支出弹性为 0.3。另外，在改革初期，政府消费性支出占比较高，本章取值 0.5；当前阶段，政府消费性支出占比为 0.3。

在表 7.3 中，我们给出了实际经济体中衡量各个经济变量波动性的相对标准误（相对于产出波动性而言），以及与高、低弹性经济结构下相对标准误的比较结果。在我国，消费波动相对于产出一直较高，我们的模拟经济也很好地捕捉到这一经济特征。同时，值得讨论的是，随着我国经济结构的变化，消费波动与产出的相对标准误在降低。一方面，政府参与经济活动的影响程度在下降，对于居民消费的影响也在降低；另一方面，随着我国市场化程度的不断完善，居民面对各种经济冲击平滑消费水平的渠道也在增多。投资、就业的波动性特征与模拟经济模型也相差不多。需要说明的是，模拟经济模型的社会资本与政府支出变量的波动性均高出实际状况的 2 倍左右，这或许与我们对社会资本和政府支出进行了分解有关。本章将社会资本分解为私人资本和政府资本，将政府支出分解为消费性支出和生产性支出，使得模拟经济可以捕捉到更多有关这些变量的波动性。

表 7.3 实际经济和模拟经济波动性的标准误比较

变量	实际经济	高弹性	低弹性
产出	1.00	1.00	1.00
消费	1.16	0.72	1.24
投资	3.74	3.72	3.51
就业	0.51	0.65	0.65

续表

变量	实际经济	高弹性	低弹性
社会资本	0.21	0.40	0.39
政府支出	1.26	2.61	2.09

注：本章使用的实际经济波动性的相对标准误是根据黄赜琳（2005）测算实际经济变量标准误计算而得的。

7.3.1 政府生产性支出政策冲击的模拟分析

如图 7.1 至图 7.4 所示，本章给出了政府生产性支出冲击对产出、消费、就业、真实性工资、投资等变量变化率的影响情况。总体来看，在高弹性阶段政府生产性支出对于宏观经济的影响是显著的。政府生产性支出提高 1 倍，可以使得总产出在半年后的增长率高出 5 个百分点；并在一年后的很长一段时间维持增速 6% 高速增长；而在低弹性阶段政府生产性支出对于总产出在短期内有很高的刺激作用，不过随后就基本消失了。政府生产性支出冲击对于消费的影响也有很显著的差异。具体而言，在高弹性阶段，政府生产性支出增加在短期内对私人消费并没有太多的挤出效应，随着政府行为的外部经济性增强，提高了投入要素的综合生产率，居民在未来有了很高的财富效应，消费水平也不断提高；而在低弹性阶段，政府生产性支出更多地表现为对私人消费的挤出效应。这种财富效应在劳动供给方面的影响更为明显。在高弹性阶段，政府生产性支出的增加，同期内

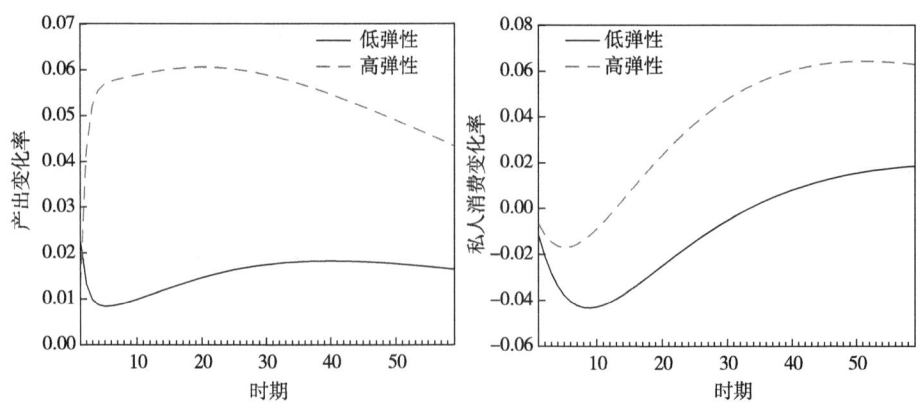

图 7.1 政府生产性支出冲击对产出和私人消费水平变化率的影响

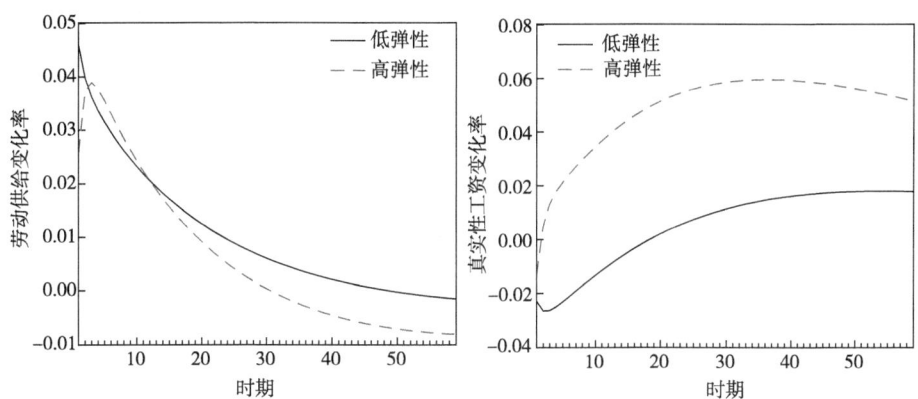

图 7.2 政府生产性支出冲击对劳动供给和真实性工资变化率的影响

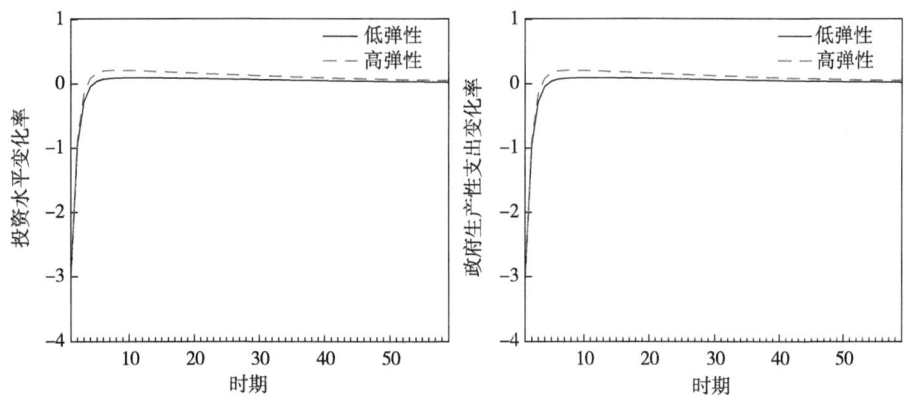

图 7.3 政府生产性支出冲击的变化趋势及对投资水平变化率的影响

会降低居民收入,使得人们更多地投入工作;另一方面,可以提高劳动生产率,增加居民收入,因为正的财富效应使得人们减少工作。在低弹性阶段,政府生产性支出行为更多地表现为对私人消费的挤出效应,使得人们不得不增加工作以平滑消费。

政府生产性支出对于居民真实性收入的影响差异也是显著的。在高弹性阶段,政府生产性支出的增加,直接影响生产效率的提高。短期内,政府生产性支出增加,使得人们收入减少,将精力更多地投入到工作中,但不久正的财富效应又会使得人们降低工作的热情。同时由于劳动生产率的提高,企业有很高的劳动需求,劳动需求曲线和供给曲线向右同时移动,

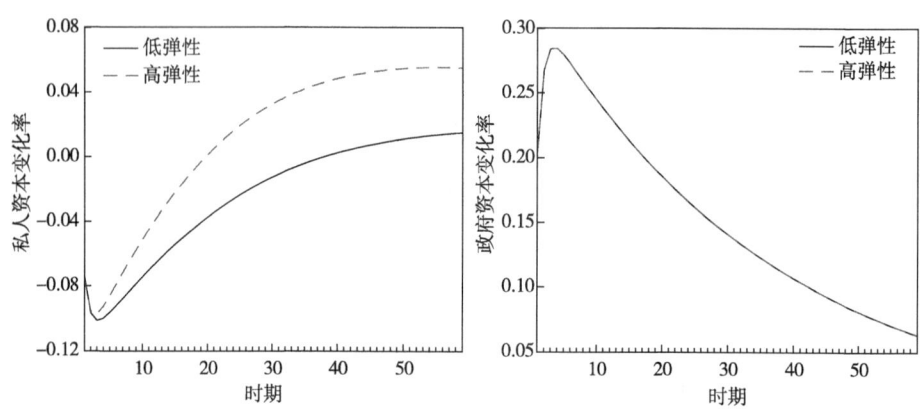

图 7.4 政府生产性支出冲击对私人资本和政府资本变化率的影响

但前者移动的幅度要大于后者，使得人们的真实性工资水平增加。在低弹性阶段，政府生产性支出对居民消费的挤出效应，使得人们将更多的精力投入工作中。同时，由于生产效率并没有显著地提高，企业的劳动需求变化不大，使得人们的真实性工资水平下降。

基于政府生产性支出冲击的影响，本章可以部分解释2008年下半年我国政府的四万亿元基础性投资引起的广泛争议问题。2007年美国次贷危机引发全球性金融危机，在2008年下半年席卷到中国。中国政府出台4万亿元基础性投资，通过积极的财政政策促进了国内消费和投资增长，保持了国民经济快速稳健的发展。同时，这也成为2010年以来国内物价飞涨、金融资产泡沫膨胀等现象的主要影响因素。这是因为在我国市场经济发展的当前阶段，随着市场经济体制和机制的逐渐完善，政府在经济活动中对生产效率的影响作用也越来越小，即表现为政府资本的低弹性。在这种情况下，尽管短期内政府的生产性支出增加可以提高就业、保持经济增长，但是在长期内并没有提高资本和劳动的生产率，人们的真实性收入并没有得到改善。甚至更为严重的是，大量资金流入金融领域和房地产行业，造成了这些行业的工资水平严重偏离真实性工资水平。房地产行业的特殊性进一步拉高了制造业、钢铁等各个行业的工资成本，甚至会抵消或者摧毁我国劳动力资源丰富的优势，从而中断我国的工业化发展进程，使我国陷入中等收入国家发展陷阱。

7.3.2 政府消费性支出政策冲击的模拟分析

如图7.5至图7.8所示,本章给出了政府消费性支出冲击对居民有效消费、产出、私人消费、就业、真实性工资、投资等变量变化率的影响情况。在对模拟脉冲图分析之前,我们首先讨论一下政府消费性支出与私人消费之间的互补效应。正如前面所述,两者之间的互补效应即表现为两个变量同时增加或者减少。换句话说,在某种情况下,政府消费性支出增加,会提高私人消费的边际效用,在其他变量给定的情况下,人们为了能够提高消费带来更多的效用增加,往往会提供更多的劳动以增加收入。在高弹性的情况下,政府消费性支出增加给人们带来的互补效应相对于替代效应比在低弹性的情况下更为明显。在图7.5中,政府消费性支出的增加在短期内会使得替代效应大于互补效应,大约一年左右的时间两种效应大致相抵,随后互补效应大于替代效应,尤其在高弹性情况下更为明显。与政府生产性支出冲击不同,我们在此处增加了消费性支出冲击对居民有效消费变化率的影响。政府消费性支出冲击对于劳动供给的影响,是通过提高人们的边际消费效应产生的。

政府消费性支出冲击对真实性工资变化率的影响是负的。尤其是在低弹性情况下,政府消费性支出的冲击,几乎不会通过政府总支出的增加,影响政府生产性支出的增加,从而带来生产效率的提高。更多地体现在,人们的边际消费效应的提高,促使人们更多地参加工作,使得劳动供给曲线向右移动,真实性工资水平下降。在实际经济中,这体现了政府改善民生、提高人们居住满意度的外部经济性。一个设施良好、环境优美、法制健全的社会环境,会极大地提高人们的幸福度,提高人们的工作效率或者促使人们更多地参加工作。政府消费性支出冲击对于私人投资没有挤出效应,这是因为当人们愿意更多地参加工作时,资本的边际报酬率相对而言就变高了,以至于人们会增加投资来提高收益。因此,政府消费性支出冲击也会促进总产出的增加。

在现实经济中,政府消费性支出行为即表现为政府对于市场经济的服务行为。例如,建立健全更加完善的法制环境、治理环境污染、改善居民生活娱乐文化设施、改善医疗卫生条件和完善医保体制等。政府在经济活动中更多地参与消费性支出行为,不仅可以提高人们的生活满意度,还不会对私人投资产生挤出效应,更为重要的是政府可以有效监管和管理投资

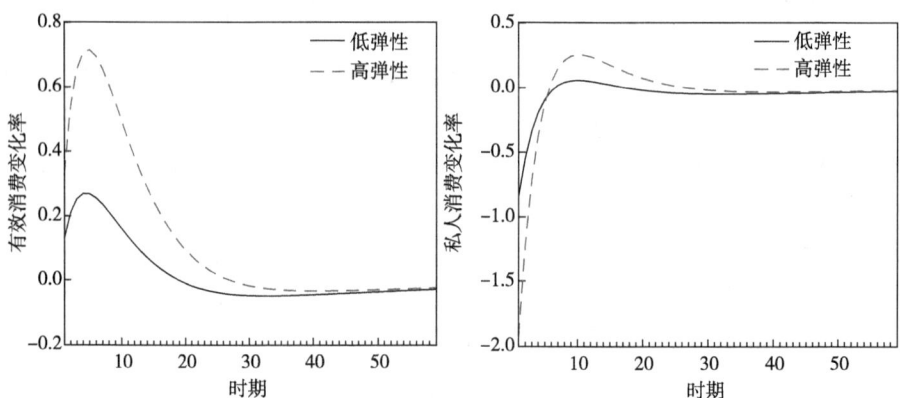

图7.5 政府消费性支出冲击对有效消费和私人消费变化率的影响

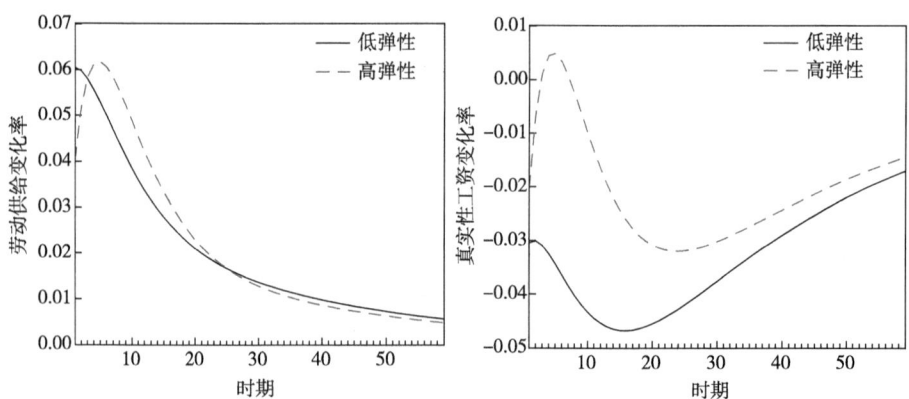

图7.6 政府消费性支出冲击对劳动供给和真实性工资变化率的影响

资金的用途,避免类似于生产性支出的投资资金更多地流向金融、房地产等行业带来严重后果。另外,图中显示高弹性情况下政府消费性支出的效果更为明显。因此,我们应该加大政府支出中有关消费性支出的比例。政府在新的经济结构中,对于自身角色的变化应该有更为清楚的认识。当然在高弹性情况下,政府消费性支出对于私人消费的负向冲击很大。因此,政府的消费支出带来的效用增加,应该能让每一位民众都有所分享,才能够弥补私人消费效用的减少。

7 财政支出经济外部性及政策影响研究

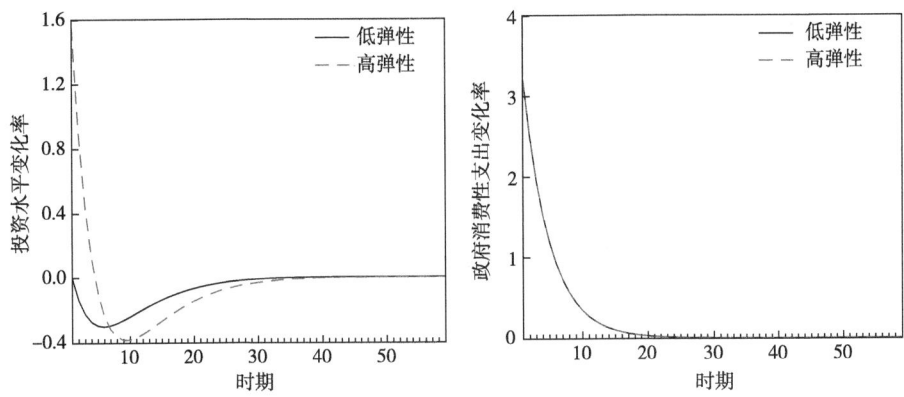

图 7.7 政府消费性支出冲击的变化趋势及对投资水平变化率的影响

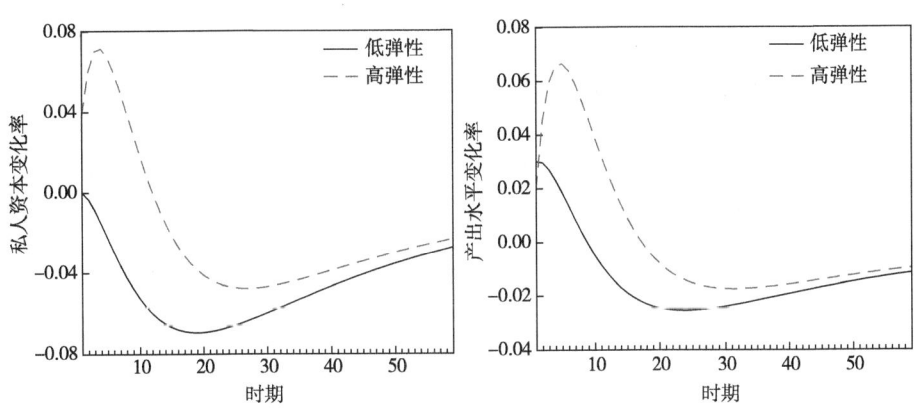

图 7.8 政府消费性支出冲击对私人资本和产出水平变化率的影响

7.4 本章小结

本章将政府财政支出分解为消费性支出和生产性支出，政府在参与经济活动过程中扮演着这两种角色。尤其在中国，政府的生产性支出在经济发展的过程中起到了十分关键的作用。随着中国经济的高速发展和资本的快速积累，我国经济结构也发生着深刻的变化，政府在经济活动中的角色也在不断转变。本章建立政府消费性支出和私人消费、政府资本和私人资本之间的非线性替代关系函数，然后将政府的双重角色加入 DSGE 模型中，进而模拟分析不同经济结构下政府的双重角色对我国宏观经济的影响差异。

本章构建的 DSGE 模型中的主要经济变量的波动特征与实际经济相符合。在政府生产性支出冲击中，人们主要考虑政府支出增加对消费替代效应和生产效率的提升带来正的财富效应之间的均衡。在当前阶段，政府生产性支出弹性变小，其冲击对于我国宏观经济变量的影响已经逐渐消失。如果政府照搬以往的成功经验，不能清楚地认识到自身在新的经济结构中的角色，一味地按照传统模式刺激经济发展，很有可能不会取得预期目标。尤其是政府无法控制生产性支出的投资渠道，很难实施有效的监管措施，使得资金大量流入金融、房地产等行业，使得我国劳动力成本急剧上升。行业之间的传导机制，甚至会抵消或者摧毁我国劳动力资源丰富的优势，从而中断我国的工业化发展进程，使我国陷入中等收入国家发展陷阱。在政府消费性支出冲击中，我们讨论了有关政府消费性支出与私人消费之间的互补效应，即政府消费性支出增加会提高私人消费的边际效用，在其他变量给定的情况下，人们为了能够提高消费带来的更多效用增加，他们往往会提供更多的劳动以增加收入。政府消费性支出投资渠道清晰，用途可控，有利于提高人们生活的综合幸福指数，同时对于私人投资不会有挤出效应，甚至有很显著的正效应，因此，我们应该加大政府支出中有关消费性支出的比例。同时，应该注重分配经济发展成果的公平性，使得政府的消费支出带来的效用提升能够惠及每一位普通民众。

消费性财政支出与最优规模

8 消费性财政支出与最优规模

改革开放以来，政府财政支出活动对中国经济的高速增长起到了重要的作用。但随着中国市场经济体制的不断完善，财税体制向"建立公共财政基本框架"转型，政府的财政支出功能定位也由经济建设转向了公共服务，规模庞大的生产性财政支出在一些经济领域已经开始减弱（高培勇，2008）。与此同时，随着中国人均收入水平的不断提高，人们对医疗、教育、环境等方面的需求逐渐增多，政府在社会保障、医疗卫生、科技教育和生态环境等公共消费领域的财政支出力度也不断加大。根据地市级统计资料测算，中国消费性财政支出占 GDP 比重由 2001 年的 3.54% 提高到 2012 年的 9.04%。直到当前，中国仍是一个发展中的大国，经济增长仍将是中国经济社会健康稳定发展的一个重要目标。尤其是在当前中国经济增长面临下行压力的情况下，政府如何把握消费性财政支出和生产性财政支出的关系，优化财政支出结构、充分发挥政府提供公共消费品的外部性，以实现资源的优化配置、提高财政支出效率，并最大程度地促进中国的经济增长，这将是今后相当长时期内中国财政支出改革所面临的问题与挑战。面对这一在中国可能长期存在的问题和挑战，本章将聚焦于政府的消费性财政支出与经济增长的关系，在引入影响财政支出效率的拥挤因子的情况下，进一步厘清消费性财政支出与经济增长可能存在的非线性关系，并研究政府在追求经济增长最大化目标下消费性财政支出的最优规模及其影响因素。

本章的研究将在理论与实证分析中进行如下拓展：在理论分析中，加入了消费性和生产性两种类型的拥挤因子，并给出了政府财政支出存在拥挤效应时，经济增长最大化目标下最优的消费性财政支出占比的解析解。进一步地，我们通过数值分析，模拟了政府消费性财政支出占比与经济增长之间所存在的倒 U 形关系，并指出政府的消费性支出效率会影响最优支出规模。在实证研究中，本章构建了包含政府消费性支出平方项的非线性回归模型，通过中国地市级、县级的经济数据检验了中国政府的消费性财政支出占比与经济增长之间倒 U 形关系的存在性，并从 2008 年全球金融危机前后两个阶段对中国政府消费性财政支出规模的适度性进行了评判。

8.1 政府消费性财政支出影响的理论分析

8.1.1 政府消费性财政支出与效用函数

参考托诺维斯基（Turnovsky，1996、2000）的研究思路，假定经济体中存在一个代表性家庭，家庭的效用中包括私人消费品、有效公共消费品以及闲暇品，其中政府提供公共消费品，但市场最终场决定着公共消费品是否存在拥挤效应以及拥挤效应的大小，换言之，政府提供的公共消费品有多少最终形成了有效的公共消费品是由市场决定的。家庭效用函数可表述为：

$$U(C_t, GS_{c,t}, L_t) = (C_t GS_{c,t}^{\eta} L_t^{\theta})^{1-\sigma} / (1-\sigma) \qquad \sigma > 0 \qquad (8.1)$$

式中，C_t 为家庭购买的私人消费品数量，L_t 为代表性家庭选择的闲暇时间，$GS_{c,t}$ 为政府提供的有效公共消费品，η 为有效公共消费品的效用替代弹性，θ 为闲暇的效用替代弹性，σ 为家庭消费跨期替代弹性的倒数。

托诺维斯基指出政府有效公共消费品由政府实际消费性支出与产出总水平决定，两者之间的不同份额刻画了公共消费品的拥挤程度，其表达式为：

$$GS_{c,t} = GC_t^{\alpha} (GC_t / Y_t)^{1-\alpha} \qquad 0 < \alpha < 1 \qquad (8.2)$$

式中，GC_t 为政府实际消费性财政支出，Y_t 为总产出，α 是描述政府公共消费品拥挤效应的参数。

假设政府实际消费性财政支出是总产出的一定比例 g_c，则式（8.2）可以进一步整理为：$dGS_{c,t}/GS_{c,t} = dGC_t/GC_t - (1-\alpha) dY_t/Y_t$。当 $\alpha = 1$ 时，政府有效的消费性财政支出增长率等于政府实际的消费性财政支出增长率，这意味着政府实际的消费性财政支出全部进入代表性家庭的效用函数，与企业提供的消费品不存在竞争性，因此不存在拥挤效应。当 $\alpha < 1$ 时，政府消费性财政支出是具备一定程度竞争性的公共服务品，由于具有一定程度的拥挤效应，因此进入家庭效用函数的消费性财政支出只是实际消费性财政支出的一部分。对于消费者而言，政府提供的公共消费性服务存在一定的拥挤效应，从而表现出如下两个方面的低效率现象：一是政府在公共财政支出方面出现了大量的"调整成本"，造成了社会福利的损失（庄子银和邹薇）；二是公共消费品一定程度地挤出了私人消费品，损失了

效率。当 $\alpha=0$ 时，政府的消费性财政支出提供的消费性服务是完全竞争性公共服务品，这意味着此时拥挤效应最大，政府提供消费性服务以降低社会成本的公共物品属性则完全消失了。

8.1.2 政府生产性财政支出效率与效用函数

企业部门通过雇佣劳动和租赁资本进行生产，代表性家庭为企业提供劳动获得报酬，提供资本获得利息，并作为企业的股东获取全部利润；政府生产性财政支出提供的有效生产性服务对生产具有促进作用。与刻画政府消费性服务的公共物品属性类似，本章参照贾俊雪和郭庆旺（2010）的方法引入拥挤效应以刻画政府生产性服务的公共物品属性。设 $GS_{p,t}$ 为政府提供的有效生产性服务，GP_t 为政府实际的生产性财政支出，政府的有效生产性服务由政府实际生产性财政支出与产出总水平决定，其表达式为：

$$GS_{p,t} = GP_t^{\varepsilon}(GP_t/Y_t)^{1-\varepsilon} \quad 0<\varepsilon<1 \quad (8.3)$$

式中，ε 为政府公共生产性服务拥挤效应的参数，该参数反映了政府生产性财政支出和私人资本在生产函数中相对作用的大小。

在给定同一种政府生产性支出行为的条件下，其生产性服务的拥挤程度越小，表明政府在经济中的作用越大，私人资本的生产弹性也就越小。假设政府实际生产性支出是总产出的一定比例 g_p，则式（8.3）可以进一步简化为：$GS_{p,t}=g_pY_t^{\varepsilon}$。类似地，当 $\varepsilon=1$ 时，政府生产性支出是非竞争性公共服务品，不存在拥挤效应，因而生产性支出效率最高；当 $\varepsilon<0$ 时，政府的生产性服务则是具有一定程度竞争性的公共服务品，政府的生产性支出效率则有所损失。将政府的有效生产性服务加入生产函数中，则有：

$$Y_t = A_t GS_{p,t}^{\rho}(1-L_t)^{\varphi}K_t^{1-\varepsilon\rho} \quad (8.4)$$

式中，K_t 为代表性家庭提供的资本品，$(1-L_t)$ 为代表性家庭提供的劳动时间[①]，A_t 为技术水平；ρ 为有效的公共生产性服务的产出弹性，φ 为劳动的产出弹性，$1-\varepsilon\rho$ 为资本的产出弹性。

[①] 在宏观经济理论模型中，有关劳动时间的处理方式往往是假设每期中代表性家庭的所有时间为单位1（如1天），代表性家庭在劳动时间和闲暇时间中进行选择（参见 Turnovsky，2000）。通常的假设是，代表性家庭用于闲暇的时间为 L（可以理解为闲暇时间在单位1中所占的比例），$0<L<1$，则劳动时间为 $(1-L)$。

假设 $\rho>0$，$\phi>0$，$\phi\leqslant\varepsilon\rho$，$\varepsilon\rho+\phi\leqslant1$，对于劳动和资本要素投入而言，生产函数呈现规模报酬非递增特征，劳动和资本的边际报酬呈现递减特征。将式（8.3）代入式（8.4）中，得到 AK 经济形式的内生增长模型。生产函数的表达式为：

$$Y_t = (A_t g_p^\rho)^{1/(1-\varepsilon\rho)} (1-L_t)^{\varphi/(1-\varepsilon\rho)} K_t \tag{8.5}$$

8.1.3 最优消费性财政支出占比与最大化经济增长率

代表性家庭在整个生命周期内的效用最大化问题是：

$$U = \max\left\{ \sum_{t=0}^{\infty} \beta^t \left[C_t (g_c Y_t^\alpha)^\eta L_t^\theta \right]^{1-\sigma} / (1-\sigma) \right\} \tag{8.6}$$

式中，β 为效用贴现率。效用函数中各参数关系满足如下条件：$\eta>0$、$\theta>0$、$(1-\sigma)(1+\eta\alpha+\theta)<1$。

预算约束方程如式（8.7）所示：

$$K_{t+1} = (1-g_c-g_p) Y_t + (1-\delta) K_t - C_t \quad 0<g_c+g_p<1 \tag{8.7}$$

本章的重点在于分析和评估政府消费性财政支出对经济增长的作用，基于此，在均衡增长路径上政府生产性财政支出占比可以表示为消费性财政支出占比的函数：

$$\hat{g}_p = 1 - g_c [1+\eta(1-\varepsilon)\Omega(L)] / [\eta\Omega(L)] \tag{8.8}$$

式中，$\Omega(L) = [L/(1-L)] \varphi (1-\varepsilon\rho)$。

本章将政府消费性支出作为代表性家庭追求效用最大化的外生变量，可以从需求和供给两个角度推导出经济增长率（ψ）与劳动时间（$1-L$）两者之间的函数关系，分别表示为：

$$\psi = \frac{(1-g_c-\hat{g}_p)[1-(1+\alpha\eta)\Omega]}{(1-\alpha\eta\Omega)(Ag_p^\rho)^{1/(1-\varepsilon\rho)}(1-L)^{\varphi/(1-\varepsilon\rho)}} - \delta \tag{8.9}$$

$$\psi = \frac{[\beta(1-g_c-\hat{g}_p)}{(1-\alpha\eta\Omega)(Ag_p^\rho)^{1/(1-\varepsilon\rho)}(1-L)^{\varphi/(1-\varepsilon\rho)}} + \beta(1-\delta)]^{1/[\sigma-\alpha\eta(1-\sigma)]} - 1 \tag{8.10}$$

需求曲线和供给曲线的相交处，即为均衡经济增长率和均衡闲暇时间，它们都是生产性支出占比与其他外生参数的函数。根据隐函数定理，基于均衡经济增长率最大化，可进一步推导出最优的政府消费性财政支出占比：

$$\hat{g}_c = \eta(1-\varepsilon\rho)\Omega(\hat{L}) / [((1-\varepsilon\rho)+\rho)(1+\eta(1-\alpha)\Omega(\hat{L}))] \tag{8.11}$$

8 消费性财政支出与最优规模

式中，$\hat{g}_c$ 表示均衡经济增长率最大化下政府最优的消费性支出占比，$\hat{L}$ 表示均衡的闲暇时间。当 $\alpha=1$ 和 $\varepsilon=1$ 时，即政府的消费性财政支出和生产性财政支出都不存在拥挤效应时，$\hat{g}_c = \eta(1-\rho)\Omega(\hat{L})$，表明政府最优的消费性财政支出占比应随着有效公共消费品的效用替代弹性 η 的增大而上升，随着有效的公共生产性服务的产出弹性 ρ 的增大而下降。在生产性财政支出的拥挤效应（ε）和均衡闲暇时间不变的情况下，随着政府消费性财政支出拥挤效应的提高（$\alpha \to 0$），最优的消费性财政支出占比则降低。

图 8.1 模拟了不同消费性拥挤程度下政府消费性支出占比对经济增长的 U 形关系[①]。从图 8.1 可以看出，如果不存在消费拥挤效应（$\alpha=1$），消费性财政支出的最优占比即为政府消费性财政支出的效用弹性和生产性财政支出的产出弹性的函数形式，同时又受到均衡闲暇时间的影响。随着消费性财政支出拥挤程度的增加（$\alpha \to 0$），消费性财政支出的效用损失也随之变大，最优的消费性支出规模的拐点呈现下降趋势。同时，由于在同一生产率下代表性家庭所获得的福利水平在下降，将会降低代表性家庭维系当前生产状态的积极性，以至于减少投资，最终造成最优均衡经济增长率的下降。

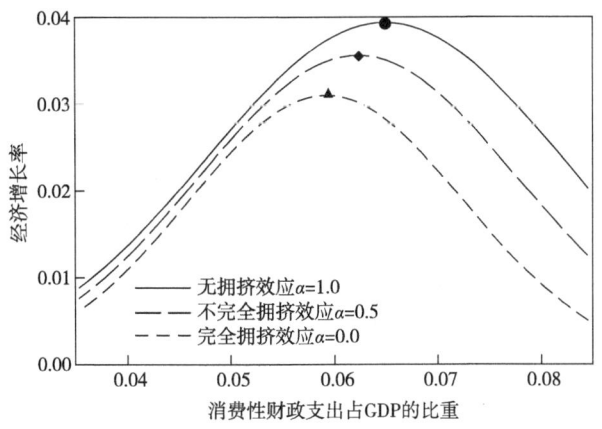

图 8.1　不同消费性拥挤效应下政府消费性支出占比对经济增长的影响

---

① 数值模拟中相关的参数分别取值为：$\theta=\eta=\rho=0.2$、$\varepsilon=1$、$\phi=\varepsilon\rho$、$\delta=0.025$、$A=0.3$、$\beta=0.96$、$\sigma=1.1$；初始的资本水平取值为：$K_0=10$。

8.2 最优消费性财政支出规模的实证研究

在上述的理论分析中,本章在内生增长模型的框架下推导了实现经济增长最大化目标下政府最优的消费性支出占比,并针对消费性财政支出占比与经济增长率之间的关系进行数值模拟,论证了两者之间存在着倒 U 形关系。接下来,本章将从实证角度对这一关系进行验证,为政府财政支出结构优化提供现实依据。

8.2.1 政府消费性支出的实证模型构建

财政支出类型根据功能划分,主要为消费性支出和生产性支出。在实际中,有关政府财政支出类型的判断没有明确标准。由于生产性财政支出对经济增长影响的研究文献比较多,有关生产性财政支出的类型讨论也就比较多见。阿肖尔(1989)、德瓦拉扬(Devarajan et al, 1996)认为生产性财政支出是以城市道路、高速公路、机场及公共交通等为主的基础建设支出。高培勇对于生产性财政支出类型进行了一般性总结,他指出基本建设支出、挖潜改造和科学技术三项费用支出,增拨国有企业流动资金支出、地质勘探费支出、支援农村的生产支出,以及工业、交通和商业等部门的事业费支出等,都属于生产性支出的范畴。很多学者将地方政府提供的公共服务品分为包括交通、能源、通信等方面的经济性公共服务品和包括环保设施、卫生保健、文化教育、社会保障等方面的非经济性公共服务品。梅冬州等(2014)认为科教文卫和社会保障支出属于公共福利支出,并指出公共消费服务品对于经济增长也非常重要。综上所述,本章认为环保设施、卫生保健、文化教育、社会保障等事务的财政支出具有消费性。

本章使用的数据包括 2000 年至 2006 年我国县级的各项财政支出类型、产出水平等变量指标,以及 2007 年至 2012 年我国地市级的财政支出类型、产出水平等变量指标。在地市级统计数据中可以收集到的财政指标包括教育、社会保障和就业、医疗卫生以及总财政支出变量。基于上面的讨论,这三种财政项目应该属于消费性财政支出,在 2012 年已占到地市级财政总支出的 40%以上[①]。由于 2007 年中国财政统计口径有所变化,并且 2008

---

① 以 2012 年为例,教育、社会保障和就业、医疗卫生支出占地市级财政总支出的 40.4%,其中,东部地区为 39.4%,中部地区为 42.6%,西部地区为 39.8%。

8 消费性财政支出与最优规模

年中国政府为应对全球金融危机扩大了财政支出规模并使得财政支出结构发生较大应急性变化,为避免这种较大结构性变化的影响,本章将考察期分为2000—2006年以及2009—2012年两个阶段。

梅冬州等(2014)认为地方政府在以名义GDP的增长率作为其决策目标时,是不能控制价格水平的。因此,本章将名义经济增长率作为因变量,通货膨胀率作为控制变量,政府的消费性支出及其平方项作为自变量进行回归分析,以检验政府消费性支出与经济增长率之间可能存在的倒U形关系。基于以往文献研究中模型设定的思路(Devarajan et al,1996),本章建立的面板模型如下:

$$rgdp_{it} = \theta_1 rcfin_{it} + \theta_2 rcfins_{it}^2 + X_{i,t,t-1}\Psi + \mu_i + \zeta_t + \xi_{it} \qquad (8.12)$$

式中,$rgdp_{it}$ 表示名义经济增长率,$rcfin_{it}$ 表示消费性财政支出占比,$rcfins_{it}^2$ 是 $rcfin_{it}$ 的平方项,μ_i 代表省际个体效应项,ζ_t 代表时间个体效应项,X 代表控制变量,包括初始经济发展水平、经济结构以及通货膨胀率等变量。

需要指出的是,式(8.12)并没有考虑被解释变量可能存在的序列自相关问题。由于地方政府在追求经济增长率的目标时往往会考虑或受到此前年份经济增长率的影响,本章也将滞后一期的经济增长率作为控制变量加入式(8.12)中构造动态面板模型:

$$rgdp_{it} = v_1 rcfin_{it} + v_2 rcfins_{it}^2 + v_3 rgdp_{it-1} + X_{i,t,t-1}\Lambda + \mu_i + \zeta_t + \xi_{it} \qquad (8.13)$$

式(8.13)中,由于等式右侧增加了滞后一期的经济增长率变量,这也在一定程度上控制了由于遗漏变量而产生的内生性问题。我们采用系统广义矩方法(GMM-SYS)对式(8.13)进行估计。

在控制变量的选择方面,曼昆等(Mankiw et al)在内生增长模型中研究经济条件收敛性时,将初始的产出水平作为重要的控制变量。严成樑和龚六堂认为经济结构、通货膨胀率等宏观变量是影响经济增长的重要因素,将其作为自变量引入经济增长的估计模型中。综合上述观点,本章选取的控制变量包括滞后一期的产出水平的对数值(lngdp-lag1)、经济结构(streco)和居民消费价格指数(cpi)。经济结构是第二、三产业的产出水平与总产出的比值。所有变量都是基于2000—2012年各省份、地市级和县级的《统计年鉴》数据计算而得的①。

由于我国各县的经济发展水平差异很大,为了与 2007 年以后地市级水平的研究分析保持一致,本章将 2000—2006 年的县级数据进行加总合并到地市级水平。我国部分地市级单位在 2000—2012 年存在一些撤销合并的调整现象,使得一些地市级数据本身出现了很大的变动,而这些数据变化本身并不是经济活动规律的体现,基于稳健性的考虑,我们将该类样本剔除②。本章将样本分为 2000—2006 年以及 2009—2012 年两个阶段,以便分别考察始于 2008 年的全球金融危机前后中国政府消费性财政支出的效率。此外,中国地域广阔,不同地区经济发展水平差异较大,财政支出效率也有较大差别。为了更细致地考察中国不同地区间消费性财政支出效率的异质性,本章参照以往文献划分标准将各省划分为东部地区、中部地区和西部地区③,针对不同区域分别进行估计。表 8.1 给出了主要变量的描述性统计量。

表 8.1 主要变量的描述性统计

区域	变量名称	2000—2006 年			2009—2012 年		
		样本量	均值	标准差	样本量	均值	标准差
东部	经济增长率($rgdp$)	141	0.240	0.072	339	0.149	0.060
	消费性财政支出占比($rcfin$)	141	0.027	0.012	339	0.044	0.015
	经济结构(str)	141	0.816	0.085	339	0.906	0.055
	通货膨胀率(cpi)	141	0.019	0.014	339	0.027	0.022
	名义 GDP 水平(gdp,万元)	141	438	222	339	2 563	2 039

---

① 初始经济水平、经济结构变量,2000—2006 年使用的是县级数据,在实证分析中,本章将县级数据汇总到地市级层面。2009—2012 年使用的是地市级数据;居民消费价格指数变量 2000—2006 年、2009—2012 年都是使用的省级数据。

② 尽管进行了这样的处理,也存在着有些地区 GDP 增长率相对较高的情况,比如广东省阳江市 2006 年的名义经济增长率(县级名义 GDP 的合并数据)高达 48.3%。由于没有进一步的信息对此进行核准,本章保留了名义 GDP 增长率不超过 50% 的样本,这样可以尽可能地使样本容量增大,以使我们的统计分析建立在"大数据"的基础之上。

③ 东部地区包括北京、天津、河北、辽宁、上海、江苏、浙江、福建、山东、广东和海南;中部地区包括山西、吉林、黑龙江、安徽、江西、河南、湖北和湖南;西部地区包括内蒙古、广西、重庆、四川、贵州、云南、西藏、陕西、甘肃、青海、宁夏和新疆。

8 消费性财政支出与最优规模

续表

区域	变量名称	2000—2006 年			2009—2012 年		
		样本量	均值	标准差	样本量	均值	标准差
中部	经济增长率（rgdp）	122	0.258	0.064	187	0.226	0.041
	消费性财政支出占比（rcfin）	122	0.039	0.015	187	0.070	0.025
	经济结构（str）	122	0.779	0.109	187	0.841	0.083
	通货膨胀率（cpi）	122	0.025	0.018	187	0.038	0.018
	名义 GDP 水平（gdp，万元）	122	271	127	187	786	376
西部	经济增长率（rgdp）	120	0.267	0.064	246	0.195	0.058
	消费性财政支出占比（rcfin）	120	0.045	0.025	246	0.121	0.065
	经济结构（str）	120	0.764	0.121	246	0.801	0.089
	通货膨胀率（cpi）	120	0.021	0.016	246	0.031	0.021
	名义 GDP 水平（gdp，万元）	120	203	114	246	367	141

8.2.2 估计结果与实证分析

表 8.2 给出了 2000—2006 年我国东、中、西部三大经济带政府财政消费性支出分别对地区经济增长影响的实证结果。表 8.2 显示，无论是未引入增长率滞后项的固定效应或随机效应估计，还是引入增长率滞后项的 GMM 估计，三类地区均显示出了政府消费性财政支出对地区经济增长影响的关系呈现显著的倒 U 形特征，即政府消费性财政支出占比的一次项显著为正，二次项显著为负。

从三大经济地带政府实际的消费性支出占比与通过模型计算的最优占比看，东、中、西部地区均呈现政府消费性支出的实际占比小于最优值的基本特征，这表明在 2007 年、2008 年的全球金融危机前，各地政府的消费性财政支出规模偏小，因此，政府还可以进一步扩大消费性财政支出占比，提高养老医疗、社会保障和环境污染治理等公共领域方面的投入，进而更大程度上促进地区的经济增长。

表 8.2 2000—2006 年地市级财政消费性支出对经济增长率影响的实证结果

变量名称	东部地区		中部地区		西部地区	
	模型 1	模型 2	模型 1	模型 2	模型 1	模型 2
rcfin	4.708*	5.400***	4.440**	4.580*	1.743*	6.996***
	(2.567)	(1.437)	(2.408)	(2.527)	(1.024)	(2.440)

续表

变量名称	东部地区		中部地区		西部地区	
	模型1	模型2	模型1	模型2	模型1	模型2
$rcfin^2$	-65.794**	-66.650***	-47.602**	-51.228*	-13.384*	-85.430***
	(31.941)	(18.726)	(23.838)	(28.513)	(7.414)	(20.794)
$rgdp_{-1}$	—	-0.298***	—	0.017	—	-0.292***
		(0.004)		(0.020)		(0.013)
$\ln gdp_{-1}$	-0.011	-0.076***	0.007	0.005	-0.009	-0.515***
	(0.0133)	(0.008)	(0.013)	(0.016)	(0.012)	(0.010)
str	0.085	1.229***	0.169***	0.148**	0.130*	2.323***
	(0.103)	(0.042)	(0.060)	(0.065)	(0.073)	(0.188)
cpi	0.528	1.779***	3.087**	3.237***	-0.565	2.364***
	(0.536)	(0.062)	(1.251)	(1.163)	(0.386)	(0.201)
$constant$	0.168	-0.364***	-0.062	-0.039	0.166	0.974***
	(0.140)	(0.048)	(0.099)	(0.120)	(0.108)	(0.223)
支出最优值	0.036	0.041	0.047	0.045	0.065	0.041
实际平均值	0.027	0.027	0.039	0.039	0.045	0.045
样本容量	141	141	122	122	120	120
Hausman检验	48.550***	33.910***	8.590	9.420	40.580***	39.530***
	[0.000]	[0.000]	[0.378]	[0.308]	[0.000]	[0.000]
Sargan检验	—	55.758	—	—	—	64.062
		(0.835)				(0.164)
计量方法	FE	GMM-SYS	RE	GLS	FE	GMM-SYS

注：①财政支出最优值根据一元二次方程求解最大值公式计算而得。②限于篇幅，省际和年度虚拟变量的估计结果没有给出。③圆括号（ ）内是估计系数的标准误，方括号［ ］内是检验统计量的伴随概率。④Hausman检验零假设为接受随机效应，Sargan检验的零假设为矩约束条件是有效。⑤***、**和*分别表示在1%、5%、10%水平下显著。

表8.3给出了2009—2012年中国东、中、西部三大经济带政府消费性财政支出对地区经济增长影响的实证结果。首先，表8.3的估计结果显示，三大地带政府消费性财政支出对经济增长影响的关系仍是倒U形，即政府支出占比的一次项显著为正，二次项显著为负，这些结论表明，适度的政府消费性财政支出对于经济增长是有利的，这也意味着过度的消费性支出反而会降低资源配置的有效性，并最终会抑制经济增长。其次，本章

的实证研究表明,在2009—2012年,东部地区政府实际的消费性财政支出占比与最优支出占比已经非常接近。这就意味着进一步提高政府消费性财政支出占比对促进当地经济增长的空间已十分有限,反而会因为拥挤效应的增大而抑制经济增长①。再次,对于中、西部地区来说,政府实际消费性财政支出占比已经开始高于地区最优的消费性支出比例,这一点在西部地区表现得更为明显。这可能是因为中国政府为应对2008年全球金融危机所增加的4万亿元财政支出,在短期内较大幅度地增加了中、西部地区财政支出的拥挤效应,这意味着如果继续扩大消费性财政支出占比,不但不能促进中、西部地区的经济增长,而且会带来负面影响。最后,与2000—2006年时间段的估计结果相比较,我们发现东、中、西部三大经济带在2009—2012年时间段的最优的消费性财政支出占比有所提高,这表明中国财政支出从经济建设转向公共服务的改革实际上优化了财政支出结构,消费性财政支出效率也有所提升、财政支出的拥挤效应总体上是下降的。当前,中国经济发展步入新常态,中国政府需要进一步完善公共财政体制,不断优化消费性支出结构,使得公共消费领域的财政支出与经济发展特征相适应,以最大限度地发挥消费性财政支出对经济增长的促进作用。

表8.3　2009—2012年地市级财政消费性支出对经济增长率影响的实证结果

变量名称	东部地区		中部地区		西部地区	
	模型1	模型2	模型1	模型2	模型1	模型2
$rcfin$	1.477**	3.168***	1.077*	1.511***	0.052	0.528***
	(0.739)	(0.581)	(0.607)	(0.343)	(0.170)	(0.079)
$rcfin^2$	-16.364***	-35.118***	-8.267**	-11.507***	-0.228	-2.939***
	(5.612)	(5.715)	(3.496)	(2.065)	(0.376)	(0.280)
$rgdp_{-1}$	—	-0.032***	—	-0.317***	—	-0.048***
		(0.003)		(0.015)		(0.002)
$\ln gdp_{-1}$	-0.010**	-0.117***	-0.019***	-0.097***	-0.017*	-0.065***
	(0.005)	(0.008)	(0.007)	(0.005)	(0.010)	(0.004)

① 黄干和马成(2012)通过CGE模型研究发现,2009—2010年,4万亿元的政府投资挤出了相当大量的私人消费,导致了居民福利水平的下降。

续表

变量名称	东部地区		中部地区		西部地区	
	模型1	模型2	模型1	模型2	模型1	模型2
str	-0.098 (0.067)	0.816*** (0.136)	0.154*** (0.050)	0.395*** (0.053)	0.058 (0.057)	0.420*** (0.018)
cpi	1.325*** (0.123)	1.021*** (0.054)	0.638*** (0.245)	1.224*** (0.051)	0.872*** (0.263)	0.930*** (0.016)
$constant$	0.273*** (0.076)	0.157* (0.091)	0.161** (0.080)	-0.157*** (0.060)	0.226*** (0.079)	0.188*** (0.025)
支出最优值	0.045	0.045	0.065	0.066	0.115	0.090
实际平均值	0.044	0.044	0.070	0.070	0.121	0.121
样本容量	339	339	187	187	246	246
Hausman 检验	223.710*** [0.000]	397.620*** [0.000]	19.140*** [0.004]	66.120*** [0.000]	12.620** [0.049]	84.980*** [0.000]
Sargan 检验	—	61.032 (0.116)	—	67.245 (0.334)	—	83.072 (0.220)
计量方法	FE	GMM-SYS	FE	GMM-SYS	FE	GMM-SYS

注：①＊＊＊、＊＊、＊分别在1%、5%、10%水平下显著。②圆括号（ ）内是估计系数的标准误，方括号[ ]内是检验统计量的伴随概率。

8.3 本章小结

本章将政府的两种不同的财政支出类型加入一般均衡模型中，并重点讨论了消费性财政支出占比对经济增长的影响情况，并在经济增长率最大化目标下，通过引入财政支出的拥挤效应参数，导出了最优的政府消费性财政支出占比。研究发现，政府最优的消费性财政支出占比受到了消费性服务拥挤效应等因素的影响：当政府提供的消费性服务具有完全非竞争性时，最优的消费性财政支出占比与政府提供的公共消费品的效用弹性和政府生产性财政支出的产出弹性有关；而当存在消费拥挤效应时，政府的消费性财政支出的效率将有所损失，最优的支出规模也将有所下降。本章通过数值模拟发现政府消费性财政支出与经济增长率之间存在着倒 U 形关系，并从中国经验数据中得到了实证检验。本章的实证结果表明，在

8 消费性财政支出与最优规模

2000—2006年,中国东、中、西部三大经济带地方政府实际的消费性财政支出规模都低于最优值,表明政府还可以进一步提高消费性财政支出规模,以对经济增长产生更大的促进作用。但在2009—2012年,一方面,随着中国财税体制的改革,政府更加注重财政支出的公共消费性能,扩大民生性财政支出;另一方面,为应对2008年的全球金融危机所增加的4万亿元财政支出,也在短期内带动了各级政府实际的消费性财政支出规模,使得东部地区的实际消费性财政支出已接近最优支出规模,而中、西部地区甚至超过了最优支出规模。当然,随着中国公共财政体系的不断完善,政府消费性财政支出的拥挤程度也在不断下降。

改革开放40多年来,政府的财政支出曾对中国的经济建设起到了至关重要的作用。随着中国经济发展水平的不断提高,民众对于社会保障、医疗卫生、科技教育和生态环境等公共消费品的需求也在逐渐增加。政府提供的适度的公共消费品具有较高的外部性,并能够促进地区与国家的经济增长。当然,政府的消费性财政支出规模要与地区或国家的经济发展的阶段相适应,消费性财政支出的过度或不足都将抑制经济增长。

最后需要指出的是,中国各地区经济发展水平、居民生活水平存在较大差异,应根据地区经济发展状态,有针对性地制定差异化的消费性财政支出的优化方案。例如,在目前东部地区的实际消费性支出已经接近最优消费性支出规模的情况下,政府需要将更多的消费性支出投入非竞争性的公共消费品领域,以降低消费性财政支出的拥挤效应,提高消费性财政支出效率,而拥挤效应的下降又对应着更大规模的最优的消费性财政支出,同时还可以促进经济增长率的提高。对于中、西部地区来说,当前实际的消费性财政支出占比已经超过了最优的消费性财政支出规模,政府需要压缩消费性财政支出规模,并更加关注生产性财政支出。当然,中、西部地区也可以通过优化消费性财政支出结构来降低其可能存在的拥挤效应,以便使最优的消费性财政支出规模进一步增大,进而促进地区经济增长。

生产性财政支出与最优规模

9 生产性财政支出与最优规模

生产性财政支出与经济增长及社会福利的关系问题一直是公共经济学与经济增长理论所关心的重要研究方向,一个国家究竟如何选择适当的生产性财政支出结构以促进经济增长、提高社会福利水平,是相关研究中的一个重要的政策性议题(金戈,2010)。自改革开放以来,中国的财政制度建设也由早期的计划财政制度转向更具"公共性"的现代财政制度上来,从生产建设财政走向公共服务财政(高培勇,2008)。然而,近年来尽管经济增长率仍然较高,但居民的收入增长却变慢了。随着各项改革的深化,人们越来越感受到来自社会保障、医疗、教育等方面的压力,社会福利水平并未与经济增速同步增长。

政府生产性财政支出是政府进行宏观经济调控、保持经济平稳增长的重要手段。一般而言,政府提供的生产性服务品具有非完全竞争性,尤其随着市场经济体制机制的不断完善,政府生产性财政支出的非竞争性领域也在不断扩大。国外学者在研究其对经济增长的影响时,一般在理论模型中加入生产性拥挤因子,以刻画政府生产性服务的公共物品属性(Turnovsky,1996)。国内学者贾俊雪和郭庆旺(2010)不仅将生产性拥挤因子加入生产函数,还引入了消费性拥挤因子并加入效用函数,以刻画政府生产性服务的公共物品属性。金戈和史晋川(2010)也对多种类型公共支出的拥挤性特征进行了刻画,并从理论上指出可以求解各种拥挤性公共支出的最优路径。本章试图针对现阶段我国生产性财政支出的适度性和优化方向进行研究,从理论和实证两个角度分析政府生产性支出与经济增长及社会福利之间的关系,以便为实践中公共财政支出政策的制定提供理论依据与经验分析。

本章力图在下述几个方面做出边际贡献。第一,在引入消费性和生产性两种类型拥挤因子的情况下,通过理论模型,分别推导经济增长最大化和社会福利最大化两类目标下政府最优的生产性支出占比,用以考察相同的生产性财政支出是否能同时促进经济增长与社会福利的最大化。第二,通过所建立的理论模型,进一步考察当两类最大化目标下政府的最优生产性支出结构不同时,它们之间有着怎样的"位置"关系。第三,通过中国地市级的经济数据,运用计量模型实证检验政府生产性支出与经济增长、社会福利两者之间是否确实存在倒 U 形关系。如果存在,就意味着一定存在着一个最优的生产性财政支出规模,它能够促进经济增长与社会福利的最大化。第四,在检验上述倒 U 形关系存在的基础上,通过计量模型进一步实证分析中国生产性财政支出规模的适度性,即不同时期的生产性财政支出规模是否同时促进了中国的经济增长与社会福利的最大化,以便为评估和制定财政支出政策提供理论和经验的支持。

9.1 政府生产性支出影响的理论分析

9.1.1 政府的消费性支出与效用函数

按照托诺维斯基(1996,2000)的研究框架,本章假定经济体中存在一个永续生存的代表性家庭①。家庭的效用函数由私人消费品、休闲以及政府提供的有效消费性服务组成,并假设三种产品之间存在非完全替代关系,其表达式为:

$$U(C_t, GS_{c,t}, L_t) = (C_t GS_{c,t}^{\eta} L_t^{\theta})^{1-\sigma} / (1-\sigma) \quad \sigma>0 \quad (9.1)$$

式中,C_t 为私人消费品,L_t 为代表性家庭选择的闲暇时间,$GS_{c,t}$ 为家庭部门从政府公共消费品支出中获得的有效服务,η、θ 分别刻画了政府消费性服务、闲暇与消费品的效用替代弹性系数,σ 为家庭消费跨期替代弹性的倒数,该值越小,家庭随时间变动的消费意愿就越强。

托诺维斯基(1996)指出政府有效消费性服务由政府实际消费性支出与产出总水平决定,两者的比例关系刻画了政府消费性服务公共物品属性的拥挤程度,其表达式为:

$$GS_{c,t} = GC_t^{\alpha}(GC_t/Y_t)^{1-\alpha} \quad 0<\alpha \leq 1 \quad (9.2)$$

式中,GC_t 为政府实际消费性支出,Y_t 为总产出水平,α 是描述政府公共消费性服务拥挤效应的参数。

当 $\alpha=1$ 时,表示不存在拥挤现象,公共消费性服务品全部为纯公共物品,意味着家庭部门获得公共消费性服务不受经济发展规模的影响,完全取决于政府的实际消费性支出,其全部进入代表性家庭的效用函数②。当 $\alpha<1$ 时,政府消费性支出是不完全竞争性公共服务品,只有政府消费性支出的一定比例才可以进入家庭效用函数。这时,政府提供的公共消费性

---

① 在考虑到人口有增长和无增长的情况下,本章的基本结论是相同的。为简化起见,本章假设无人口增长。

② 例如,政府的国防开支对于消费者而言完全无可替代性,其完全进入效用函数。

服务对于消费者而言，存在一定的拥挤效应，主要表现在两个方面：一是政府消费性支出呈现低效率状态①。二是公共消费品对私人消费品呈现挤出效应。当 $\alpha=0$ 时，在维持政府有效消费性水平不变的情况下，政府实际消费性支出要与总产出保持同一增长速度，才能保障家庭部门享受到同一水平的消费性服务效用。这时，政府的消费性服务是完全竞争性公共服务品，政府提供消费性服务以降低全社会成本的公共物品属性则完全消失了。

9.1.2 政府的生产性支出与生产函数

本章考虑的是一个完全竞争的 Robinson 经济体，代表性家庭既是消费者，也是生产者，其通过雇佣自身的劳动和资本进行生产。政府的有效生产性服务对生产具有促进作用。我们沿用贾俊雪和郭庆旺（2010）的方法，通过引入拥挤效应以刻画政府生产性服务的公共物品属性。记 $GS_{p,t}$ 为政府提供的有效公共生产性服务，GP_t 为政府实际的生产性支出，则政府有效的公共生产性服务由政府实际生产性支出与产出总水平决定，其表达式为：

$$GS_{p,t}=GP_t^{\varepsilon}(GP_t/Y_t)^{1-\varepsilon} \quad 0\leq\varepsilon\leq1 \qquad (9.3)$$

式中，ε 为刻画政府公共生产性服务拥挤效应的参数，它反映了政府生产性支出和私人资本在生产函数中的相对作用大小。

在给定同一种政府生产性支出行为的条件时，其生产性服务的拥挤程度越小，表明政府在经济中的作用越大，私人资本的生产弹性也就越小。类似地，当 $\varepsilon=1$ 时，政府生产性支出完全属于非竞争性公共服务品，不存在拥挤效应；当 $\varepsilon=0$ 时，政府的生产性服务则成为完全竞争性公共服务品，拥挤效应也最大。类似于巴罗（1990）与托诺维斯基（2000）的方法，我们将政府的有效生产性服务加入生产函数中，则有：

$$Y_t=A_t GS_{p,t}^{\rho}(1-L_t)^{\varphi}K_t^{1-\varepsilon\rho} \qquad (9.4)$$

式中，K_t 为代表性家庭的私人资本存量，$(1-L_t)$ 为代表性家庭的劳动时间，A_t 为技术水平，ρ 为有效公共生产性服务的弹性系数，φ 为劳动的弹性系数，$1-\varepsilon\rho$ 为资本的弹性系数。

---

① 如庄子银和邹微（2003）认为，政府在公共财政支出的过程中存在着寻租行为，导致大量"调整成本"的出现，从而造成社会福利的损失。

当政府生产性服务的拥挤效应比较小时（$\varepsilon \to 1$），私人的资本弹性系数相对较小；反之，随着政府生产性服务的拥挤程度不断变大（$\varepsilon \to 0$），私人的资本弹性系数则相对变大。假设 $\rho>0$，$\phi>0$，$\phi \leqslant \varepsilon\rho$，$\varepsilon\rho+\phi \leqslant 1$，生产函数对于劳动和资本而言是规模报酬非递增的，且劳动和资本的边际报酬是递减的。假设政府实际生产性支出是总产出的一定比例 g_p，则式（9.3）可以进一步简化为：$GS_{p,t}=g_pY_t^\varepsilon$，代入式（9.4）中，得到 AK 经济形式的内生增长模型，生产函数的表达式为：

$$Y_t = (A_t g_p)^{1/(1-\varepsilon\rho)} (1-L_t)^{\phi/(1-\varepsilon\rho)} K_t \tag{9.5}$$

9.1.3 社会福利最大化

假设政府实际消费性支出是总产出的一定比例 g_c，则式（9.2）可以进一步整理为 $GS_{p,t}=g_pY_t^\alpha$，这时，代表性家庭在整个生命周期内的效用最大化问题是：

$$U = \max\left\{\sum_{t=0}^{\infty}\beta^t\left[C_t(g_cY_t^\alpha)^\eta L_t^\theta\right]^{1-\sigma}/(1-\sigma)\right\} \tag{9.6}$$

式中，β 为效用贴现率。为保证效用函数是严格凹的，式（9.6）的各个参数需要满足如下条件：$\eta>0$，$\theta>0$，$(1-\sigma)(1+\eta\alpha+\theta)<1$。

社会资源约束方程是：

$$K_{t+1} = (1-g_c-g_p)Y_t + (1-\delta)K_t - C_t \quad 0<g_c+g_p<1 \tag{9.7}$$

首先，本章从中央计划者（Social Planner）的角度求解社会福利最大化问题。我们将消费、劳动、产出作为控制变量①，同时也将政府消费性支出和生产性支出作为控制变量来求解福利最大化问题。

根据一阶条件方程，可求解出政府最优的消费性支出比例、生产性支出比例，相关公式分别为：

$$\hat{g}_c = \eta(1-\varepsilon\rho)\Omega(\hat{L})/[(1-\varepsilon\rho)(1+\eta(1-\alpha)\Omega(\hat{L}))+\rho] \tag{9.8}$$

$$\hat{g}_p = \rho/[(1-\varepsilon\rho)(1+\eta(1-\alpha)\Omega(\hat{L}))+\rho] \tag{9.9}$$

其中，

$$\Omega(\hat{L}) = [\hat{L}/(1-\hat{L})]\varphi(1-\varepsilon\rho) \tag{9.10}$$

上述式中，$\hat{L}$ 为均衡增长路径上代表性家庭选择劳动时间的均衡解，可以

---

① 资本是状态变量。

证明，该解存在且唯一。

9.1.4 经济增长最大化

现实经济中，中央或地方政府可能更关心经济增长问题①。这时，政府往往将生产性支出作为其调控经济增长的一个重要工具变量，换言之，在家庭追求效用最大化的均衡路径上，政府可以通过调控生产性支出影响经济增长。在这种情况下，政府的消费性支出处于从属地位，在均衡增长路径上可以表示为政府生产性支出的函数（高培勇，2008）。

根据隐函数定理，我们推导出了在经济增长最大化目标下最优的政府生产性支出比 $\tilde{g}_p$ 与最优的政府消费性支出比 $\tilde{g}_c$：

$$\tilde{g}_p = \rho / [(1-\varepsilon\rho) + \rho] \tag{9.11}$$

$$\tilde{g}_c = \eta(1-\varepsilon\rho)\Omega(\hat{L}) / [((1-\varepsilon\rho)+\rho)(1+\eta(1-\alpha)\Omega(\hat{L}))] \tag{9.12}$$

可见，在经济增长最大化目标下，最优的政府生产性支出比是政府有效公共生产性服务弹性系数及政府公共生产性服务拥挤效应参数的函数；而最优的政府消费性支出比除了与这两参数有关外，还与政府的公共消费性服务的拥挤效应参数以及劳动者的劳动与闲暇等因素有关。

9.1.5 不同目标下政府最优生产性支出结构比较分析

9.1.5.1 不同目标下政府最优生产性支出占比

式（9.9）给出了中央计划者在追求社会福利最大化目标下政府最优的生产性支出占比。可以看到，当 $\alpha=1$ 时，式（9.9）和式（9.11）给出的两种目标下的政府最优的生产性支出占比恰好相等，这意味着当政府的消费性服务的拥挤效应不存在时，确实存在着一个最优的生产性支出占比，能够同时促使经济增长与社会福利最大化。

当 $\alpha<1$ 时，一方面，从追求经济增长最大化的政府角度来看，由于生产投入要素的生产效率并没有改变，政府并不会改变其追求经济增长目标的最优策略。这时，生产性支出并未减少，私人资本的边际报酬也相对较

---

① 尤其在中国，经济发展是考核地方官员政绩的重点，因而导致长期以来地方政府更加关注经济增长的最大化，而不是关注社会福利的改善。

高,使得经济增长仍然保持了较高的水平。另一方面,由于公共消费的拥挤效应增大,家庭就不得不减少更多的消费和闲暇,使得社会福利开始下降。

由于 $0 \leq \alpha \leq 1$,则式(9.9)中的 $\eta(1-\alpha)\Omega \geq 0$ 恒成立,因此有:$\tilde{g}_p \geq \hat{g}_p$。这一结果意味着,当政府的公共消费性服务的拥挤效应增加时,政府最优的生产性支出比在经济增长量大化目标与社会福利最大化目标下出现了不一致,经济增长最大化目标下的生产性支出占比不变,而社会福利最大化目标下的生产性支出占比下降了。换言之,当政府的公共消费性服务的拥挤效应增加时,要保持经济增长率不变,就得保持政府的生产性支出占比不变,这样一定会损害社会福利;要维持社会福利最大化,就得减少生产性支出占比,这也就意味着经济增速的降低。综上所述,我们得到了如下命题。

【命题1】 当政府的消费性服务完全是非竞争性公共消费服务品时,存在着一个最优的生产性支出占比,能够同时促使经济增长与社会福利的最大化;当政府的消费性服务存在拥挤效应时,社会福利最大化目标下政府最优的生产性支出占比比经济增长目标下低。

9.1.5.2　不同目标下政府最优消费性支出占比

类似地,式(9.12)、式(9.8)分别给出了经济增长最大化和社会福利最大化两个目标下政府最优的消费性支出占比。这两个比值与政府消费性服务的效用替代弹性正相关,与消费性服务的拥挤效应负相关。

首先,当 $\alpha = 1$ 时,即政府的消费性服务是非竞争性公共物品时,两种目标下政府最优的消费性支出占比是相等的。这意味着当政府的消费性服务的拥挤效应不存在时,确实存在一个最优的政府消费性支出比,能够同时促使经济增长与社会福利的最大化。

其次,当 $\alpha < 1$ 时,正如上文所分析的,家庭不得不减少更多的消费用以生产,政府消费性支出同样会减少。由于 $\eta(1-\alpha)\Omega \geq 0$ 是恒成立的,因此有 $\tilde{g}_c \leq \hat{g}_c$,这意味着,当政府的公共消费性服务的拥挤效应增加时,政府最优的消费性支出占比在经济增长最大化目标与社会福利最大化目标下是不一致的:经济增长最大化目标下的消费性支出占比小于社会福利最大化目标下的消费性支出占比。换言之,在存在政府公共消费性服务拥挤效应的情况下,要实现经济增长的最大化,政府的消费性服务支出占比可以小一些,而要实现社会福利的最大化,政府的消费性服务支出占比

就必须更大一些。综合上述分析可得如下命题。

【命题2】当政府的消费性服务完全是非竞争性公共消费服务品时，存在一个最优的消费性支出占比，能够同时促使经济增长与社会福利的最大化；当政府的消费性服务存在拥挤效应时，社会福利最大化目标下政府最优的消费性支出占比比经济增长目标下高。

9.1.5.3 不同目标下政府的财政总支出占比

在福利最大化和经济增长最大化的目标下，政府最优的财政总支出分别为：$\hat{g}_w = \hat{g}_p + \hat{g}_c$，$\tilde{g}_e = \tilde{g}_p + \tilde{g}_c$。根据式（9.8）、式（9.9）、式（9.11）和式（9.12），计算出两者的差值如式（9.13）所示：

$$\tilde{g}_e - \hat{g}_w = \frac{(B-1)\rho(1-\varepsilon\rho)(1-\alpha\eta\Omega(L))}{\{B(1-\varepsilon\rho+\rho)[B(1-\varepsilon\rho)+\rho]\}} \quad (9.13)$$

其中，$B = 1 + \eta(1-\alpha)\Omega(L)$。由于$1-\varepsilon\rho>0$恒成立，只有在$1-\alpha\eta\Omega>0$的情况下，消费产出比才具有实际意义①。据此，可以得到$\tilde{g}_e - \hat{g}_w \geq 0$是恒成立的。只有当$\alpha=1$时，即政府消费性服务具有完全非竞争性时，才存在着唯一的生产性支出占比与唯一的消费性支出占比，能够同时促成社会福利最大化和经济增长最大化目标的实现。

而当$\alpha<1$时，由于$\tilde{g}_e - \hat{g}_w \geq 0$恒成立，即社会福利最大化目标下政府的财政总支出占比要低于经济增长最大化目标下政府的财政总支出占比。结合命题1与命题2，这也意味着，虽然社会福利最大化目标下政府的最优消费性支出占比比经济增长目标下的高，但是最优生产性支出占比比经济增长目标下却要低得更多。从这里我们还可以看到，在存在政府消费性服务拥挤效应的情况下，较低的政府总支出占比就能够实现社会福利的最大化，而要实现经济增长的最大化，则需更高的政府支出占比。由此得到如下命题。

【命题3】只有当政府的消费性服务完全是非竞争性公共消费服务品时，才存在唯一的政府最优生产性支出占比与唯一的政府最优消费性支出占比，能够同时促使经济增长与社会福利的最大化；当政府的消费性服务存在拥挤效应时，社会福利最大化目标下政府的财政总支出占比要低于经济增长最大化目标下政府的财政总支出占比。

需要指出的是，无论生产性拥挤因子ε处于何种状态，上述三个命题

---

① 一阶条件的求解得出消费产出比是：$C/Y-(1-g_C-g_P)\Omega(L)/[1-\alpha\eta\Omega(L)]$。

的结论都不会发生改变,换言之,政府的消费性公共服务是否存在拥挤效应,最终决定了政府的生产性支出占比、消费性支出占比以及总的生产性财政支出占比能否在经济增长最大化目标和社会福利最大化目标下具有一致性,而政府的生产性公共服务拥挤效应存在与否并不起决定作用。事实上从式(9.9)与式(9.11)的对比看,只要政府的消费性公共服务存在拥挤效应,即 $\alpha \neq 1$,即使当 $\varepsilon = 1$,即政府的生产性服务完全属于非竞争性公共物品,也会有 $\tilde{g}_p \geq \hat{g}_p$。

9.1.6 政府生产性支出对经济增长和社会福利影响的模拟分析

下面,我们将重点集中到本章更加关心的政府生产性支出占比对经济增长与社会福利的影响上来。这不仅是因为政府最优的总支出占比主要是由生产性支出占比决定的,而且它对经济增长与社会福利的绝对水平的影响也会更大一些。尤其是当一个国家以经济增长作为主要目标时,政府生产性支出对经济增长的影响最为直接,因此其往往成为政府控制、调节经济增长最为重要的经济手段。

图9.1中(a)和(b)两个子图分别描述了在不存在与存在政府生产性公共服务拥挤效应两种情形下,政府生产性支出占比与经济增长、社会福利的关系图,其中粗线为经济增长曲线、细线为社会福利曲线①。图形显示,无论政府公共消费性服务的拥挤程度如何变化,政府生产性支出占比与经济增长、社会福利之间呈现明显的倒U形关系,这意味着一定存在着最优的政府生产性支出占比,能够实现经济增长的最大化、实现社会福利的最大化。从图9.1的(a)和(b)两个子图看,无论政府生产性公共服务拥挤效应存在与否,当 $\alpha = 1$ 时,即当政府消费性服务的拥挤程度为零时,经济增长最大化与社会福利最大化两种目标下的最优生产性支出占比都恰好相等,与我们前面理论分析的结果相符合。当 $\alpha < 1$ 时,即随着政府消费性服务的拥挤程度的增大,社会福利目标下政府最优的生产性支出的拐点值随着消费性服务拥挤程度的增加而降低;而经济增长目标下政府最优的生产性支出的拐点值并没有随着消费性服务拥挤程度的不同而变化。对于后者,主要原因在于政府生产性支出的生产效率并没

---

① 除拥挤性因子外的8个参数分别取值为:$\theta = 0.2$,$\rho = 0.2$,$\eta = 0.2$,$\phi = \varepsilon\rho$,$\delta = 0.025$,$A = 0.3$,$\beta = 0.96$,$\sigma = 1.1$。初始的资本水平取值为:$K_0 = 10$。

有随着消费性拥挤程度的增加而改变；而对于前者，主要原因则在于随着政府消费性拥挤程度增加，家庭部门消费和闲暇的边际效用随之下降，不得不减少消费和闲暇，使得社会福利下降。数值模拟结果显示，与追求经济增长最大化情况相比，社会福利最大化目标下的最优政府生产性支出更小。这一特征并不随政府生产性服务的拥挤效应的改变而改变。

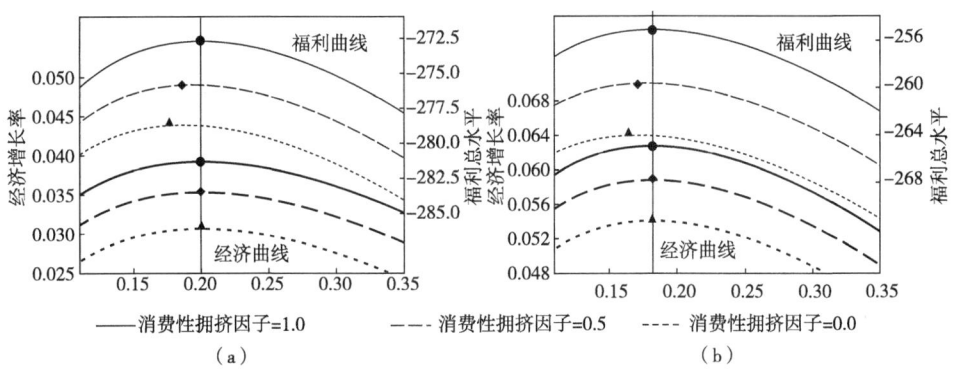

图 9.1　不同消费性拥挤效应下政府生产性支出占比对经济增长和社会福利的影响

9.2　最优生产性财政支出规模的实证研究

9.2.1　政府生产性支出的实证模型构建

9.2.1.1　被解释变量

本章在实证研究部分重点关注的是中国地方生产性财政支出占比与经济增长及社会福利的关系，因此，地方经济增长与社会福利即为被解释变量。梅冬州等（2014）认为地方政府在价格水平不能控制的背景下，往往会以名义 GDP 的增长率作为其决策目标。因此，本章选取地区名义经济增长率（$rgdp$）作为经济增长的代理变量。前面已指出，实证研究中对社会福利指标的构造是一个较为棘手的问题，直到目前也没有一个可以被广泛接受的测算指标。由于本章理论研究部分沿用了大多数理论研究的做法（Turnovsky，2000；Barro，1990；严成樑和龚六堂，2009；赵志君，2011），以代表性家庭的效用函数作为社会福利的代表①，因此，像此类研究中对效用函数的设定一样，消费、闲暇等是福利中最主要的构成要素。由于无法获取闲暇等其他因素的量化数据，我们最终选取了地方社会消费品零售总额增长率（rwel）作为社会福利的代理变量。②

9.2.1.2 解释变量

本章关注的最重要的解释变量是中国地方政府生产性财政支出占地区GDP的比重（rfin）。有关政府生产性支出的划分目前并没有明确的标准，财政学界也无统一意见（赵志耘和吕冰洋，2005）。阿肖尔（1989）认为政府生产性支出主要在基础建设方面，包括城市道路、高速公路、机场及公共交通等交通运输业的支出。伊索言和雷贝洛（Easterly & Rebelo，1993）也认为在发展中国家交通运输业的生产性财政支出可以促进经济快速发展。高培勇（2008）认为，在中国，基本建设、挖潜改造和科学技术三项费用支出，增拨国有企业流动资金支出，地质勘探费支出，支援农村生产支出以及工业、交通和商业等部门的事业费支出都属于生产性支出的范畴。傅勇（2010）则进一步以地方政府提供的公共服务品为对象，认为包括交通、能源、通信等方面的经济性公共服务品会直接进入当期生产函数，而包括环保设施、卫生保健、文化教育、社会保障等方面的非经济性公共服务品则对当地经济无直接贡献。梅冬州等（2014）也认为基本建设支出属于生产性支出，科教文卫和社会保障支出属于公共福利支出。短期内生产性支出直接作用于总产出，对经济增长的影响效果显著；而财政公共福利支出尽管对经济增长也非常重要，但是短期内增长效应不显著。综上所述，本章认为基本建设支出、农林水利和气象支出、交通运输支出、工商业等事务的财政支出具有生产性，而教育、社会保障和就业、医疗卫

---

① 自20世纪70年代新古典功利主义复兴以来，理论研究中出现了许多形式的社会福利函数，主要包括新古典功利主义的社会福利函数、精英者的社会福利函数、罗尔斯的社会福利函数、纳什的社会福利函数、阿肯森的社会福利函数等（赵志君，2011）。而在以家庭效用最大化为模型设定取向的研究中，基本采用的是新古典功利主义的社会福利函数，它把社会福利看作所有社会成员的福利或效用的简单加总。

② 在实际中，社会消费品零售总额反映的是城乡居民消费和政府公共消费的总量情况，是福利测算的最重要指标，尤其对处于工业化中期阶段的中国来说，对于物质条件的需求应该是民众最主要的福利需求。

生等方面的支出为非生产性支出。

9.2.1.3 其他控制变量

曼昆（Mankiw et al.，1992）在内生增长模型中研究经济条件收敛性时，将初始的产出水平作为重要的控制变量；严成樑和龚六堂（2009）发现投资率、通货膨胀率等宏观变量是影响经济增长的重要因素；李尚骜和龚六堂（2012）、毛捷等（2011）认为经济结构也是影响经济增长、社会福利的重要变量。因此，本章在建立政府生产性财政支出与经济增长及社会福利的关系模型时，还纳入了以下控制变量：滞后一期的产出水平的对数值（$\ln gdp_{-1}$）、经济结构（str）、从业人员占比（$rlabor$）和通货膨胀率（cpi）。其中，从业人员占比按某地区就业人口与常住人口的比值测算，经济结构按第二、三产业的产出水平与总产出水平的比值测算，并以居民消费价格指数代表通货膨胀率。由于没有地市级的居民消费价格指数的相关数据，我们采用地市所在省的居民消费价格指数作为替代。①

据此，本章设定如下面板数据模型：

$$rgdp_{it} = \alpha_0 + \alpha_1 rfin_{it} + \alpha_2 rfin_{it}^2 + X_{it}\gamma + \mu_i + v_t + \varepsilon_{it} \quad (9.14)$$

$$rwel_{it} = \beta_0 + \beta_1 rfin_{it} + \beta_2 rfin_{it}^2 + X_{it}\eta + \mu_i + v_t + \varepsilon_{it} \quad (9.15)$$

式中，$rgdp$、$rwel$ 分别表示名义经济增长率、社会消费零售总额增长率；$rfin$ 表示财政生产性支出占比；为了考察政府生产性支出对经济增长和社会福利可能存在的非线性关系，模型中同时引入了财政生产性支出占比的平方项 $rfin^2$；X 代表各控制变量组成的行向量；μ_i 代表地区固定效应变量；ζ_t 代表时间固定效应变量。

9.2.1.4 数据来源及说明

为了获得更大的样本支持，本章采用中国地市级的相关数据进行实证分析，考察的时间段为 2004—2012 年。我们选择 2004—2012 年作为考察的时间段主要出于以下两方面的原因：第一，中国在 2001 年底加入世界贸易组织（WTO）后进入了一个全面改革开放的时期，而 2003 年底党的

---

① 本章将滞后一期产出水平作为研究政府生产性支出对经济增长影响的重要控制变量，可以部分解决生产性支出与经济增长之间的内生性问题。这是因为，政府主要根据上一年经济水平编制财政支出预算。

十六届三中全会的召开,明确了中国已经初步建立了公共财政体制框架,以后的战略目标是进一步健全和完善公共财政体制(高培勇,2008),这意味着中国传统的财政体制将全面回归到其"公共性"的轨道上来;第二,2003年以后地市级的统计数据相对较为全面,数据的缺失较少。本章采用的地市级GDP、生产性财政支出占比、社会消费品零售总额、产业结构、就业人员占比等数据,全部来源于2004—2013年的《中国区域经济统计年鉴》,而省级的居民消费价格指数来源于相关年份的《中国统计年鉴》。值得一提的是,对地市级财政数据的描述统计发现,直到2012年,包括教育、社会保障和就业、医疗卫生等的非生产性财政支出约占地市级财政总支出的40%,表明生产性财政支出比例大约为60%[①],这意味着即使在中国加入WTO后,在地方政府的财政支出目标中,促进地方经济的发展仍然占据着最重要的地位。[②]

需要指出的是,2008年下半年美国严重的金融海啸把全球推入了经济大衰退和金融大危机中,中国经济也深受影响。2008年底,中国政府陆续审批了4万亿元以基建为主的投资项目,相应的政府生产性服务支出也有大幅度提高。基于国内外宏观经济形势的变化,经济变量之间的关系也可能会发生变动,为了保证模型估计尽可能地反映这种经济关系的变动,我们具体将研究样本分为2004—2008年、2009—2012年两类子样本进行考察[③]。另外,由于中国地域辽阔、各地区经济发展差异性较大,各地区的生产性财政支出行为存在一定差异,对地区经济发展、社会福利的影响出现较大的不同。为了能够考察不同区域可能存在的差异,本章按东、中、西部三大经济地带分别进行研究。两时期、三大经济带的各主要变量的描述性统计见表9.1。

[①] 以2012年为例,教育、社会保障和就业、医疗卫生支出占地市级财政总支出的40.4%,其中东部地区为39.4%、中部地区为42.6%、西部地区为39.8%。

[②] 高培勇(2008)也认为在当前中国的经济发展阶段,用于以改善民生为代表的公共消费服务支出项目规模小、份额低,往往被置于从属地位。

[③] 在实证研究中,由于模型中存在滞后一期的解释变量,2004—2008年的子样本使用2003年相应的宏观数据;2009—2012年的子样本使用2008年相应的宏观数据。

表 9.1 主要变量描述性统计

样本期间	变量解释	东部地区			中部地区			西部地区		
		样本容量	均值	标准差	样本容量	均值	标准差	样本容量	均值	标准差
2004—2008 年	rgdp	294	0.186	0.044	255	0.204	0.053	232	0.207	0.054
	rwel	294	0.182	0.035	255	0.178	0.056	232	0.189	0.051
	rfin	294	0.059	0.018	255	0.085	0.027	232	0.110	0.050
	str	294	0.881	0.063	255	0.803	0.097	232	0.765	0.089
	cpi	294	0.036	0.016	255	0.039	0.019	232	0.044	0.023
	rlabor	294	0.582	0.172	255	0.519	0.076	232	0.509	0.115
	gdp	294	1 041	570	255	346	111	232	280	93
2009—2012 年	rgdp	310	0.152	0.059	181	0.183	0.053	144	0.189	0.052
	rwel	310	0.174	0.031	181	0.174	0.018	144	0.180	0.020
	rfin	310	0.072	0.023	181	0.095	0.027	144	0.108	0.031
	str	310	0.904	0.054	181	0.842	0.078	144	0.869	0.067
	cpi	310	0.027	0.023	181	0.033	0.019	144	0.035	0.019
	rlabor	310	0.613	0.164	181	0.597	0.106	144	0.567	0.091
	gdp	310	2 422	1 672	181	1 187	447	144	1 293	705

9.2.2 估计结果与实证分析

9.2.2.1 OLS 估计结果

本章主要考察中国地方政府财政生产性支出与经济增长及社会福利变动的关系。因此，对上述计量模型式（9.14）、式（9.15）的估计，采用固定效应模型，并运用最小二乘法（OLS）进行回归分析。

表 9.2 给出了 2004—2008 年中国东、中、西部三大经济带地方政府生产性财政支出分别对地区经济增长与社会福利变动的回归结果。表 9.2 显示，无论对于经济增长模型还是对于社会福利变动模型，政府生产性财政支出占比的参数估计都为正，其平方项的参数估计都为负，且至少都通过了 5% 显著性水平的显著检验，表明政府生产性支出对经济增长及社会福利变动的影响呈现倒 U 形特征。该回归结果表明，政府适度的生产性财政支出可以促进经济增长及社会福利的提升；但随着政府生产性财政支出的持续增加，其边际报酬将会下降，而当政府生产性支出的边际报酬低于私

人资本时，政府支出对私人资本的挤出效应将会抑制经济的进一步增长及社会福利的进一步提升（Devarajan et al，1996）。正是这种倒 U 形关系的存在，意味着在一定时期及一定的经济环境下，既存在着一个最优的政府生产性支出占比，能够促使经济增长最大化，也存在着一个最优的政府生产性支出占比，能够促使社会福利最大化。当然，上述理论分析已指出，当政府提供的消费性服务存在拥挤效应时，促使经济增长最大化与促使社会福利最大化的最优政府生产性支出占比不一致：社会福利最大化目标下的最优占比要小于经济增长最大化目标下的最优占比。

那么，中国的事实又如何呢？从表 9.2 的估计结果看，在东部与中部地区，社会福利目标下的最优政府生产性支出占比确实小于经济增长目标下的最优政府生产性支出占比，这进一步印证了上述理论分析的结果。当然，正是这一现象的存在，意味着在东、中部地区地方政府的消费性支出一定存在着拥挤效应。因此，无论对东部地区还是西部地区，不存在一个同一的政府生产性支出占比，它能够促使经济增长与社会福利同时达到最优。对西部地区来说，2004—2008 年两目标下最优的政府生产性支出占比几乎是一致的，意味着该时间段内，西部地区的政府消费性支出基本不存在拥挤效应，因此，从理论上说存在着一个几乎完全相同的最优政府生产性支出占比，能同时促使西部地区经济增长与社会福利的最大化。

表 9.2　2004—2008 年地市级生产性财政支出对经济增长和社会福利的影响：OLS 估计

变量名称	东部地区		中部地区		西部地区	
	经济模型	福利模型	经济模型	福利模型	经济模型	福利模型
$rfin$	1.943***	1.770***	1.501***	0.883**	0.413***	0.229*
	(0.662)	(0.442)	(0.377)	(0.458)	(0.148)	(0.139)
$rfin^2$	-9.671**	-11.152**	-6.678***	-4.573**	-0.992***	-0.573*
	(4.953)	(3.201)	(1.554)	(2.231)	(0.365)	(0.337)
$\ln gdp_{-1}$	-0.012**	0.010***	-0.001	0.080	-0.001	0.028***
	(0.005)	(0.003)	(0.09)	(0.010)	(0.007)	(0.007)
str	0.200***	-0.013	0.156***	0.071	0.269***	-0.060
	(0.045)	(0.030)	(0.054)	(0.053)	(0.041)	(0.041)
cpi	0.611***	1.436***	0.637*	0.734***	0.135	0.577***
	(0.167)	(0.108)	(0.361)	(0.138)	(0.282)	(0.186)

9 生产性财政支出与最优规模

续表

变量名称	东部地区		中部地区		西部地区	
	经济模型	福利模型	经济模型	福利模型	经济模型	福利模型
$rlabor$	-0.030*	-0.004	0.001	0.001	-0.032	0.062**
	(0.016)	(0.011)	(0.001)	(0.001)	(0.031)	(0.028)
地区虚变量	有	有	有	有	有	有
年份虚变量	有	有	有	有	有	有
支出最优值	0.101	0.079	0.112	0.097	0.208	0.199
实际平均值	0.059	0.059	0.085	0.085	0.110	0.110
样本容量	294	294	255	255	232	232
Adjust-R^2	0.956	0.980	0.952	0.947	0.948	0.950

注：***、**、*分别表示在1%、5%、10%显著性水平下统计显著。

在证实了政府生产性支出占比与经济增长及社会福利变动的倒U形关系存在，并且验证了两目标下政府最优的生产性支出占比的位置关系后，我们进一步考察2004—2008年东、中、西部三大经济带最优的政府生产性支出占比与实际的平均占比值的差异，以对中国地方生产性财政支出规模的适度性进行初步评判。表9.2的数据显示，无论是东部地区，还是中、西部地区，地方政府实际的生产性支出占比都低于经济增长目标与社会福利目标下的最优值，意味着2004—2008年中国地方政府实际的生产性财政支出占比偏小。对东部地区来说，从经济增长目标看，最优的政府生产性支出占比还需要提升大约4个百分点；从社会福利最大化目标看，还需提升2个百分点。对中部地区来说，要促成经济增长最大化以及实现社会福利最大化目标，政府实际的生产性支出还需分别提升3个与1个百分点。而对西部地区来说，政府生产性财政支出需要提升近10个百分点，才能实现经济增长与社会福利同时达到最大化目标①。因此，在2004—2008年的时间段里，尽管中国各个地区经济都处于较高的增长水平，社会福利水平也有较大程度的提升，但从当时的经济条件与发展潜力看，都还

---

① 这里的百分比数据不应理解为严格的数值指标，它更大程度上只是一个表示"大小"的示意性的数据。

有进一步提升的空间,地方政府的生产性支出还可以更大一些,尤其对于西部地区来说更是如此。

下面我们再将视角转向 2008 年全球金融危机后中国地方政府生产性财政支出占比与经济增长及社会福利变动的关系上来。表 9.3 的估计结果显示,在 2009—2012 年,中国东、中、西部三大经济带政府的生产性支出占比与经济增长及社会福利变动间仍呈现倒 U 形关系:至少在 10% 的显著性水平下,政府生产性支出的一次项显著为正、二次项显著为负。当然,正是这种倒 U 形关系的存在,使得我们能对该时期中国地方政府生产性财政支出的适度性做出初步的评判。

首先,从经济增长目标与社会福利目标下的政府生产性支出占比的情况看,虽然仍呈现社会福利目标下最优的政府生产性支出占比低于经济增长目标下最优的政府生产性支出占比这一基本规律,但两者已经非常接近了。与 2004—2008 年相比较,这种差距的缩小,表明消费性财政支出的"公共属性"更加明确,地方政府提供的消费性服务从竞争性领域的退出已卓有成效,政府的消费性服务的拥挤效应已大大降低了。这也意味着对中国的地方政府来说,可以通过优化生产性财政支出结构,以同时促进经济增长与社会福利双双达到最优增长点。

其次,从实际政府生产性支出占比与两目标下最优的生产性支出占比的情况看,政府实际的生产性支出占比已比较接近两目标下的最优值,甚至在中部地区,政府实际的生产性支出占比已有超过社会福利最大化目标下的最优值的迹象。与 2004—2008 年的情况相比,2009—2012 年的这种变化意味着,中国政府为应对始于 2008 年的全球金融危机,4 万亿元的财政支出已使各地区政府的生产性支出占比接近或达到了当时经济环境下的最优值,生产性财政支出的增加,不仅不会带来经济增长与社会福利的进一步提升,还会抑制经济增长并带来社会福利的损失,尤其对中部地区来说更是如此。当然,表 9.3 显示,2009—2012 年西部地区实际的政府生产性支出占比略低于两目标下最优的支出占比,因此,西部地区实际的生产性财政支出规模还可以适度扩大一些,但增加的幅度以当年 GDP 的 3% 为宜。

9 生产性财政支出与最优规模

表 9.3 2009—2012 年地市级生产性财政支出对经济增长和社会福利的影响：OLS 估计

变量名称	东部地区		中部地区		西部地区	
	经济模型	福利模型	经济模型	福利模型	经济模型	福利模型
$rfin$	3.064***	0.732*	1.597**	0.720***	1.198**	0.950***
	(0.858)	(0.438)	(0.64)	(0.241)	(0.605)	(0.309)
$rfin^2$	−17.211***	−4.208*	−8.000**	−3.835***	−4.208***	−3.474**
	(4.541)	(2.567)	(3.323)	(1.26)	(2.515)	(1.444)
$\ln gdp_{-1}$	−0.020***	−0.005	−0.015**	−0.003	0.007	0.005
	(0.006)	(0.004)	(0.007)	(0.003)	(0.008)	(0.005)
str	0.098	0.093**	0.115**	0.038**	0.145**	0.084**
	(0.082)	(0.042)	(0.045)	(0.018)	(0.062)	(0.036)
cpi	1.302***	−0.227*	2.674***	2.450***	0.272	−0.006
	(0.194)	(0.123)	(0.212)	(0.249)	(0.611)	(0.102)
$rlabor$	−0.004	−0.036***	−0.016	−0.018	−0.063**	0.020
	(0.017)	(0.012)	(0.044)	(0.015)	(0.031)	(0.020)
地区虚变量	有	有	有	有	有	有
年份虚变量	有	有	有	有	有	有
支出最优值	0.089	0.087	0.100	0.094	0.142	0.137
实际平均值	0.072	0.072	0.095	0.095	0.108	0.108
样本容量	310	310	181	181	144	144
Adjust-R^2	0.925	0.968	0.970	0.994	0.960	0.987

注：***、**、*分别表示在1%、5%、10%显著性水平下统计显著。

9.2.2.2 GMM 估计结果

面板数据的 OLS 估计通常会遇到随机扰动项自相关问题，也会面临某些回归变量并非严格外生问题的困扰（Roodman，2007）。另外，经济增长与社会福利的变化往往具有持续性，因为地方政府在追求经济增长目标时往往会参考以前年份的经济增长状况，而居民消费也有较大的惯性。为此，我们再将滞后一期的经济增长率（$rgdp_{-1}$）与滞后一期的社会消费品零售总额的变动率（$rwel_{-1}$）作为控制变量分别引入计量模型式（9.14）与式（9.15）中，以构造如下动态面板模型：

$$rgdp_{it} = \alpha_0 + \alpha_1 rgdp_{i,t-1} + \alpha_2 rfin_{it} + \alpha_3 rfin_{it}^2 + X_{it}\gamma + \mu_i + v_t + \varepsilon_{it} \qquad (9.16)$$

$$rwel_{it} = \beta_0 + \beta_1 rwel_{i,t-1} + \beta_2 rfin_{it} + \beta_2 rfin_{it}^2 + X_{it}\eta + \mu_i + v_t + \varepsilon_{it} \qquad (9.17)$$

一般地，在动态面板数据模型中，由于含有被解释变量的一期滞后项作为解释变量，因此可能存在与模型中随机扰动项的同期相关性问题；与此同时，经济增长与社会福利变动都可能与模型中的其他变量之间存在双向因果关系。内生性问题的存在使得一般的最小二乘法容易产生"动态面板估计偏误"的不良后果（Roodman，2007）。对此，阿雷拉诺和博韦尔（Arellano & Bover，1995）提出的系统广义矩法（System GMM）成了估计动态面板数据模型最有效的方法。本章采用系统广义矩估计方法对动态面板数据模型式（9.16）、式（9.17）进行估计，结果见表9.4与表9.5。从表9.4、表9.5最后几行所给出的对模型的设定检验看，除了西部地区2009—2012年社会福利变动模型外，其他各模型都具有以下检验结果：在10%的显著性水平下，AR（1）显著而AR（2）不显著，说明模型存在一阶自相关，但不存在二阶自相关问题，系统GMM方法是适用的，而Sargan检验表明，模型的总体矩条件成立，工具变量的选择整体上也是有效的。对西部地区2009—2012年的社会福利变动模型来说，AR（1）检验发现模型不存在一阶自相关性，因此不适用GMM估计。

从表9.4与表9.5的回归结果看，系统GMM估计显示了与OLS估计基本一致的逻辑结论。

第一，2004—2008年，无论是经济增长模型还是社会福利变动模型，在1%的显著性水平上，均呈现出地方政府生产性支出占比的一次项参数显著为正、二次项参数显著为负的结果，表明东、中、西部三大经济带的经济增长和社会福利变动与地方政府生产性支出占比间都存在着显著的倒U形关系。而在2009—2012年，东部与中部地区这种倒U形关系仍然显著存在，同时，西部地区的经济增长模型的估计也显示出了这种倒U形关系的基本特征。在西部地区社会福利变动模型的估计中，由于滞后一期社会福利的变化率（$rewl_{-1}$）的参数未通过10%显著性水平的显著性检验，同时，对模型一阶自相关的AR（1）检验发现，不存在随机干扰项的一阶自相关性，因此，对西部地区来说，其社会福利函数无需设定成动态面板模型的形式，因而也就无需通过系统GMM法来估计模型。

9 生产性财政支出与最优规模

表 9.4 2004—2008 年地市级生产性财政支出占比对经济增长与社会福利的影响：GMM 估计

变量名称	东部地区		中部地区		西部地区	
	增长模型	福利模型	增长模型	福利模型	增长模型	福利模型
$rfin$	2.511***	1.419***	2.404***	0.296***	0.148***	0.074***
	(0.751)	(0.177)	(0.205)	(0.113)	(0.02)	(0.04)
$rfin^2$	-17.993***	-11.577***	-10.091***	-1.335***	-0.450***	-0.349***
	(4.980)	(1.151)	(0.903)	(0.343)	(0.035)	(0.114)
$rgdp_{-1}$	-0.005***	—	0.034***	—	-0.244***	—
	(0.001)		(0.007)		(0.002)	
$rwel_{-1}$	—	-0.018***	—	-0.087***	—	-0.085***
		(0.002)		(0.004)		(0.001)
$\ln gdp_{-1}$	-0.226***	-0.074***	-0.038***	0.017***	-0.111***	-0.030***
	(0.017)	(0.005)	(0.004)	(0.003)	(0.003)	(0.002)
str	2.532***	-0.058**	0.155***	0.235***	0.735***	-0.035***
	(0.581)	(0.029)	(0.015)	(0.013)	(0.019)	(0.010)
cpi	-0.113	0.661***	2.143***	1.618***	0.859***	0.125***
	(0.230)	(0.054)	(0.061)	(0.070)	(0.009)	(0.009)
$rlabor$	-0.103***	0.102***	-0.035	-0.025*	-0.003	0.062***
	(0.020)	(0.011)	(0.010)	(0.014)	(0.001)	(0.004)
$constant$	-0.597***	0.583***	0.105***	-0.177***	0.245***	0.337***
	(0.121)	(0.024)	(0.038)	(0.014)	(0.007)	(0.012)
支出最优值	0.070	0.061	0.119	0.111	0.164	0.106
实际平均值	0.059	0.059	0.085	0.085	0.110	0.110
样本容量	294	294	255	255	232	232
Sargan 检验	49.412	82.258	81.281	73.473	84.425	80.237
	(0.172)	(0.440)	(0.874)	(0.131)	(0.897)	(0.999)
AR（1）检验	-2.095	-1.674	-2.142	-1.656	1.663	-2.132
	(0.036)	(0.094)	(0.032)	(0.098)	(0.096)	(0.033)
AR（2）检验	1.304	-0.427	0.880	-0.391	-1.069	-1.263
	(0.192)	(0.670)	(0.379)	(0.696)	(0.285)	(0.207)

注：①Sargan 检验、AR（1）检验、AR（2）检验括号内报告的是伴随概率 P 值。②＊＊＊、＊＊、＊分别表示在 1%、5%、10%显著性水平下统计显著。

第二，从 2004—2008 年以及 2009—2012 年两个时间段来看，东、中、西部三大经济带也都呈现出社会福利最优目标下的政府生产性支出占比低于经济增长最大化目标下的政府生产性支出占比的特征[①]，再次印证了上述理论部分的基本结论。

表 9.5　2009—2012 年地市级生产性财政支出占比对经济增长与社会福利的影响：GMM 估计

变量名称	东部地区		中部地区		西部地区	
	增长模型	福利模型	增长模型	福利模型	增长模型	福利模型
$rfin$	2.215***	0.437**	1.547***	0.624**	0.482**	0.599**
	(0.254)	(0.222)	(0.520)	(0.303)	(0.249)	(0.272)
$rfin^2$	-15.967***	-3.537***	-8.000***	-3.432**	-1.889***	-0.995
	(1.276)	(1.165)	(2.577)	(1.558)	(0.729)	(0.864)
$rgdp_{-1}$	-0.004**	—	0.045***	—	0.021***	—
	(0.002)		(0.016)		(0.002)	
$rwel_{-1}$	—	-0.049***	—	-0.108***	—	0.020
		(0.002)		(0.020)		(0.016)
$\ln gdp_{-1}$	-0.070***	-0.055***	-0.077***	-0.004	-0.085***	0.005
	(0.003)	(0.002)	(0.005)	(0.008)	(0.007)	(0.005)
str	-0.005	0.230***	0.526***	0.108**	0.400***	-0.022
	(0.022)	(0.021)	(0.061)	(0.049)	(0.067)	(0.028)
cpi	1.189***	1.516***	0.996***	1.889***	1.868***	0.568***
	(0.072)	(0.030)	(0.054)	(0.104)	(0.122)	(0.060)
$rlabor$	-0.008***	-0.038***	-0.010	-0.094***	-0.036**	-0.005
	(0.002)	(0.003)	(0.013)	(0.021)	(0.017)	(0.007)
$constant$	0.556***	0.299***	-0.134***	0.107*	0.339***	0.112***
	(0.022)	(0.012)	(0.061)	(0.061)	(0.059)	(0.034)
支出最优值	0.069	0.062	0.097	0.091	0.128	—
实际平均值	0.072	0.072	0.095	0.095	0.108	0.108
样本容量	310	310	181	181	144	144

---

① 由于 2009—2012 年西部地区社会福利模型的设定与 GMM 估计的适用性问题，其最优拐点值出现异常，无法与增长模型的最优拐点进行比较。

续表

变量名称	东部地区		中部地区		西部地区	
	增长模型	福利模型	增长模型	福利模型	增长模型	福利模型
Sargan 检验	87.446	83.26	62.928	31.161	48.722	48.862
	(0.195)	(0.101)	(0.275)	(0.408)	(0.828)	(0.770)
AR（1）检验	-4.153	-2.181	-2.143	-1.829	-1.910	-0.963
	(0.000)	(0.029)	(0.032)	(0.067)	(0.056)	(0.335)
AR（2）检验	-0.137	-1.637	0.143	-0.516	-1.573	-0.309
	(0.891)	(0.102)	(0.886)	(0.606)	(0.116)	(0.758)

注：①Sargan 检验、AR（1）检验、AR（2）检验括号内报告的是伴随概率 P 值。② * * *、* *、* 分别表示在 1%、5%、10%显著性水平下统计显著。

第三，地方政府实际的生产性支出占比相比于上述理论的最优支出占比，仍然呈现如下特征：在 2004—2008 年，东、中、西部三大经济带政府生产性支出的实际占比都低于两目标下最优的支出占比，尤其以西部地区最为突出。与 OLS 估计中的经济含义相仿，这一结果表明该时期政府生产性支出还有进一步增加的空间，即如果政府生产性支出规模进一步扩大，既会促进社会福利的增加，又会提升地区的经济增长水平，即更加接近潜在的最优增长水平以及潜在的最优社会福利水平；而在 2009—2012 年，东、中部地区政府生产性支出占比已经接近甚至超过了两目标下的最优值。正如前文所述，这可能是 2008 年全球金融危机情况下，中国政府增加 4 万亿元财政投资所形成的结果。因此，在其他条件不变的情况下，如果东、中部地区继续加大政府生产性支出规模，不仅不会带来经济的进一步增长，更会带来社会福利的损失①。对西部地区来说，虽然 GMM 估计结果无法考察到社会福利的最优值，但与 2004—2008 年的时间段相比，2009—2012 年西部地区政府的实际生产性支出占比与经济增长目标下的最优占比的差距也进一步缩小了。当然，由于仍有 2 个百分点的差距，单就经济增长目标来说，西部地区还可以适度地加大地方政府的生产性财政支出规模。

---

① 黄干和马成（2012）通过 CGE 模型研究发现，2009—2010 年，4 万亿元的政府投资挤出了相当大量的私人消费，导致了居民福利水平的下降。

9.3 本章小结

政府生产性财政支出如何影响经济增长及社会福利的变动，是经济领域，尤其是财政界的一个永恒的研究议题。在理论研究中，长期以来人们将经济增长与社会福利视为同一，认为经济增长水平的最大化自然也就是社会福利水平的最大化，因此，大量的研究集中在政府生产性财政支出与经济增长的关系方面，而忽略了经济增长与社会福利可能存在的差异，以及生产性财政支出对经济增长和社会福利可能存在不同的促进作用。随着中国改革开放的不断深化以及中国各级政府和广大民众对民生问题的日益重视，人们越来越发现，经济的高速增长并不必然带来社会福利水平的迅速提高，经济增长的最优并不等同于社会福利的最优。因此，一个重要的理论与现实问题就是，政府的财政政策能同时促进经济增长与社会福利的最优化吗？本章也正是围绕这一问题展开研究的。

首先，本章构建了一个理论模型以揭示政府生产性支出占比对经济增长与社会福利的影响机制。我们将政府的生产性支出、消费性支出引入一般均衡模型中，并在非完全替代的效用函数和 AK 型内生增长模型中，分别加入消费性服务拥挤因子和生产性服务拥挤因子，来刻画政府提供的公共服务品的不同公共属性。针对社会福利最大化和经济增长最大化两种目标，本章推导了最优的政府生产性支出占比（与产出水平的比值）。通过理论模型分析发现，当政府的消费性服务完全是非竞争性公共消费服务品时，理论上确实存在着一个最优的生产性支出占比，能同时促使经济增长与社会福利的最大化，而当政府的消费性服务存在着拥挤效应时，两种目标下政府的最优生产性支出是不一致的，社会福利最大化目标下政府最优的生产性支出占比比经济增长目标下低。同样地，本章也从理论上分析了政府最优的消费性支出占比以及财政总支出占比在两目标下具有一致性的条件以及不一致时两者的大小关系。

其次，我们在理论分析的基础上，通过数值模拟呈现了本章更加关心的政府生产性财政支出与经济增长和社会福利变动之间存在的倒 U 形关系，并从中国经验数据中得到了实证检验。通过对 2004—2008 年以及 2009—2012 年两个时期中国地市级的面板数据分析发现，两时期三大经济带政府生产性支出在社会福利最大化目标下的最优拐点值，普遍低于经济增长最大化目标下的最优拐点值,从实证中进一步验证了我们理论分析所得的结论。当然,这一特征的存在也意味着中国地方政府消费性财政支出在两个时间段都存在着拥挤效应。从两个时间段的比较看,2004—2008年,东、中、西部三大经济带实际的政府生产性财政支出占比低于增长目标与社会福利目标下最优的占比值,一方面表明当时政府的生产性财政支出对经济增长与社会福利起着积极的促进作用,另一方面也预示着地方政府还有继续加大生产性支出的空间;而在2009—2012年,三大经济带实际的政府生产性财政支出占比已接近甚至超过了两目标下的最优占比值,表明政府实际的生产性支出已开始出现效益不佳的势头,尤其是在东、中部地区,继续增加生产性财政支出将对经济增长与社会福利产生抑制作用。这也从另一视角印证了德瓦拉扬等(Devarajan et al, 1996)的研究结论,即当生产性公共支出规模超出与一个地区社会经济发展相适应的水平时,生产性公共支出对经济增长的影响不显著,甚至可能抑制经济增长,同时也支持了严成樑、龚六堂(2009)对中国的研究推论:政府的生产性公共支出并不一定总是促进经济增长,生产性公共支出对经济增长的影响存在着地区差异。

当前,中国经济发展进入了一个全新的发展阶段,"新常态"将成为今后中国经济发展相当长一段时期的基本特征。在"新常态"下,中国经济将从过去持续的高速增长转换为中高速发展;随着基础建设的逐渐夯实和公共财政制度的不断完善,私人资本参与经济活动的效率和作用将会越来越大,政府生产性支出的产出弹性也将越来越小,因此,政府最优的生产性支出占比也会呈现逐渐下降的态势,尤其在东、中部地区,这一特征将表现得更为明显。上述主要结论在调整和优化中国财政支出结构方面具有重要的政策含义。

污染治理的动态补贴政策研究

10 污染治理的动态补贴政策研究

工业革命以来，环境污染与治理是世界各国在经济发展过程中共同面临的重要课题（UNEP，2010）①。特别是在工业化进程中，经济发展消耗了大量的资源，使得各国普遍出现严重的环境污染问题。实践表明，企业是污染排放的主要来源，自然也成为污染减排的主体。因此，为应对环境污染问题，各国政府都采取污染排放惩罚、减排补贴等多种环境规制政策以激发和提高企业的污染减排动机。

据统计，发达国家的污染治理投入占GDP比重达到3%左右时，环境污染得到了有效控制，主要原因在于：一方面，依靠强大的经济基础，发达国家建立了严格和完善的环境管理法规体系，同时公众也具有良好的环境保护意识和绿色行为习惯，这有利于激发企业的污染减排动机；另一方面，由于经济进入低速增长阶段，社会资本的边际回报率在变小，使得污染治理投资的机会成本在下降，这也有利于提高企业的治污投入水平。

与之相对，中国的环境污染程度很高，而污染治理投入占比却很低。据统计，2015年中国338个地级以上城市中，环境空气质量未达标的城市占比为78.4%；5 118个地下水质监测点中，水质为较差以下等级的监测点占比为61.3%②。同时，中国环境污染治理投资额占GDP的比重却多年徘徊在1.5%左右。中国政府主要通过实施排污收费制度促使企业进行污染减排，然而很多企业宁可缴纳排污费也不进行减排努力；而且，政府还通过加大财政补贴力度来降低企业的污染减排成本，甚至出现补贴资金超出排污收费金额的现象，很多企业却借此套取国家补贴资金，但未加大治污投入力度。

对于中国而言，环境污染并未得到有效控制，环境系统正遭受严重破坏，生态功能也在逐渐退化，解决中国环境污染问题已经迫在眉睫。更为重要的是，中国还面临着保持经济快速增长、改善社会福利的迫切需求，当前日益严峻的环境污染问题已成为制约经济增长的瓶颈，建立并完善环境规制政策体系，统筹经济发展和环境治理的战略抉择，实现经济健康发展和生态环境明显改善的双重目标，是中国经济社会可持续发展的必由

---

① 资料来源：UNEP Year Book 2010. United Nations Environment Programme（UNEP）[EB/OL]. [2016-02-09]. http://www.unep.org/.

② 数据来源：中华人民共和国环境保护部. 2015中国环境状况公报[EB/OL]. [2016-03-02]. http://www.zhb.gov.cn/.

之路。

在初始的资本累积阶段，中国政府长期采取排污收费制度而非税收制度，主要是因为在保持经济高速增长的目标下，前者更具灵活性，且易于调整政策执行力度。很多学者认为，中国现行的排污收费制度存在着征收标准偏低、范围过窄、资金使用缺乏约束性等诸多问题，已经无法满足环境污染治理的规制需求。2016年12月，中国政府已经明确按照"税负平移"原则将现行的排污费改为环境保护税，并于2018年1月开征。

实施更为规范的污染排放惩罚政策，加大税收征管力度，可以推动企业进行污染减排。然而，环保税在限制污染排放的同时也会产生一些不利影响。例如，较高的环保税税率将会减少投资活动，使得产出更多地转向了消费，不利于经济增长中资本的累积，会造成产出增长乏力，甚至会导致经济停滞不前。反之，较低的环保税税率类似于现行的排污收费制度，又无法激发企业的污染减排动机。因此，在环境污染问题十分突出的情形下，为使环境质量得到明显改善，政府在实施环保税的同时还应加大减排补贴力度，促使企业提高治污投入水平。

未来一段时期内，对于环保税的征收及其使用问题将会对中国经济增长与生态环境产生重要影响，政府应如何把握污染排放惩罚与减排补贴两者的主次关系和力度大小，既能够保持经济持续增长和社会福利改善，又能够推动企业进行污染减排，当前理论研究与中国环境治理实践都没有给出明确的答案。

因此，通过构建新古典理论模型，求解鞍点路径上的均衡解，刻画以要素投入为主的发展中国家经济增长模式，增加治污资本投入进行污染减排的机制，寻找企业污染减排的时机，是本章的第一个重点研究内容；将环保税与减排补贴两种环境规制政策纳入统一的新古典模型理论框架中，分析环境规制政策对经济增长和污染累积的动态影响，厘清福利最大化目标下环保税与减排补贴之间的组合关系和变化趋势，促使企业加大治污投入力度，是本章的第二个重点研究内容。

采用Shooting方法求解新古典模型鞍点路径上的均衡解，构建包含环境污染累积过程的理论研究框架，刻画了污染减排的机制，设计动态环保税和减排补贴率的环境规制政策组合，解释了不同经济发展阶段环境规制政策对企业污染治理投入的影响差异，对于发展中国家建立完善的环境规制政策体系，实现经济平稳增长和环境质量改善，具有重要的参考价值。

10 污染治理的动态补贴政策研究

10.1 企业污染减排动机的理论框架构建

在新古典理论的鞍点路径上,本章构建了包括能源消耗产生污染排放物、企业进行治污资本投入、政府征收环保税和实施减排补贴政策的理论模型,研究运用动态环境规制政策以提高企业污染减排动机和促进经济增长的作用机制。

10.1.1 理论模型设定

10.1.1.1 产品部门与环境污染累积过程

近十几年来,资本的不断累积和能源的大量消耗有效推动了中国经济的快速发展,同时成为中国粗放式经济发展的主要特征。假设生产过程中需要两种投入要素,一种是物质资本要素,另一种是能源资本要素。设定产品部门的生产函数表达式为:

$$Y_t = [1-D(X_t)] A_t K_{y,t}^{\alpha} K_{e,t}^{\gamma} \tag{10.1}$$

式中,Y_t 为第 t 期的产出水平,$K_{y,t}$ 表示第 t 期投入的物质资本要素,$K_{e,t}$ 表示第 t 期投入的能源资本要素,α 为物质资本的生产弹性,γ 为能源资本的生产弹性。A_t 表示第 t 期的技术水平,X_t 表示第 t 期的环境污染存量,$D(X_t)$ 为效率损失函数,代表第 t 期环境污染对生产效率的负向影响。

能源消耗过程中产生污染排放物 EM_t,可以将污染排放函数设定为:

$$EM_t = f(K_{e,t}, K_{s,t}) \tag{10.2}$$

式中,$K_{s,t}$ 表示第 t 期企业投入的治污资本。

假设 $f'_1(K_{e,t}, K_{s,t}) > 0$ 表示随着能源资本使用量的增加,污染排放物也将增多;$f'_2(K_{e,t}, K_{s,t}) < 0$ 表示随着企业治污资本投入的增加,污染排放物将会减少。同时,设定 $f''_{22}(K_{e,t}, K_{s,t}) > 0$ 表示随着治污资本投入的增加,其边际治污效果越来越小。

生态系统对污染排放物具有一定的降解能力,随着能源消耗量的不断提高,当期的污染排污量越来越大,以至于生态系统无法容纳更多的污染物,污染排放物开始累积并形成了环境污染。因此,环境污染的动态累积方程可以表示为:

$$X_{t+1} = (1-\eta) X_t + EM_t \tag{10.3}$$

式中,X_t 表示第 t 期环境中的累积存量;η 为生态系统对上期污染累积存量的分解系数,$0<\eta<1$,η越小,表示生态系统分解污染物的能力越强。假设在经济发展初期,由于污染排放量较小,并不存在环境污染,即初期污染存量$X_1=0$。

10.1.1.2 环保税与企业污染减排机制

在本章中,假设政府实施两种环境规制政策:对于企业污染排放进行征税(环保税)、对企业治污投入进行补贴(减排补贴),在此基础上,分析两种规制政策对于企业污染减排动机的影响。

企业在生产活动中追求利润最大化,其表达式为:

$$\Pi_t = Y_t - r_t K_{y,t} - r_t K_{e,t} - r_t(1-s_t)K_{s,t} - \tau_t(EM_t - EM_0)I_{em}(EM_t) \quad (10.4)$$

式中,r_t表示第t期的资本回报率;τ_t为第t期政府针对污染排放量征收的环保税,是企业单位污染排放量的惩罚成本;$s_t = \tau_t(EM_t - EM_0)rsd_t/r_t K_{s,t}$,是第$t$期政府针对单位治污资本的专项财政补贴力度,是对企业治污资本投入的一种补偿手段;rsd_t是污染减排补贴率,是第t期治污投入补贴资金的支出规模占环保税收入的比重;Π_t表示第t期企业的利润水平。

在实际中,政府一般都会给企业一定的污染排放限额,当企业污染排放量低于该限额时,企业可以免费排污。本章假定当企业的污染排放量高于EM_0时,此时污染排放物开始逐渐累积并形成环境污染,政府对企业排污征税。如式(10.4)所示,$I_{em}(EM_t)$为示性函数,当$EM_t>EM_0$时,$I_{em}(EM_t)=1$,设定$\tau_t>0$;反之,$I_{em}(EM_t)=0$,同时设定$\tau_t=0$。

企业进行治污资本投入时需要权衡两方面因素。一方面是政府对企业单位污染排放物的征税力度,征税力度越大,污染排放的成本就越高,则污染减排的收益就会越大,企业治污资本的投入也就越多;另一方面是企业进行治污投入时的资本边际回报率,资本边际回报率越高,治污资本的机会成本就会越高,企业治污投入也就越少。

通过求解企业治污资本的拉格朗日条件,本章给出了企业治污动机的函数表达式:

$$[r_t(1-s_t) + \tau_t f'_2(K_{e,t}, K_{s,t})I_{em}(EM_t)]K_{s,t} = 0 \quad (10.5)$$

其中,当$EM_t \leq EM_0$时,式(10.5)可以简化为$r_t(1-s_t)K_{s,t}=0$,由于$r_t(1-s_t)>0$恒成立,则$K_{s,t}=0$;当$EM_t>EM_0$时,为了叙述方便,本章分为两种情况进行讨论,根据前文假设已知$f''_{22}(K_{e,t}, K_{s,t})>0$,则$-f''_{22}$

$(K_{e,t}, K_{s,t})<0$，相应地，$-\tau_t f'_2 (K_{e,t}, K_{s,t})$ 为 $K_{s,t}$ 的减函数。由于 $K_{s,t} \geqslant 0$，则 $-\tau_t f'_2 (K_{e,t}, 0)$ 为该函数的最大值。当满足如下不等式条件时：

$$r_t (1-s_t) \quad \tau_t f'_2 (K_{e,t}, 0) \tag{10.6}$$

则不存在 $K_{s,t}>0$ 使得 $r_t (1-s_t) + \tau_t f'_2 (K_{e,t}, K_{s,t}) = 0$ 成立，即 $K_{s,t}=0$；当满足如下不等式条件时：

$$r_t (1-s_t) < \tau_t f'_2 (K_{e,t}, 0) \tag{10.7}$$

则存在 $K_{s,t}>0$ 满足 $r_t (1-s_t) + \tau_t f'_2 (K_{e,t}, K_{s,t}) = 0$。此时，治污资本投入大于零，企业有了进行污染减排的动机。显然，政府对污染排放的征税、对企业治污资本投入的补贴、资本边际回报率以及企业减排的边际效率都可能会影响企业的污染减排动机。值得注意的是，在政府对污染排放不征税的情况下，无论其他因素取值高低，企业都将不具备污染减排的动机。换言之，政府针对污染排放征税是企业进行污染减排的前提条件。在这一条件下，政府针对治污资本投入进行补贴才能进一步提高企业的污染减排动机。

此外，物质资本和能源资本投入的一阶条件分别为：

$$r_t = \alpha \frac{Y_t}{K_{y,t}} \tag{10.8}$$

$$r_t + \tau_t f'_1 (K_{e,t}, K_{s,t}) I_{em} (EM_t) = \gamma \frac{Y_t}{K_{e,t}} \tag{10.9}$$

10.1.1.3 代表性家庭

在本章中，假设存在一个以追求终生效用最大化为目标的代表性家庭，家庭部门的目标函数设定为：

$$y = \max \sum_{t=0}^{\infty} \beta^t C_t^{1-\sigma} / (1-\sigma) \tag{10.10}$$

代表性家庭的预算约束为：

$$C_t + I_t = r_t K_t + \Pi_t + Tr_t \tag{10.11}$$

式中，C_t 表示代表性家庭在第 t 期的消费水平；I_t 表示代表性家庭在第 t 期的投资水平；K_t 表示物质资本、能源资本和治污资本三种资本水平之和，即 $K_{y,t}+K_{e,t}+K_{s,t}=K_t$；$Tr_t$ 表示政府通过征税对代表性家庭的转移支付额；σ 为代表性家庭消费跨期替代弹性系数（$\sigma>0$），该值越大，表明代表性家庭跨期消费的意愿就越小。

总资本的动态累积方程如式（10.12）所示。

$$K_{t+1} = (1-\delta) K_t + I_t \tag{10.12}$$

进一步求解可得代表性家庭跨期消费选择的欧拉方程为：

$$C_{t+1}^\sigma = C_t^\sigma \beta [r_{t+1} + (1-\delta)] \tag{10.13}$$

10.1.1.4 政府预算平衡与市场出清条件

政府预算约束平衡条件的表达式为：

$$Tr_t = \tau_t (EM_t - EM_0) - r_t s_t K_{s,t} \tag{10.14}$$

为了进行均衡求解，还需要给出产品市场的出清条件，如式（10.15）所示。

$$C_t + I_t = Y_t \tag{10.15}$$

10.1.2 参数校准过程

10.1.2.1 资本生产弹性系数的校准

参考张军和章元（2003）对中国资本存量的测算方法，本章计算了1998—2013年中国的资本存量序列，选取年折旧率 $\delta = 9.6\%$。在这一阶段中，物质资本和能源资本是促进中国经济高速增长的主要来源，企业治污资本的形成还处于起步阶段，与上述两种资本相比，治污资本数额非常小。不失一般性，根据能源工业固定资产投资额占全社会固定资产投资额的比重，将中国总资本存量序列拆分为物质资本和能源资本两部分。为了能够估计中国生产函数中的资本弹性系数，本章对如下生产函数进行估计：

$$\ln y_t = \alpha_0 + \alpha_1 k_{y,t} + \alpha_2 k_{e,t} + \alpha_3 X_t + \varepsilon_t \tag{10.16}$$

式中，y_t 是中国1998—2013年的产出序列，$k_{y,t}$ 是物质资本存量序列，$k_{e,t}$ 是能源资本存量序列，X_t 是包含一系列控制变量的向量组。

通过估计得到物质资本和能源资本的产出弹性系数分别为 $\alpha = 0.514$、$\gamma = 0.198$。

10.1.2.2 污染排放函数和效率损失函数的系数估计

本章参照国内外文献中有关环境污染排放量测算的一般方法，将我国的"三废"排放数据标准化后加权平均，计算得到排放量 EM_t。在环境自降解系数 η 的选定方面，参考海图尔（Heutel，2012）的研究，确定环境系统对污染排放物的降解系数 $\eta = 0.25$。

对于污染排放函数 $f(\bar{K}_{e,t}, K_{s,t})$ 和污染效率损失函数 $D(X_t)$ 的设

定,本章借鉴海图尔(Heutel,2012)使用一元二次方程式拟合函数的思路,根据污染排放函数中治污资本一阶、二阶导数的特征,选取相应的曲线部分;类似地,根据环境污染累积对产出的负向影响程度越来越大的特征,选取一阶导数(D'_X)和二阶导数(D''_{XX})均大于零的某一曲线部分。对于这些方程中系数的估计,本章重点参考了杨继生等(2013)的研究结果,以环境污染成本约占实际产出的8%~10%作为环境污染对生产率影响程度的基准,多次调试理论模型的拟合值,使得实际损失程度与理论模拟的损失程度保持一致,以尽可能地提高理论模型的拟合度,最后,得到污染排放函数为$f(K_{e,t}, K_{s,t}) = 0.405K_{e,t}^{0.407}(0.019K_{s,t}^2 - 0.190K_{s,t} + 1)$,污染效率损失函数为$D(X_t) = 0.028X_t^2$。

10.1.2.3 技术水平与效用贴现率

参考国内外文献中研究中国问题时设定的参数,选取代表性家庭消费跨期替代弹性系数$\sigma = 1$、年度效用贴现率$\beta = 0.975$、技术水平$A_t = 0.965$。此外,本章还对上述参数进行了敏感性测试,结果表明,随着参数小幅变化,资本产出比等主要经济变量均处于合理的范围内,并且参数的不同取值并未影响本章的主要结论。

在模型设定和参数校准完成后,本章采用Shooting方法模拟新古典理论模型鞍点路径上的均衡解①,通过给定资本变量的初始值,进行模拟迭代计算得出从资本初始状态到稳态过程中鞍点路径上的均衡解。

10.2 环保税对企业治污投入及时点选择的影响分析

在现实经济中,政府实施环保税一方面能够通过增加企业污染排放的边际成本,限制企业使用污染型生产要素;另一方面还可以增加企业污染减排的边际收益,促使企业加大治污资本投入,降低单位产出的污染排放量。然而,环保税设定过高又不利于企业的生产活动,进而会对经济增长造成一些负向影响。因此,环保税是一把"双刃剑"。是否存在适度的环保税政策,既能够激发企业的污染减排动机,又可以促进经济持续增长?

---

① 基于Shooting方法可以计算从任意初始状态到稳态的均衡转移路径,关于该方法的详细内容请参见:Ljungqvist L, Sargent T J. Recursive Macroeconomic Theory [M]. Cambridge: MIT Press, 2004: 310-312。由于篇幅限制,本章并未给出详细的鞍点路径求解过程。

本章将对此进行分析。

10.2.1 环保税政策的设定

在新古典理论模型的鞍点路径上，环境污染是从无到有逐渐累积的，相应地，根据环境污染对经济增长影响的负外部性逐渐增大，环保税税率也应从小到大逐渐提高。基于这一研究思路，本章在鞍点路径上设定两种类型的环保税政策，分别是在各个时期环保税由零逐渐增加到稳态环保税的"动态"环保税政策①，以及各个时期环保税都为稳态环保税的"严格"环保税政策。其中，稳态环保税指的是在新古典模型的稳态下求解得出的最优环保税。为了直观地反映环保税的外部性特征，本章在理论模拟中增加了不实施环保税的情景，称为"无"环保税政策。

需要说明的是，环保税设定的上限是不高于稳态环保税。稳态环保税是在新古典模型稳态阶段福利最大化目标下求得的最优环保税，如果税率设定高于稳态环保税，一方面会造成福利水平的下降，不利于优化目标的实现；另一方面，在鞍点路径上的经济增长阶段，环境污染还处于初步累积阶段，其负外部影响还处于较低水平，高于稳态环保税的环保税税率设定会限制生产要素投入并造成经济增长乏力，因此税率设定不宜高于稳态环保税。

10.2.2 环保税对企业治污投入的影响分析

在图10.1中，本章给出了不同环保税政策下企业治污资本投入水平的变化情况。在无环保税政策的情况下，根据式（10.5），由于污染减排的边际收益为零，企业没有污染减排的动机，以至于治污资本的投入水平在各个时期始终为零；在税率逐渐提高的动态环保税政策下，企业在鞍点路径上的第24期开始进行治污资本投入，并逐期提高治污资本的投入水平，直到稳态时达到均衡治污资本水平；在各个时期都采取稳态税率的严格环保税政策下，企业进行治污投入的时点向前移动了11期左右，并且在以后各期中严格环保税政策下，企业的治污资本投入水平也都高于动态

---

① 本章选取一元二次函数的部分曲线拟合动态环保税。具体函数设定为 $\tau_t = a_1 t^2 + b_1 t + c_1$，该函数所有参数的取值分别为 $a_1 = -2.161 \times 10^{-4}$，$b_1 = 0.0432$，$c_1 = 0$。此外，在本章给定的理论模型和参数值的情况下，求得新古典模型稳态阶段的最优环保税为 $\tau = 2.161$。

环保税政策下的投入水平，直到稳态时两种环保税政策下的治污资本投入水平相等。

环保税税率设定的越高，企业进行治污资本投入的时点就越早，在鞍点路径上各个时期治污投入的力度也越大。就激发企业污染减排动机而言，严格环保税似乎更好一些。然而，即使在严格的环保税政策下，企业进行污染减排的动机也是不足的，如图10.1所示，主要表现为两个方面：一是相对于污染产生的时点而言，严格环保税下企业进行治污投入的时点还是滞后了13期左右；二是在稳态环保税的"天花板"下，鞍点路径上各个时期的环保税无法进一步促进企业加大治污投入力度。

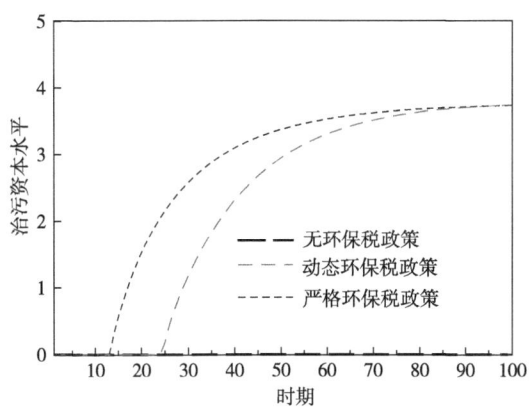

图 10.1　不同环保税下企业治污资本的投入水平

10.2.3　环保税对经济增长和福利改善的政策效应分析

除了实现降低污染水平的目标外，政府实施环保税政策更为关键的目标是保持经济持续增长和社会福利不断改善，发挥环保税的正外部性。如图 10.2、图 10.3 所示，本章分别给出了不同环保税政策下鞍点路径上均衡产出水平和均衡消费水平的变化趋势。

从均衡产出的角度来看，无环保税政策下，尽管在短期内（前25期）经济维持了高产出水平，但是由于环境污染累积对产出造成的负外部性影响，使得在第26期至第100期无环保税政策下的均衡产出始终处于较低水平；严格环保税政策下，在短期内（前30期内）税收的扭曲效应占据主导地位，由于限制能源生产要素的投入，导致产出水平在很长时间内大幅低于无环保税政策下的产出水平;相比而言,由于前期税率设定的较低,动态环保税在短期内的税收扭曲效应较小,因此并没有造成产出水平的大幅下降,而且中后期动态环保税的外部效应不断凸显,使得产出长期处于较高水平。

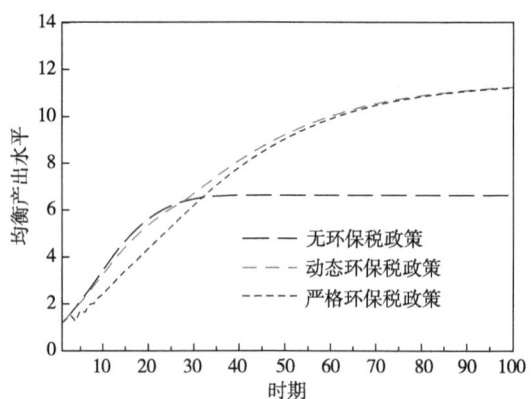

图10.2 不同环保税下鞍点路径上的均衡产出水平

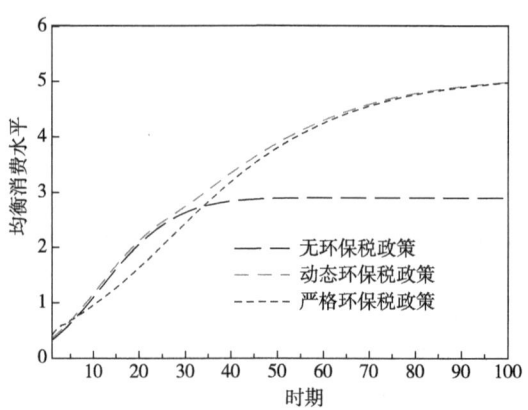

图10.3 不同环保税下鞍点路径上的均衡消费水平

消费是效用函数中的主要变量,在一定程度上可以作为福利水平的代表。从均衡消费的角度来看,在无环保税政策情景下,经济发展对能源资本的过度依赖行为不能得到有效抑制,环境污染的负外部性导致均衡消费始终处于较低水平；严格环保税将会促使代表性家庭将更多的产出分配到消费领域，然而在经济增长阶段这种高消费不具有可持续性，高消费导致资本的累积水平偏低，迅速造成经济增长乏力，使得鞍点路径上均衡消费长期处于较低水平；与上述两种情形相对照，动态环保税则维持了资本累积与消费之间动态平衡关系，可以使整条鞍点路径上均衡消费长期处于较高水平，实现了鞍点路径上福利最大化的目标。

总之，政府设定的环保税税率越高，企业的污染减排动机越大，而为了实现鞍点路径上福利最大化目标，在经济快速增长阶段，环保税税率又不宜设定过高。显然，环保税在提高企业污染减排动机和保持经济持续增长之间存在着两难的抉择。

10.2.4 企业进行治污投入的时点选择

基于上述分析可得，渐进递增的动态环保税政策能够适度激发企业的污染减排动机。实际上，在动态环保税政策作用下，企业进行治污资本投入的边际成本与边际收益不断发生变化，两者关系的大小决定了企业进行治污资本投入所选择的时点。如图10.4所示，本章给出了鞍点路径上企业治污投入的边际成本与边际收益曲线。

如图10.4所示，在鞍点路径上随着经济增长与环境污染程度的加重，环保税税率不断提高，政府对污染排放的征税力度不断加大，污染排放的成本不断提高，则污染减排的收益持续上升，即企业进行治污资本投入的边际收益逐渐增大；与之相对，在鞍点路径上，在资本要素不断累积和经济规模不断扩大的过程中，资本的边际回报率不断下降。实际上，资本边际回报率决定了企业进行治污资本投入的机会成本，资本回报率的持续下降正是企业治污资本投入的边际成本不断降低的体现，因此，随着治污资本投入边际成本的下降与边际收益的上升，当两者相等时，就出现了企业进行治污投入的时机。与之相对，在鞍点路径上的第1期至第24期，治污资本的边际成本大于边际收益时，企业最优的治污投入水平为零。

在保持鞍点路径上福利水平最大化的前提下，如何进一步提高企业的污染减排动机，使得企业治污投入的时点与污染出现的时点相一致，即从第1期开始企业就进行治污资本投入，以实现环境污染有效控制的目标，则需要在给定环保税政策的前提下，从政府减排补贴政策对企业治污投入影响的角度进一步展开研究。

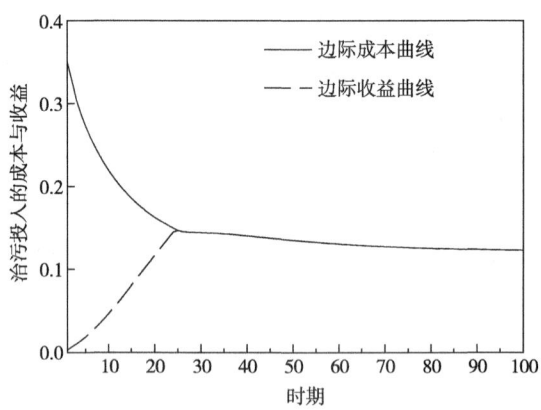

图 10.4 鞍点路径上企业治污投入的成本收益分析

10.3 政府治污补贴政策设计及作用机制研究

政府减排补贴可以降低企业治污投入的边际成本,从理论角度看,当单位治污资本的补贴比率很高时,企业治污投入的边际成本趋近于零,当出现环境污染并实施环保税时,无论税率大小,企业都将有动机进行污染减排投入。因此,政府污染减排补贴政策可以使得企业治污投入时点与环境污染出现时点相一致。对于如何实现政府污染减排补贴资金和环保税收入之间的优化组合,以及发挥政策组合在控制污染累积水平、促进经济增长与福利增进中的作用,是本节的重点研究内容。

10.3.1 政府污染减排补贴政策的设定

在鞍点路径上的经济增长阶段,在实施环保税的初始时期,税收扭曲效应占据主导地位,在这一阶段资本边际回报率较高,环保税限制了生产要素的投入规模,导致了产出损失。此时,如果将环保税收入全部或者部分以减排补贴的形式转移给企业,一方面可以缓解环保税对企业产出水平的不利影响,将有利于提高企业的产出水平;另一方面还可以尽早地促进企业进行污染减排,降低环境污染水平。显然,政府减排补贴在激发企业污染减排动机、促使经济增长等方面具有重要作用。

本章上一节已经证明了在无环保税、严格环保税和动态环保税三种情形下,动态环保税能够在保证经济增长与社会福利的目标下,适度激发企业的污染减排动机,因此,在三种环保税政策中,动态环保税是最优的政策选择。另外,在新古典理论模型的稳态阶段,在给定稳定环保税的前提下,可以求解得出政府的最优减排补贴率。本章发现,在稳态阶段的最优减排补贴率是小于 1 的[①],这意味着以福利最大化为目标时,政府应该将环保税收入中的部分资金以减排补贴的形式转移给企业。

对此,与前面有关动态环保税的设定思路类似,本章在理论模型中设定了两种补贴情形,分别进行模拟分析:第一种,政府将环保税的收入全部作为减排补贴返还给企业,即政府的"完全"减排补贴政策;第二种,在鞍点路径上设定动态减排补贴率,由完全补贴逐渐下降到稳态时的最优减排补贴率,称为"动态"减排补贴政策[②],减排补贴政策的设定如图 10.5 所示。在给定动态环保税的前提下,为了进行对比分析,本章在两种减排补贴政策基础上增加了无减排补贴政策的情景,因此形成了三种环境规制政策组合情形,分别是动态环保税和无减排补贴、动态环保税和动态减排补贴、动态环保税和完全减排补贴。

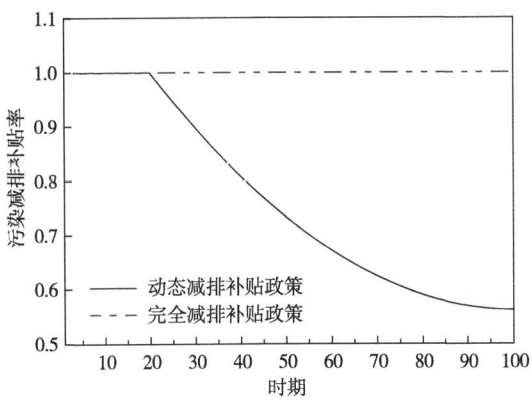

图 10.5 鞍点路径上污染减排补贴资金占环保税收入的比重

---

① 在稳态最优税率($\tau=2.161$)给定的前提下,政府最优的污染减排补贴率为 0.562,即政府对企业治污投入的补贴占环保税收入的比重为 56.2%。

② 本章选取一元二次函数的部分曲线拟合动态减排补贴率。具体函数设定为 $rsdt = a_2 t^2 + b_2 t + c_2$,该函数所有参数的取值分别为 $a_2 = 6.845 \times 10^{-5}$,$b_2 = -0.0137$,$c_2 = 1.246$。

10.3.2　政府治污补贴政策对企业治污投入的影响分析

基于上述分析，本章给出了动态环保税与不同污染减排补贴政策对企业治污资本投入水平的影响情况，如图10.6所示。显然，动态环保税和动态减排补贴、动态环保税和完全减排补贴两种环境规制政策组合使得在环境污染出现时企业开始了治污资本投入，即减排补贴政策实现了企业治污投入时点与环境污染出现时点相一致的目标。同时，与无减排补贴政策相比，在鞍点路径上各个时期，在动态减排补贴、完全减排补贴作用下的企业治污资本投入水平更高。

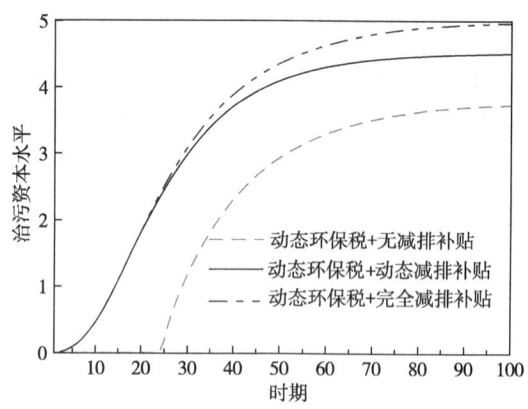

图10.6　不同减排补贴下企业治污资本的投入水平

总体而言，政府污染减排补贴政策解决了在鞍点路径上单独实施环保税政策时企业污染减排动机不足的问题，一方面，在环境污染出现时（第1期）企业就开始进行治污投入；另一方面，鞍点路径上各个时期企业的治污投入水平都得到了大幅度提高。因此，政府减排补贴政策有效激发了企业进行污染减排的动机。尽管动态减排补贴和完全减排补贴政策在初期（前20期）对企业治污投入水平的影响是一致的，但随着动态减排补贴政策中减排补贴率的下降，相应地企业治污资本的投入水平也逐渐低于完全减排补贴政策下的投入水平。

10.3.3　政府治污补贴政策的双重效应分析

与环保税政策类似，政府减排补贴政策提高企业污染减排动机的最终目的是为了实现鞍点路径上福利最大化的目标。在这一目标下，本章将比较政府不同减排补贴的政策效果，以期得出最优的环境规制政策组合。如图 10.7、图 10.8 所示，本章分别给出了动态环保税与不同政府减排补贴政策下鞍点路径上均衡产出水平和均衡消费水平的变化趋势。

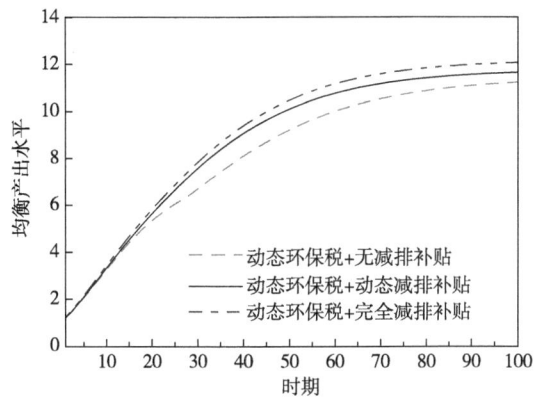

图 10.7 不同减排补贴下鞍点路径上的均衡产出水平

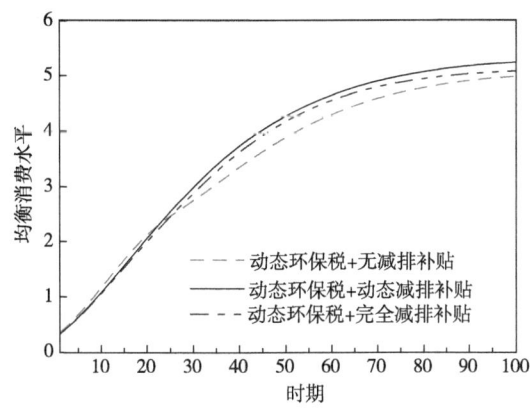

图 10.8 不同减排补贴下鞍点路径上的均衡消费水平

从均衡产出的角度来看，如图 10.7 所示，实施政府减排补贴政策下鞍点路径上的产出水平要明显高于无减排政策时的产出水平，同时，"动态环保税+完全减排补贴"政策下的产出水平也要高于"动态环保税+动态减排补贴"政策下的水平。政府减排补贴力度越大，企业的产出水平越高，主要是因为政府减排补贴提高了企业的治污资本投入水平，降低了单位产出的污染排放量，这不仅减弱了环境污染对于产出的不利影响，而且降低了企业污染型生产要素使用的边际成本，提高了企业对生产要素的投入需求，产生了规模效应。

从均衡消费的角度来看，如图 10.8 所示，与无减排政策相比，鞍点路径上政府减排补贴政策下的消费水平更高，然而，与"动态环保税+动态减排补贴政策"相比，"动态环保税+完全减排补贴"政策下的消费水平却更低。结合图 10.7 和图 10.8 可得，"动态环保税+完全减排补贴"政策下"高产出、低消费"的现象表明，如果始终保持高水平的减排补贴政策，扩大的产出规模并没有带来更高的福利水平，产出是无效率的。换言之，政府将环保税收入全部以减排补贴的方式转移给企业，在经济发展初期阶段，是有利于保持经济持续增长的，但是随着环保税收入的规模扩大和资本边际回报率的持续下降，政府的减排补贴率也应该随之下调，否则，过度的减排补贴将会扭曲企业生产要素的配置，反而导致鞍点路径上福利水平的下降。

基于上述分析可得，在各种环境规制政策中，实施渐进递增的动态环保税和渐进递减的动态减排补贴这一政策组合，可以实现鞍点路径上福利水平最大化目标，提高企业污染减排动机。需要注意的是，环保税是促使企业进行污染减排的前提条件，然而单独的环保税政策，无论税率高低，都无法充分调动企业的污染减排动机。此外，在动态环保税政策下，减排补贴政策可以激发企业的污染减排动机并提高治污投入力度，然而政府减排补贴资金的支出规模不能高于环保税收入，并且应逐渐下调减排补贴资金占环保税收入的比重。

10.3.4　动态环境规制政策下的污染累积路径

在本章中，政府通过各种环境规制组合政策激发企业污染减排动机，主要是为了有效控制环境污染，只有这样才能够减少环境污染负外部性对经济增长和福利改善的不利影响，因此不同环境规制政策下环境污染的状况能够进一步反映政策的有效性。如图 10.9 所示，本章给出了无环境规制政策、"动态环保税+无减排补贴"政策、"动态环保税+动态减排补贴"政策三种情况下鞍点路径上的环境污染累积路径。

10 污染治理的动态补贴政策研究

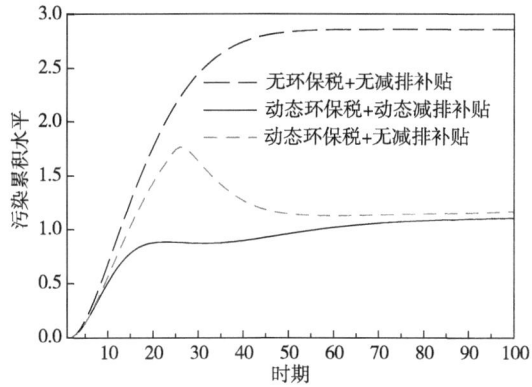

图 10.9 不同环境规制政策下鞍点路径上的污染累积水平

如图 10.9 所示,如果没有环境规制政策,环境污染将无法得到控制,环境污染水平会迅速上升,直到稳态中保持高污染的均衡水平;与无环境规制政策相比,仅实施动态环保税政策下的环境污染累积水平在各个时期均有大幅度的下降,然而却无法避免在低税率阶段环境污染的过度累积,出现了倒 U 形环境污染路径;相比之下,如果实施"动态环保税+动态减排补贴"政策,鞍点路径上的环境污染累积水平始终处于最低水平,环境污染得到了有效控制。因此,"动态环保税+动态减排补贴"政策解决了环保税在控制环境污染和保持经济增长中面临的两难选择问题,是最优的环境规制政策组合。

10.4 本章小结

本章将环境污染的累积过程、污染减排机制以及要素驱动型的经济发展模式刻画到同一理论框架中,构建了包括企业进行治污投入、政府针对污染排放进行征税和实施减排补贴的理论模型,采用 Shooting 方法计算鞍点路径上的均衡解,厘清了环保税与减排补贴之间的优化结构和变化趋势,主要结论如下。

环保税是促使企业进行治污投入的前提条件,但是仅实施环保税对企业污染减排动机的激励不足,环境污染也无法得到有效控制,将会产生倒 U 形的污染累积路径,环境污染的负外部性会造成较高的生产效率损失和社会福利损失。政府减排补贴政策将环保税收入以减排补贴的方式转移给企业，可以缓解环保税在短期内对经济发展造成的不利影响，并且提高了企业的污染减排积极性。但是，在政府实施环保税和完全减排补贴的情形下，虽然初始时期缓解了环保税对产出的不利影响，但长期来看将会扭曲企业生产要素的配置，扩大的产出规模并没有带来更高的福利水平，导致过高的产出是无效率的。

通过对比可知，渐进递增的动态环保税和渐进递减的动态减排补贴率的环境规制政策组合平衡了经济增长与环境污染的关系，提高了企业的污染减排动机，并使得企业治污资本的投入时点与环境污染出现的时点相一致，不仅有效控制了环境污染的累积，而且实现了鞍点路径上的福利最大化目标，解决了环保税在控制环境污染和保持经济增长之间的两难选择问题，是最优的环境规制政策组合。

总结及政策启示

11 总结及政策启示

11.1 研究结论

本书指出了当前我国税制结构与财政资源配置存在的主要问题,前者主要表现为间接税占比过高、增值税比重过大和缺乏绿色税制;后者主要表现为财政支出规模过大、挤出效应过高以及体现国家治理的新财政支出规范尚未出台等。

针对税制结构优化主题,本书从市场化进程的角度分析了研究高间接税占比的历史贡献,以及随着市场化进程的不断提高,商品税占比过高将会产生过度投资、抑制消费的问题,对于经济增长和福利改善的正向影响程度在逐渐降低,商品税在税制结构中的比重应顺势下调;针对增值税比重过大的问题,本书从劳动力流动的角度分析了高增值税比重对于促进区域公平的作用,同时,随着劳动力流动程度的不断改善,由增值税转为消费税将会实现效率与公平的双重红利;针对缺乏绿色税制的问题,本书以求解鞍点路径上的经济增长阶段的均衡解作为研究的切入点,将环境污染从无到有并逐渐累积的过程刻画于经济增长的过程中,在缺乏环保税的情况下,随着污染排放物在环境中逐渐累积,其产生的生产损失程度也会越来越大,指出渐进递增的动态环保税是环境治理的最优路径。

针对财政资源配置主题,本书构建了包括财政支出外部性的DSGE模型,分析现阶段我国财政支出的主要作用以及对宏观经济的影响程度,为下一步研究财政支出规模的适度性和支出结构优化调整提供理论支撑。针对财政支出规模优化及拥挤性问题,本书构建了包括生产性和消费性财政支出及两者拥挤效应的内生增长模型,从理论层面分析了两种财政支出类型的适度性及影响因素,并结合中国实践数据,检验现阶段我国两种财政支出规模的适度性状况,为优化现代财政资源配置提供科学参考依据。针对体现国家治理功能的新财政制度规范建设问题,在新古典鞍点路径上加入了企业污染治理机制。本书将政府的环保税部分收入作为污染治理的补贴资金,以支持企业污染减排活动,尝试推动企业加大治污投入力度,努力减少环保税的扭曲效应,可为建立政府污染防治补贴的制度规范提供理论支撑。

本书的"两大主题,三个角度"研究内容的主要结论如下。

11.1.1 市场化进程中的税制结构变迁

市场化机制不健全是发展中国家的共同特征，本书构建了市场化进程内生化与税制结构动态变迁的理论模型，采用 Shooting 方法计算鞍点路径上的均衡解，并进行模拟分析。理论研究表明：商品税适度占比的税制结构能够实现鞍点路径上的福利最大化目标，但随着经济增长、资本累积与市场化程度的提高，该税制结构对于经济增长和福利改善的正向影响程度逐渐降低。与之相对，较高商品税占比的税制结构中，由于商品税税率过大，出现了投资过度、消费不足等"矫枉过正"的问题；较低商品税的税制结构中，商品税税率过低，投资不足、消费过度的问题并没有得到根本解决。

在理论分析的基础上，本书研究了在不同市场化阶段中税制结构产生经济效应和福利效应的差异，并从中国经验数据中得到了实证检验。通过对中国地市级的面板数据分析发现，无论对于经济模型还是福利模型，政府的生产性间接税都可以促进经济增长和社会福利的改善，但受到不同阶段市场化程度的影响。进一步的研究表明，在市场化程度较高的地区，生产性间接税对福利改善的综合影响已经为负；在市场化程度适中的地区，生产性间接税对于福利改善的影响也由正转负；在市场化程度较低的地区，生产性间接税对于福利改善一直呈现正向影响，但是影响程度已经开始下降。

11.1.2 劳动力流动下的税收体系调整

劳动力流动程度的不断提高成为我国改革开放以来经济高速发展的一个重要影响因素，本书构建了包括两个区域的生产函数、税收体系调整与劳动力跨区域流动的一般均衡模型，刻画了福利总平均水平和福利均等化水平两种社会福利指标，通过理论研究得出结论：在宏观税负保持不变的情况下，随着劳动力流动程度的提高，税收体系调整对提高福利总平均水平的影响程度也越大，税收体系调整对福利均等化水平的影响也由负转正，即劳动力流动程度较高的情况下税收体系调整产生了福利增进的双重红利。

我国户籍改革等劳动力流动政策的不断调整与财税政策改革的逐步推进，为检验劳动力流动情况下税收体系调整对福利增进的影响提供了宏观实践数据。基于理论分析，随着劳动力流动程度的提高，税收体系调整对社会福利的两个维度指标呈现出非线性的影响，据此本书构建了包括沿海和内陆两类地区的省际面板门限回归模型。实证结果表明，在沿海地区的福利总平均水平和福利均等化水平的两种模型中，劳动力流动程度存在显著的门限效应。进一步的研究表明，随着劳动力流动程度的提高，沿海地区模型中税收体系调整对于福利总平均水平的影响越来越大，对于福利均等化水平的影响也由负转正，与理论分析的相关结论是一致的。内陆地区的劳动力往往是净流出的，以及户籍制度对外籍人口分享当地公共服务品等方面的限制，使得该地区两类模型中劳动力流动程度不存在显著的门限效应。

11.1.3 经济增长路径上的绿色税制优化

本书将污染累积与经济增长同时内生于新古典理论模型中，考虑环境污染对生产率产生的负向影响，采用 Shooting 方法计算鞍点路径上经济增长阶段的均衡解，分析了动态环保税影响下的污染累积路径与长期经济增长，得出的主要结论为：渐进递增的动态环保税政策平衡了能源使用与经济增长之间的关系。通过对能源过度使用的纠正，动态环保税不但体现了促进经济增长与降低污染水平的双重红利，而且充分发挥了外部经济效应，并实现了整条鞍点路径上的福利最大化目标。此外，在动态环保税政策作用下，随着经济增长，环境污染水平出现了先升后降的非对称性特征，这也为环境库兹涅茨曲线的形成提供了一个新的视角。

与之相对，当不征收环保税时，由于污染的成本难以纳入经济主体的优化决策中，经济增长对能源的过度依赖行为不能得到有效抑制，环境污染负外部性产生了较高的生产效率损失与社会福利损失。严格环保税政策对于经济过度依赖能源行为则存在"矫枉过正"的问题，在其约束下高消费导致投资不足，迅速造成产出增长乏力，并使得鞍点路径上社会福利长期处于较低水平。

本书还通过设定不同的政府优化目标函数研究了动态环保税的最佳开征时点选择问题，结论表明，政府对短期经济增长目标的关注程度越高、关注期限越短，开征环保税的动力就越不足。实际上，政府开征环保税的时点应与环境污染出现的时间相一致，以及时减弱经济增长对于能源的依赖性，维持高消费并最终实现高产出。开征环保税的时点选择越晚，越会导致产出水平与消费水平出现较大幅度的波动。

11.1.4 财政支出经济外部性及政策影响研究

本书将政府财政支出分解为消费性支出和生产性支出,政府在参与经济活动中扮演着这两种角色。中国政府的生产性支出在经济发展的过程中起到了十分关键的作用。通过建立政府消费性支出和私人消费、政府资本和私人资本之间的非线性替代关系函数,将政府的双重角色加入动态随机一般均衡(DSGE)模型中,分析不同经济结构下政府的双重角色对我国宏观经济的影响差异。实证研究得出,政府生产性支出弹性正在变小,对于我国宏观经济变量的影响已经逐渐消失;而政府消费性支出投资金额可以有效监控,有利于改善和提高人们生活质量,同时不会对投资产生挤出效应,所以应该加大政府消费性支出比例。

在政府生产性支出冲击中,人们主要考虑政府支出增加对消费替代效应与生产效率的提升带来正的财富效应之间的均衡。在当前阶段,政府生产性支出弹性变小的冲击对于我国宏观经济变量的影响已经逐渐消失。如果政府照搬以往的成功经验,不能清楚地认识到自身在新的经济结构中的角色,一味地按照传统模式刺激经济发展,很有可能不会取得预期目标。

11.1.5 消费性和生产性财政支出与最优规模

在消费性财政支出与规模优化研究方面,本书构建了一个包含两种政府财政支出类型的内生增长模型,并重点分析了经济增长目标下最优的消费性支出规模。理论研究表明,政府进行适度的消费性财政支出可以发挥公共消费品的外部性功能,优化资源配置,促进经济增长;不足或过度的消费性财政支出都将会阻碍经济增长目标的实现。数值分析表明,消费性财政支出与经济增长之间存在着倒 U 形关系。实证研究显示:2000—2006年,中国三大经济地带政府消费性财政支出对于经济增长呈现显著的促进作用;但在 2009—2012 年,政府消费性财政支出已接近最优支出水平,其对经济增长的促进作用有所减弱,西部地区尤其如此。

在生产性财政支出与规模优化研究方面,本书构建了包含政府财政消费性支出和生产性支出的内生增长模型,推导了经济增长和社会福利最大化目标下各自最优的生产性财政支出结构,并分析了政府生产性财政支出在两目标下最优支出结构的差异及原因。实证研究发现,2004—2012 年,中国的东、中、西部三大经济带政府生产性支出在社会福利目标下的最优占比普遍低于经济增长目标；而在2004—2008年，政府实际的生产性财政支出占比还未达到两目标下的最优占比值，政府的生产性财政支出还有进一步提升的空间；但在2009—2012年，政府实际的生产性财政支出占比已接近甚至超过了两目标下的最优占比值，继续增加生产性财政支出将对经济增长与社会福利的提升产生抑制作用，尤其在东、中部地区更为明显。因此，在中国经济发展进入"新常态"时期，政府更需审时度势，适时优化财政支出以促进经济增长与社会福利的最大化。

11.1.6 污染治理的动态补贴政策研究

本书将环境污染的累积过程和减排机制刻画到同一理论框架中，构建了包括企业治污资本投入、政府实施环境税和减排补贴两种环境规制政策的理论模型，采用Shooting方法计算鞍点路径上的均衡解，主要结论为：渐进递增的动态环境税和渐进递减的动态减排补贴率的政策组合，激发了企业的污染减排动机，有效控制了环境污染累积水平，实现了鞍点路径上的福利最大化目标。

环境税是促使企业进行治污投入的前提条件，但仅实施环境税政策对企业污染减排动机的激励不足，环境污染无法得到有效控制，将会产生倒U形的污染累积路径，并造成较高的生产效率损失和社会福利损失；政府减排补贴政策将环境税收入以减排补贴的方式转移给企业，可以缓解环境税在短期内对经济发展造成的不利影响，并且提高了企业的污染减排动机。但过高的减排补贴政策虽然短期内缓解了环境税对产出的不利影响，但长期来看将会扭曲生产要素的配置，扩大的产出规模并没有带来更高的福利水平。实现环境税与减排补贴之间的优化组合，对于发挥环境规制政策的有效性具有重要意义。

11.2 政策启示及建议

本书研究的主要结论对于中国税制结构优化和财政资源配置具有重要的政策启示作用。

第一，政府财政的消费性支出要加快从竞争性领域退出，并逐渐加大对非竞争性与非盈利性的公共消费性服务品的支出，譬如政府财政支出更多地转向环境保护、社会保障、基础教育及公共医疗服务等方面。只有政府消费性财政支出不存在拥挤效应时,才能从根本上保证一个适度的生产性财政支出规模以实现经济增长和福利的同步最大化。

第二,进一步简政放权,发挥市场在资源配置中的作用,营造公平有序的竞争环境,保证要素市场、产品市场、市场中介组织良好发育,实现资本有效累积与消费持续增长。具体措施有:继续取消和下放行政审批事项,在促进民间资本进入多元的竞争性生产领域的同时,逐渐消除中小企业在信贷投放、资质审核等方面的差别待遇,推行利率市场化改革,进一步加速市场化进程;政府的生产性财政支出也要积极地从这些竞争性领域退出,以减少生产领域的拥挤程度。

第三,从区域经济发展与社会福利提升的角度来看,现阶段东、中部地区政府生产性财政支出对于私人投资的挤出效应较为明显,并给地方经济的发展与社会福利的提升带来负面效应。因此,政府需要考虑适时、适度地缩减生产性财政支出规模,而在改善民生,提升教育、医疗、环境等的品质方面,应加强支出力度。对于西部地区,目前政府生产性财政支出占比还未达到其最优拐点值,生产性财政支出还有进一步扩大的空间。

第四,随着我国税收征管技术和能力的不断提高,应逐步完善消费性增值税制度,适当减少增值税规模,逐步扩大消费税征收范围,实现增值税向消费税的转变,优化税率结构。一方面,可以提高经济总体效率,减少税收扭曲效应;另一方面,随着劳动力流动程度的提高,税收体系调整可以促进地区公平,降低税收收入与税负归属不一致的影响,实现福利增进的双重红利。

第五,随着我国市场化程度的不断提高,劳动力和商品跨区域的流动性增强,当前以生产地原则为主的税收返还机制对于地区不公平的影响将逐渐显现,所以应逐步完善税收返还机制,由生产地原则逐步转向消费地原则。具体而言,一方面,政府可以降低经济活动的财政支出力度,降低经济发达地区对于财政资金的汲取力度,逐步扩大在基本公共服务落后地区的财政支出力度;另一方面,逐步探索和建立以消费地税收返还为原则的税收体系。

第六,劳动力流动程度提高,有利于实现税收体系调整的双重红利;税收体系调整提高经济效率,有利于扩大公共服务的覆盖群体,促进户籍制度改革和劳动力流动程度提高,所以应统筹税制结构改革和户籍制度改革，坚持协同推进两项政策改革，使其互为基础，相互促进。

第七，政府应采取环境规制政策组合方式进行污染治理，动态调整环保税，发挥税收规范、透明和有效的调节功能；建立治污补贴的制度规范，激发企业污染治理动机。此外，环保税税率和治污补贴率的设定应与经济发展规模相适应，且随着经济规模的不断扩大适时调整，有效控制环境污染水平，减少环境污染对经济福利损失的影响程度，实现经济科学发展与社会福利不断改善。

第八，动态趋严环保税实施阻力来自以经济增长为主要目标的政绩考核机制与对短期内经济增速回落的担忧。一方面，政府应把能源消耗、环境污染、生态文明等系列指标纳入绩效考核指标体系中，解决政府开征环保税的动力不足问题；另一方面，政府应客观看待动态环保税政策在短期内对经济增长的微弱负面影响，以提高当期及未来社会福利水平为主要目标，关注环保税政策在经济增长与福利改善中的"惠长远"作用，推动经济文明与生态文明的协同发展。

总之，不断优化税收结构和科学配置财政资源，逐渐完善现代财政制度，将成为我国政府实施国家治理的一个重要手段，将在国家治理的更大平台上发挥基础性和支柱性作用。

参考文献

[1]安体富. 中国经济新常态与财税改革问题研究:上[J]. 天津经济, 2016a(10):5-10.

[2]安体富. 中国经济新常态与财税改革问题研究:下[J]. 天津经济, 2016b(11):3-9.

[3]安体富,林鲁宁. 宏观税负实证分析与税收政策取向[J]. 经济理论与经济管理,2002(5):26-31.

[4]安体富,王海勇. 结构性减税:宏观经济约束下的税收政策选择[J]. 涉外税务,2004(11):7-12.

[5]安秀梅. 财政学[M]. 3版. 北京:中国人民大学出版社,2017.

[6]白重恩,钱震杰. 谁在挤占居民的收入:中国国民收入分配格局分析[J]. 中国社会科学,2009(5):99-115,206.

[7]蔡昉,王德文,都阳,等. 技术效率、配置效率与劳动力市场扭曲:解释经济增长差异的制度因素[J]. 经济学动态,2002(8):32-37.

[8]崔军,朱晓璐. 我国税制结构转型改革:目标设计与路径选择:基于国际经验与现实国情的综合考量[J]. 税务与经济,2014(6):60-67.

[9]陈共. 财政学[M]. 4版. 北京:中国人民大学出版社,2006:240-260.

[10]陈诗一. 能源消耗、二氧化碳排放与中国工业的可持续发展[J]. 经济研究,2009(4):41-55.

[11]杜清源,龚六堂. 带"金融加速器"的RBC模型[J]. 金融研究, 2005(4):16-30.

[12]樊纲,王小鲁,马光荣. 中国市场化进程对经济增长的贡献[J]. 经济研究,2011(9):4-16.

[13]范庆泉,周县华,张同斌. 动态环保税外部性、污染累积路径与长期经济增长:兼论环保税的开征时点选择问题[J]. 经济研究,2016(8):116-128.

[14]付文林,沈坤荣. 均等化转移支付与地方财政支出结构[J]. 经济研究,2012(5):45-57.

[15]傅勇．财政分权、政府治理与非经济性公共物品供给[J]．经济研究，2010(8)：4-15.

[16]高培勇．把握积极财政政策配置格局的深刻变化[N]．经济日报，2019-05-17.

[17]高培勇．公共财政:概念界说与演变脉络——兼论中国财政改革30年的基本轨迹[J]．经济研究，2008(12)：4-16.

[18]高培勇．结构性减税：2009年税收政策的主基调[J]．中国远洋航务，2009(1)：26-27.

[19]高培勇．论国家治理现代化框架下的财政基础理论建设[J]．中国社会科学，2014(12)：102-122.

[20]高培勇．论完善税收制度的新阶段[J]．经济研究，2015(2)：4-15.

[21]高培勇．中国财税改革40年：基本轨迹、基本经验和基本规律[J]．经济研究，2018(3)：4-20.

[22]高培勇．中国税收持续高速增长之谜[J]．经济研究，2006(12)：13-23.

[23]龚六堂，邹恒甫．最优税率、政府转移支付与经济增长[J]．数量经济技术经济研究，2002(1)：63-66.

[24]郭庆旺，贾俊雪．政府公共资本投资的长期经济增长效应[J]．经济研究，2006(7):29-40.

[25]郭庆旺，吕冰洋．论税收对要素收入分配的影响[J]．经济研究，2011(6)：16-30.

[26]郭庆旺，吕冰洋．十年来税制运行的基本特征分析[J]．税务研究，2004(11)：14-18.

[27]郭庆旺，吕冰洋，张德勇．财政支出结构与经济增长[J]．经济理论与经济管理，2003(11)：5-12.

[28]郭天配．中国环境质量评价方法及实证研究[D]．大连:东北财经大学，2010.

[29]贺菊煌，沈可挺，徐嵩龄．碳税与二氧化碳减排的CGE模型[J]．数量经济技术经济研究，2002(10)：39-47.

[30]胡怡建．税收学[M]．北京：中国财政经济出版社，1996：211-220.

[31]黄干,马成."4万亿"的经济效应与财政投资结构优化:基于CGE建模的分析[J].经济学家,2012(10):71-80.

[32]黄菁,陈霜华.环境污染治理与经济增长:模型与中国的经验研究[J].南开经济研究,2011(1):142-152.

[33]黄茂兴,林寿富.污染损害、环境管理与经济可持续增长:基于五部门内生经济增长模型的分析[J].经济研究,2013(12):30-41.

[34]黄夏岚,刘怡.增值税收入地区间转移的衡量:生产地原则与消费地原则的比较[J].财贸经济,2012(1):25-33.

[35]黄赜琳.中国经济周期特征与财政政策效应:一个基于三部门RBC模型的实证分析[J].经济研究,2005(6):27-39.

[36]贾俊雪,郭庆旺.市场权力、财政支出结构与最优财政货币政策[J].经济研究,2010(4):67-80.

[37]贾康.环保税立法迫在眉睫[J].人民论坛,2015(7):63-63.

[38]金戈.经济增长中的最优税收与公共支出结构[J].经济研究,2010(11):35-47.

[39]金戈.最优税收与经济增长:一个文献综述[J].经济研究,2013(7):143-155.

[40]金双华.财政支出与社会公平关系分析[J].统计研究,2006,23(3):67-70.

[41]李稻葵,刘霖林,王红领.GDP中劳动份额演变的U形规律[J].经济研究,2009,44(01):70-82.

[42]李稻葵,徐欣,江红平.中国经济国民投资率的福利经济学分析[J].经济研究,2012(9):46-56.

[43]李晶.与增值税改革联动的消费税制度创新[J].税务研究,2014(5):39-43.

[44]李尚骜,龚六堂.非一致性偏好、内生偏好结构与经济结构变迁[J].经济研究,2012(7):35-47.

[45]李涛,黄纯纯,周业安.税收、税收竞争与中国经济增长[J].世界经济,2011(4):22-41.

[46]李永友,沈坤荣.我国污染控制政策的减排效果:基于省际工业污染数据的实证分析[J].管理世界,2008(7):7-17.

[47]梁平汉,高楠.人事变更、法制环境和地方环境污染[J].管理世

界,2014,249(6):65-78.

[48]廖楚晖.中国人力资本和物质资本的结构及政府教育投入[J].中国社会科学,2006(1):23-33.

[49]林伯强,刘希颖,邹楚沅,等.资源税改革:以煤炭为例的资源经济学分析[J].中国社会科学,2012(2):58-78.

[50]刘凤良,吕志华.经济增长框架下的最优环保税及其配套政策研究:基于中国数据的模拟运算[J].管理世界,2009(6):40-51.

[51]刘瑞明.所有制结构、增长差异与地区差距:历史因素影响了增长轨迹吗?[J].经济研究,2011(S2):16-27.

[52]刘仲藜,桂世镛,项怀诚,等.中国财税改革与发展[M].北京:中国财政经济出版社,1998.

[53]楼继伟.深化财税体制改革 建立现代财政制度[J].求是,2014(20):35-35.

[54]逯进,陈阳,郭志仪.社会福利、经济增长与区域发展差异:基于中国省域数据的耦合实证分析[J].中国人口科学,2012(3):31-43,111.

[55]吕冰洋.从市场扭曲看政府扩张:基于财政的视角[J].中国社会科学,2014(12):81-101.

[56]吕冰洋.零售税的开征与分税制的改革[J].财贸经济,2013(10):17-26.

[57]吕冰洋,郭庆旺.中国税收高速增长的源泉:税收能力和税收努力框架下的解释[J].中国社会科学,2011(2):76-90.

[58]吕冰洋,毛捷.高投资,低消费的财政基础[J].经济研究,2014(5):4-18.

[59]吕冰洋,毛捷.金融抑制和政府投资依赖的形成[J].世界经济,2013(7):48-67.

[60]吕炜.市场化进程与税制结构变动[J].世界经济,2004a(11):72-79.

[61]吕炜.体制性约束、经济失衡与财政政策:解析1998年以来的中国转轨经济[J].中国社会科学,2004b(2):4-17.

[62]马国强.税制结构基础理论研究[J].税务研究,2015(1):3-15.

[63]马拴友.宏观税负、投资与经济的增长:中国最优税率的估计[J].世界经济,2001(9):41-46.

[64]马拴友,于红霞. 转移支付与地区经济收敛[J]. 经济研究,2003(3):26-33.

[65]马文涛. 货币政策的数量型工具与价格型工具的调控绩效比较:来自动态随机一般均衡模型的证据[J]. 数量经济技术经济研究,2011,28(10):92-110,133.

[66]毛捷,管汉晖,林智贤. 经济开放与政府规模:来自历史的新发现(1850—2009)[J]. 经济研究,2015(7):87-101.

[67]毛捷,汪德华,白重恩. 民族地区转移支付、公共支出差异与经济发展差距[J]. 经济研究,2011(S2):75-87.

[68]梅冬州,王子健,雷文妮. 党代会召开、监察力度变化与中国经济波动[J]. 经济研究,2014(3):47-61.

[69]潘文卿,李子奈. 中国沿海与内陆间经济影响的反馈与溢出效应[J]. 经济研究,2007(5):68-77.

[70]潘越,杜小敏. 劳动力流动、工业化进程与区域经济增长:基于非参数可加模型的实证研究[J]. 数量经济技术经济研究,2010(5):34-48.

[71]彭国华. 技术能力匹配、劳动力流动与中国地区差距[J]. 经济研究,2015(1):99-110.

[72]施本植,梁柯. 西方国家税制结构的演变及其对我国的启示[J]. 财贸经济,2004(12):46-49.

[73]宋马林,王舒鸿. 环境规制、技术进步与经济增长[J]. 经济研究,2013(3):122-134.

[74]田国强,陈旭东. 中国经济新阶段的发展驱动转型与制度治理建设[J]. 中共中央党校学报,2015,19(5):71-81.

[75]王彬. 财政政策、货币政策调控与宏观经济稳定:基于新凯恩斯主义垄断竞争模型的分析[J]. 数量经济技术经济研究,2010,27(11):3-18,36.

[76]王诚尧. 国家税收教程[M]. 北京:中国财政经济出版社,1995:220-230.

[77]王敏,黄滢. 中国的环境污染与经济增长[J]. 经济学:季刊,2015(2):557-578.

[78]王维国,杨晓华. 中国税收负担与经济增长关系的计量分析[J]. 财经问题研究,2006(11):74-81.

[79]王小鲁,樊纲.中国地区差距的变动趋势和影响因素[J].经济研究,2004(1):33-44.

[80]项怀诚.中国财政体制改革[M].北京:中国财政经济出版社,1994.

[81]谢乔昕,孔刘柳.社会公平、经济增长与财政支出关系探析:基于社会福利函数的角度[J].山东财政学院学报,2011(3):59-62.

[82]谢旭人.中国财政改革三十年[M].北京:中国财政经济出版社,2008.

[83]许士春,何正霞,魏晓平.资源消耗,污染控制下经济可持续最优增长路径[J].管理科学学报,2010(1):20-30.

[84]严成樑,龚六堂.财政支出、税收与长期经济增长[J].经济研究,2009(6):4-14.

[85]严成樑,龚六堂.税收政策对经济增长影响的定量评价[J].世界经济,2012(4):41-61.

[86]杨继生,徐娟,吴相俊.经济增长与环境和社会健康成本[J].经济研究,2013(12):17-29.

[87]姚昕,刘希颖.基于增长视角的中国最优碳税研究[J].经济研究,2010(11):48-58.

[88]袁鹏,程施.中国工业环境效率的库兹涅茨曲线检验[J].中国工业经济,2011(2):79-88.

[89]岳松,陈昌龙.财政与税收[M].北京:清华大学出版社,2013.

[90]张劲.中国增值税、消费税的现状、改革与发展[J].经济研究导刊,2010(6):21-23.

[91]张军,高远,傅勇,等.中国为什么拥有了良好的基础设施?[J].经济研究,2007(3):4-19.

[92]张军,章元.对中国资本存量K的再估计[J].经济研究,2003(7):35-43.

[93]张巍,郭晓霏.共享税分享比例对区域经济均衡发展的影响[J].税务研究,2014(11):48-50.

[94]张晏,龚六堂.地区差距、要素流动与财政分权[J].经济研究,2004(7):59-69.

[95]张勇,李政军,龚六堂.利率双轨制、金融改革与最优货币政策

[J]．经济研究，2014(10)：19-32．

[96]赵志君．收入分配与社会福利函数[J]．数量经济技术经济研究，2011(9)：61-74．

[97]赵志耘，吕冰洋．政府生产性支出对产出——资本比的影响：基于中国经验的研究[J]．经济研究，2005(11)：46-56．

[98]郑玉歆．全要素生产率的再认识：用TFP分析经济增长质量存在的若干局限[J]．数量经济技术经济研究，2007，24(9)：3-11．

[99]钟笑寒．劳动力流动与工资差异[J]．中国社会科学，2006(1)：34-46．

[100]邹传教．利改税问题浅谈[J]．经济问题探索，1983(6)：1-4．

[101]周业安，章泉．参数异质性，经济趋同与中国区域经济发展[J]．经济研究，2008(1)：60-75．

[102]朱平辉，袁加军，曾五一．中国工业环境库兹涅茨曲线分析：基于空间面板模型的经验研究[J]．中国工业经济，2010(6)：65-74．

[103]庄子银，邹薇．公共支出能否促进经济增长：中国的经验分析[J]．管理世界，2003(7)：4-12．

[104]ACEMOGLU D, AGHION P, BURSZTYN L, et al. The Environment and Directed Technical Change[J]. American Economics Review, 2012, 102(1): 131-166.

[105]AIYAGARI S R. Optimal Capital Income Taxation with Incomplete Markets, Borrowing Constraints, and Constant Discounting[J]. Journal of Political Economy, 1995, 103(6): 1158-1175.

[106]ANDREONI J, LEVINSON A. The Simple Analytics of the Environmental Kuznets Curve[J]. Journal of Public Economics, 2001, 80(2): 269-286.

[107]ANGELOPOULOS K, MALLEY J, PHILIPPOPOULOS A. Tax Structure, Growth, and Welfare in the UK[J]. Oxford Economic Papers, 2011, 64(2): 237-258.

[108]ANGYRIDIS C. Optimal Capital Income Taxation in a Small Open Economy[J]. Economics Letters, 2007, 95(1): 73-79.

[109]ANTWEILER W, COPELAND B R, TAYLOR M S. Is Free Trade Good for the Environment?[J]. American Economic Review, 2001, 91: 877-908.

[110] ANURADHA D G, HUSAIN AASIM M. Centripetal Forces in China's Economic Take-off[R]. Washington:IMF, 2000.

[111] ARELLANO M, BOVER O. Another Look at the Instrumental Variables Estimation of Error Components Models[J]. Journal of Econometrics, 1995,68(1): 29-51.

[112] ARNOLD J. Do Tax Structures Affect Aggregate Economic Growth? [R]. Paris:OECD,2008:592.

[113] ARROW K, Bolin B, Costanza R. Economic Growth, Carrying Capacity, and the Environment[J]. Ecological Economics, 1995,15 (2): 91-95.

[114] ARROW KENNETH J, MORDECAI KURZ. Public Investment, the Rate of Return, and Optimal Fiscal Policy[M]. Baltimore: Johns Hopkins Press, 1970.

[115] ASCHAUER D A. Is Public Expenditure Productive? [J]. Journal of Monetary Economics, 1989,23(2): 177-200.

[116] ATKESON A, CHARI V V, KEHOE P J. Taxing Capital Income: a Bad Idea[J]. Federal Reserve Bank of Minneapolis Quarterly Review, 1999,23 (3): 3-18.

[117] BAI C E , HSIEH C T , QIAN Y . The Return to Capital in China [J]. Social Science Electronic Publishing, 2006(2): 61-88.

[118] BANKMAN J, WEISBACH D A. The Superiority of An Ideal Consumpiton Tax over An Ideal Income Tax[J]. Stanford Law Review,2006,58 (5): 1413-1456.

[119] BARRO R J. Government Spending in a Simple Endogenous Growth Model[J]. Journal of Political Economy, 1990,98(5): 103-126.

[120] BARRO R J, SALAIMARTIN X. Public Finance in Models of Economic Growth[J]. Review of Economic Studies,1992,59(4): 645-661.

[121] BARDE J P, OWENS J, The Evolution of Eco-Taxes[R]. Paris: OECD,1996,198:11-16.

[122] BECKER R A. Intergenerational Equity: The Capital-environmental Trade-off[J]. Journal of Environment Economics and Management, 1982(2): 162-185.

[123] BELADI H, LIU L, OLADI R. On Pollution Permits and Abatement [J]. Economics Letters, 2013, 119: 302-305.

[124] BISHNU M, CHETAN G, PAWAN G. Factor Income Taxation, Growth and Investment Specific Technological Change[J]. Asian Meeting of the Econometric Society, 2015.

[125] BLANCHARD O, SHLEIFER A. Federalism with and without Political Centralization: China Versus Russia[R]. Washington: IMF, 2001, 48(1): 171-179.

[126] BORGHESI S. The Environmental Kuznets Curve: a Critical Survey [M]// Franzini M, Nicita A. Economic Institutions and Environmental Policy. Farnham:Ashgate Publishing, 2001: 201 - 224.

[127] BOVENBERG A L, HEIJDRA B J. Environmental Tax Policy and Intergenerational Distribution[J]. Journal of Public Economics, 1998, 67(1): 1-24.

[128] BOVENBERG A L, GOULDER L H. Optimal Environmental Taxation in the Presence of Other Taxes: General-Equilibrium Analyses[J]. American Economic Review, 1996, 86(4): 985-1000.

[129] BOVENBERG A L, MOOIJ R A D. Environmental Tax Reform and Endogenous Growth[J]. Journal of Public Economics, 1994, 63(2): 207-237.

[130] BOVENBERG A L, PLOEG F V D. Environmental Policy, Public Finance and the Labor Market in a Second-Best World[J]. Journal of Public Economics, 1994, 55(3): 349-390.

[131] BRUNNER M, STRULIK H. Solution of Perfect Foresight Saddlepoint Problems: a Simple Method and Applications [J]. Qm & Rbc Codes, 2002, 26(00): 737 - 753.

[132] BRUYN S M D, HEINTZ R J. The Environmental Kuznets Curve Hypothesis [M]. Oxford: Edward Elgar Publishing, 2002: 656 - 677.

[133] CARBONNIER C. Who Pays Sales Taxes? Evidence from French vat Reforms, 1987 - 1999[J]. Journal of Public Economics, 2007, 91(5-6): 1219-1229.

[134] CARBONNIER C. The Incidence of Non-Linear Price-Dependent Consumption Taxes[J]. Journal of Public Economics, 2014, 118: 111-119.

[135] CATO S. Environmental Policy in a Mixed Market: Abatement Subsidies and Emission Taxes[J]. Environmental Economics & Policy Studies, 13(4): 283-301.

[136] CHAMLEY C. Optimal Taxation of Capital Income in General Equilibrium with Infinite Lives[J]. Journal of the Econometric Society, 1986, 45(3): 607-622.

[137] CHAMLEY C. Capital Income Taxation, Wealth Distribution and Borrowing Constraints[J]. Journal of Public Economics, 2001, 79(1): 55-69.

[138] CHEN B L. Economic Growth with an Optimal Public Spending Composition[J]. Oxford Economic Papers, 2006, 58(1): 123-136.

[139] CHEN Y, GREENSTONE M, et al. From the Cover: Evidence on the Impact of Sustained Exposure to Air Pollution on Life Expectancy from China's Huai River Policy[J]. Proceedings of the National Academy of Sciences of the United States of America, 2013, 110(32): 12936-12941.

[140] CHRISTIANO L J, EICHENBAUM M, EVANS C L. Sticky Price and Limited Participation Models of Money: A Comparison[J]. European Economic Review, 1997, 41(6): 1201-1249.

[141] COLE M A, RAYNER A, BATES J M. The Environmental Kuznets Curve: an Empirical Analysis[J]. Environment and Development Economics, 2001, 2(4): 401-416.

[142] CORREIA I H. Dynamic Optimal Taxation in Small Open Economies[J]. Journal of Economic Dynamics and Control, 1996, 20(4): 691-708.

[143] CULLEN J B, GORDON R H. Taxes and Entrepreneurial Risk-Taking: Theory and Evidence for the US[J]. Journal of Public Economics, 2007, 91(7): 1479-1505.

[144] DAVID M. Environmental Kuznets Curves: A Spatial Econometric Approach[J]. Journal of Environmental Economics and Management, 2006, 51: 218-230.

[145] DEATON A. Measuring Poverty in a Growing World (or Measuring Growth in a Poor World)[J]. Review of Economics & Statistics, 2005, 87(2): 395-395.

[146] DIAMOND P A, MIRRLEES J A. A Model of Social Insurance with

Variable Retirement[J]. Journal of Public Economics, 1978,10(3): 295-336.

[147] DINDA S. A Theoretical Basis for the Environmental Kuznets Curve [J]. Ecological Economics, 2005,53(3): 403-413.

[148] DURLAUF S. Econometric Analysis and the Study of Economic Growth: A Skeptical Perspective [M]. Oxford: Oxford University Press, 2000.

[149] EASTERLY W. How Much do Distortions Affect Growth? [J]. Journal of Monetary Economics, 1993,32(2): 187-212.

[150] EASTERLY W, REBELO S. Fiscal Policy and Economic Growth: An Empirical Investment[J]. Journal of Monetary Economics, 1993,32(3): 417-458.

[151] EROSA A, GERVAIS M. Optimal Taxation in Infinitely-Lived Agent and Overlapping Generations Models: A Review[J]. FRB Richmond Economic Quarterly, 2001,87(2): 23-44.

[152] EROSA A, GERVAIS M. Optimal Taxation in Life-Cycle Economics [J]. Journal of Economic Theory, 2002,105(2): 338-369.

[153] FARHI E, WERNING I. Inequality and Social Discounting[J]. Journal of Political Economy, 2007,115(3): 365-402.

[154] FARHI E, WERNING I. Progressive Estate Taxation[J]. Quarterly Journal of Economics, 2010,125(2): 635-673.

[155] FARHI E, YELTEKIN S. Non-linear Capital Taxation Without Commitment[J]. Review of Economic Studies, 2012,79(4): 1469-1493.

[156] FISHER W H, TURNOVSKY S J. Public Investment, Congestion, and Private Capital Accumulation[J]. The Economic Journal, 1998,108(447): 399-413.

[157] FREDRIKSSON P G. Environmental Policy Choice: Pollution Abatement Subsidies[J]. Resource & Energy Economics, 1997,20(1): 51-63.

[158] FREDRIKSSON P G. The Political Economy of Pollution Taxes in a Small Open Economy[J]. Journal of Environmental Economics & Management, 1997,33: 44-58.

[159] FREDRIKSSON P G. How Pollution Taxes may Increase Pollution and Reduce Net Revenues[J]. Public Choice, 2001,107(1): 65-85.

[160] FULLERTON D, SHOVEN J B, WHALLEY J. Replacing the U.S.

Income Tax with a Progressive Consumption Tax[J]. Journal of Public Economics, 1983,20(1): 3-23.

[161]FUTAGAMI K, MORITA Y, SHIBATA A. Dynamic Analysis of an Endogenous Growth Model with Public Capital[J]. The Scandinavian Journal of Economics, 1993,95(4): 607-625.

[162] GE J. Growth with Optimal Taxation and Public Spending Composition[J]. Social Sciences in China, 2012,33(1): 188-204.

[163] GOLDBERG D S. The U.S. Consumption Tax: Evolution, not Revolution[J]. Social Science Electronic Publishing, 2004,57(1):1-31.

[164] GOLOSOV M, KOCHERLAKOTA N, TSYVINSKI A. Optimal Indirect and Capital Taxation[J]. The Review of Economic Studies, 2003,70(3): 569-587.

[165] GOMEZ M A. Optimal Fiscal Policy in a Growing Economy with Public Capital[J]. Macroeconomic Dynamics, 2004,8(4): 419-435.

[166] GOODSTEIN E. The Death of the Pigovian Tax? Policy Implications from the Double-Dividend Debate[J]. Land Economics, 2003,79(3): 402-414.

[167] GREENSTONE M, HANNA R. Environmental Regulations, Air and Water Pollution, & Infant Mortality in India[J]. American Economic Review, 2014,104(10): 3038-3072.

[168] GREINER A, HANUSCH H. Growth and Welfare Effects of Fiscal Policy in an Endogenous Growth Model with Public Investment[J]. International Tax and Public Finance, 1998,5(3): 249-261.

[169] GRIMAUD A, ROUGE L. Non-Renewable Resources and Growth with Vertical Innovations: Optimum, Equilibrium and Economic Policies[J]. Journal of Environmental Economics and Management, 2003,45(2): 433-453.

[170] GROSSMAN G M, KRUEGER A B. Environmental Impacts of the North American Free Trade Agreement[J]. NBER. Working Paper, 1991.

[171] GROSSMAN G M, Krueger A B. Economics Growth and the Environment[J]. The Quarterly Journal of Economics, 1995, 110(2): 353-377.

[172] GUO J T, LANSING K J. Optimal Taxation of Capital Income with

Imperfectly Competitive Product Markets[J]. Journal of Economic Dynamics and Control, 1999,23(7): 967-995.

[173] HANSEN B E. Sample Splitting and Threshold Estimation [J]. Econometrica, 2000,68(3): 575-603.

[174] HECKMAN J J, LOCHNER L, TABER C. Tax Policy and Human Capital Formation[J]. American Economic Review, 1998,88: 293-297.

[175] HEIJDRA B J, KOOIMAN J P, LIGTHART J E. Environmental Quality, the Macroeconomy, and Intergenerational Distribution[J]. Resource & Energy Economics, 2006,28(1): 74-104.

[176] HEUTEL G. How Should Environmental Policy Respond to Business Cycles? Optimal Policy under Persistent Productivity Shocks [J]. Review of Economic Dynamics, 2012,15(2): 244-264.

[177] HILL R J, MAGNANI E. An Exploration of the Conceptual and Empirical Basis of the Environmental Kuznets Curve[J]. Australian Economic Papers, 2002,41(2): 239-54.

[178] HORVATH M. Sectoral Shocks and Aggregate Fluctuations [J]. Journal of Monetary Economics, 2000,45(1):69-106.

[179] JOHANSSON A, HEADY C, ARNOLD H. et al. Taxation andEconomic Growth[J]. Jens Matthias Arnold, 2008,21(7): 141-168.

[180] JOHN A, PECCHENINO R. An Overlapping Generations Model of Growth and the Environment[J]. The Economic Journal, 1994, 104: 1393-1410.

[181] JONES L E, MANUELLI R E, ROSSI P E. Optimal Taxation in Models of Endogenous Growth[J]. Journal of Political Economy, 1993,101(3): 485-517.

[182] JONES L E, MANUELLI R E, ROSSI P E. On the Optimal Taxation of Capital Income[J]. Journal of Economic Theory, 1997,73(1): 93-117.

[183] JUDD K L. Redistributive Taxation in a Simple Perfect Foresight Model[J]. Journal of Public Economics, 1985,28(1): 59-83.

[184] KEELER E, SPENCE M, ZECKHAUSER R. The Optimal Control of Pollution[J]. Journal of Economic Theory, 1971(4): 19-34.

[185] KEEN M, MINTZ J. The Optimal Threshold for a Value-Added Tax

[J]. Journal of Public Economics, 2004,88(3-4): 559-576.

[186] KNELLER R, BLEANEY M F, GEMMELL N. Fiscal Policy and Growth: Evidence from OECD Countries[J]. Journal of Public Economics, 1999,74(2):171-190.

[187] KOCHERLAKOTA N R. Zero Expected Wealth Taxes: A Mirrlees Approach to Dynamic Optimal Taxation[J]. Econometrica, 2005,73(5): 1587-1621.

[188] KOLSTAD C D. Learning and Stock Effects in Environmental Regulation: the Case of Greenhouse Gas Emissions[J]. Journal of Environmental Economics and Management, 1996,31(1): 1-18.

[189] LANDAU D. Government Expenditure and Economic Growth: A Cross-Country Study[J]. Southern Economic Journal, 1983,49: 783-792.

[190] LAU S H P. Welfare-Maximizing vs. Growth-Maximizing Shares of Government Investment and Consumption[J]. Economics Letters, 1995,47(3): 351-359.

[191] LEE J. Regional Differences in the Impact of the Open Door Policy on Income Growth in China[J]. Journal of Economic Development, 1994,19(1): 215-34.

[192] LEE Y, GORDON R H. Tax Structure and Economic Growth[J]. Journal of Public Economics, 2005,89(5): 1027-1043.

[193] LIEB C M. The Environmental Kuznets Curve and Flow versus Stock Pollution: The Neglect of Future Damages[J]. Environmental & Resource Economics, 2004,29(4):483-506.

[194] LIU B. Development and Application of the DSGE Model for Monetary Policy Analysis in China[J]. Journal of Financial Research, 2008,340(10), 1-21.

[195] LJUNGQVIST L, SARGENT T J. Recursive Macroeconomic Theory [M]. Cambridge:MIT Press, 2004: 310-312.

[196] LU S F, YAO Y. The Effectiveness of Law, Financial Development, and Economic Growth in an Economy of Financial Repression: Evidence from China[J]. World Development, 2009,37(4): 763-777.

[197] LUCAS R E. Supply-Side Economics: An Analytical Review[J].

Oxford Economic Papers, 1990,42(1): 293-316.

[198]MANKIW N G, ROMER D, Weil D. A Contribution to the Empirics of Economic Growth[J]. Quarterly Journal of Economics, 1992,107: 407-437.

[199]MARCONI D. Trade, Technical Progress and the Environment: The Role of A Unilateral Green Tax on Consumption[R]. Rome:Bank of Italy Temi di Discussion,2010:744.

[200] KIJIMA M, NISHIDE K, OHYAMA A. Economic Models for the Environmental Kuznets Curve: A Survey[J]. Journal of Economic Dynamics & Control, 2010,34(7): 1187-1201.

[201] MATHIEU-BOLH N. Optimal Taxation and Finite Horizon[J]. Economics Letters, 2006,91(2): 215-221.

[202] MCCONNELL K E. Income and the Demand for Environmental Quality[J]. Environment and Development Economics, 1997,2 (4): 383-399.

[203]MEHRA M K, BASU S. Optimal Public Policy in a Schumpeterian Model of Endogenous Growth with Environmental Pollution [J]. Competence Centre on Money Trade Finance & Development, 2012,5(5): 203-248.

[204]MIRRLEES J A. An Exploration in the Theory of Optimum Income Taxation[J]. The Review of Economic Studies, 1971,38(2): 175-208.

[205] MORRISON C J, SCHWARTZ A E. State Infrastructure and Productive Performance[J]. American Economic Review, 1996, 86(5):1095-1111.

[206] MURDOCH J C, SANDLER T, SARGENt K. A Tale of Two Collectives: Sulphur Versus Nitrogen Oxide Emission Reduction in Europe[J]. Economica, 2003,64(254): 281-301.

[207]MYLES G D. Economic Growth and the Role of Taxation-Theory[J]. Paris: OECD, 2009.

[208] NORDHAUS W D, STAVINS R N, WEITZMAN M L. Lethal Model: The Limits to Growth Revisited [J]. Brookings Papers on Economic Activity, 1992,2: 1-59.

[209]OECD. Tax Policy Reform and Economics Growth[J]. OECD Tax Policy Studies, 2010:20.

[210]OUESLATI W. Environmental Tax Reform: Short-term versus Long-

Term Macroeconomic Effects[J]. Journal of Macroeconomics, 2014, 40: 190–201.

[211] PANAYOTOU T. Empirical Tests and Policy Analysis of Environmental Degradation at Different Stages of Economic Development[R]. Geneva: ILO, 1993: 238.

[212] PANG A, SHAW D. Optimal Emission Tax with Pre-Existing Distortions[J]. Environmental Economics & Policy Studies, 2011, 13(2): 79–88.

[213] PARK H, PHILIPPOPOULOS A. Dynamics of Taxes, Public services, and Endogenous Growth[J]. Macroeconomic Dynamics, 2002, 6(2): 187–201.

[214] PARRY I W H. Pollution Taxes and Revenue Recycling[J]. Journal of Environmental Economics & Management, 1995, 29(3): S64–S77.

[215] PEARSON P J. Energy, Externalities and Environmental Quality: Will Development Cure the Ills it Creates? [J] Energy Studies Review, 1994, 6(3): 199–216.

[216] PENALOSA C G, TURNOVSKY S J. Second-Best Optimal Taxation of Capital and Labor in a Developing Economy[J]. Journal of Public Economics, 2005, 89(5): 1045–1074.

[217] RAMSEY F P. A Contribution to the Theory of Taxation[J]. The Economic Journal, 1927, 37(145): 47–61.

[218] REBELO S T. Long Run Policy Analysis and Long Run Growth[J]. Journal of Political Economy, 1991, 99(3): 500–521.

[219] RESTUCCIA D. Barriers to Capital Accumulation and Aggregate Total Factor Productivity[J]. International Economic Review, 2004, 45(1): 225–238.

[220] ROMER P. Endogenous Technological Change [J]. Journal of Political Economy, 1990, 98(5): S71—S102.

[221] ROODMAN D. How to Do xtabond2: An Introduction to Difference and System GMM[R]. London: Center for Global Development, 2007: 103.

[222] SCHMITT S, Uribe M. Price Level Determinacy and Monetary Policy under a Balanced-Budget Requirement[J]. Journal of Monetary Economics,

2000,45(1):211-246.

[223]SCHOU P. Polluting Non-Renewable Resources and Growth[J]. Environmental and Resource Economics, 2002,16(2):211-227.

[224]SCHUMPETER J. Capitalism, Socialism, and Democracy[M]. New York:Harper, 1942.

[225]SELDEN T M, SONG D. Environmental Quality and Development: Is There a Kuznets Curve for Air Pollution Emissions? [J]. Journal of Environmental Economics & Management, 1994,27(2):147-162.

[226]SEN A. The Welfare Basis of Real Income Comparisons: A Survey [J]. Journal of Economic Literature, 1979,17(1):1-45.

[227] SHAFIK N, BANDYOPADHYAY S. Economic Growth and Environmental Quality: Time-Series and Cross-Country Evidence [R]. Washington,D. C.:World Bank, 1992.

[228] SIMS C A. Solving Linear Rational Expectations Models [J]. Computational Economics, 2002,20(1):1-20.

[229] STERN D I. Applying Recent Developments in Time Series Econometrics to the Spatial Domain[J]. The Professional Geographer, 2000,52: 37-49.

[230] STOCKMAN D R. Balanced-Budget Rules: Welfare Loss and Optimal Policies[J]. Review of Economic Dynamics, 2001,4(2):438-459.

[231] STOKEY N L. Are There Limits to Growth? [J]. International Economic Review, 1998,1:1-31.

[232]SUMMERS L H. Capital Taxation and Accumulation in a Life Cycle Growth Model[J]. American Economic Review, 1981,71(4):533-44.

[233] SURI V, CHAPMAN D. Economic Growth, Trade and Energy: Implications for the Environmental Kuznets Curve[J]. Ecological Economics, 1998,25 (2):195-208.

[234]TAHVONEN O, SALO S. Economic Growth and Transitions Between Renewable and Non-Renewable Energy Resources[J]. European Economic Review, 2001,45 (8):1379-1398.

[235] TROSTEL P A. The effect of Taxation on Human Capital[J]. Journal of Political Economy, 1993,101(2):327-350.

[236]TURNOVSKY S J. Optimal Tax, Debt, and Expenditure Policies in a Growing Economy[J]. Journal of Public economics, 1996,60(1): 21-44.

[237] TURNOVSKY S J. Fiscal Policy, Elastic Labor Supply, and Endogenous Growth[J]. Journal of Monetary Economics, 2000,45(1): 185-210.

[238] TURNOVSKY S J, Fisher W H. The Composition of Government Expenditure and its Consequences for Macroeconomic Performance? [J]. Journal of Economic Dynamics and Control, 1995, 19(4): 747-786.

[239] WIDMALM F. Tax Structure and Growth: Are Some Taxes Better than Others? [J]. Public Choice, 2001,107(3-4): 199-219.

[240] WILSON J D. Tax Competition with Interregional Differences in Factor Endowments[J]. Regional Science and Rrban Economics, 1991,21(3): 423-451.

[241]YOUNG A. The Razor'S Edge: Distortions and Incremental Reform in the People's Republic of China[J]. Quarterly Journal of Economics, 2000, 115(4): 1091-1135.

[242]ZHU X. Optimal Fiscal Policy in a Stochastic Growth Model[J]. Journal of Economic Theory, 1992,58(2):250-289.